智能管理会计

从Excel到Power BI的业务与财务分析

张震◎著

POWERBI MASTER

电子工业出版社
Publishing House of Electronics Industry
北京·BEIJING

内 容 简 介

本书主要介绍商业智能分析技术在管理会计方面的应用。财务人员掌握一定的商业智能分析技术不仅有助于提升自身的业务与财务融合分析能力，还可以提高分析工作的效率，以及实现管理会计分析工作的智能化。

本书采用案例方式讲解了如何使用 Power BI 通过数据获取与转换、数据建模和数据可视化等步骤创建管理会计分析报表，其中的案例全部基于一家虚拟公司的业务数据和财务数据，涵盖财务报表分析、多维收入分析、库存分析、应收账款分析、预算分析、绩效报表分析和投资决策分析等内容。读者可以直接借鉴并快速应用到实际工作中。

本书不仅适合企业财务人员及在企业中从事经营分析的有关人员阅读，还可以作为高等院校经济管理学院相关专业学生在商业智能数据分析方面的参考用书。

未经许可，不得以任何方式复制或抄袭本书之部分或全部内容。
版权所有，侵权必究。

图书在版编目（CIP）数据

智能管理会计：从 Excel 到 Power BI 的业务与财务分析 / 张震著. —北京：电子工业出版社，2021.4（2024.7 重印）
ISBN 978-7-121-40670-6

Ⅰ. ①智… Ⅱ. ①张… Ⅲ. ①管理会计－会计信息－财务管理系统 Ⅳ. ①F234.3-39

中国版本图书馆 CIP 数据核字（2021）第 039459 号

责任编辑：王　静　　　　　　特约编辑：田学清
印　　刷：固安县铭成印刷有限公司
装　　订：固安县铭成印刷有限公司
出版发行：电子工业出版社
　　　　　北京市海淀区万寿路 173 信箱　　邮编：100036
开　　本：720×1000　1/16　　印张：17.5　　字数：353 千字
版　　次：2021 年 4 月第 1 版
印　　次：2024 年 7 月第 6 次印刷
定　　价：89.00 元

凡所购买电子工业出版社图书有缺损问题，请向购买书店调换。若书店售缺，请与本社发行部联系，联系及邮购电话：（010）88254888，88258888。
质量投诉请发邮件至 zlts@phei.com.cn，盗版侵权举报请发邮件至 dbqq@phei.com.cn。
本书咨询联系方式：010-51260888-819，faq@phei.com.cn。

前　言

踏上智能管理会计之路

随着信息技术的不断创新，传统的财务人员面临着被机器人取代的可能。2016年3月，德勤会计师事务所与 Kira Systems 合作，正式将人工智能引入财务工作中，推出了德勤财务机器人，这使广大财务人员产生了危机感。但是，现代信息技术对财务人员价值的挑战不仅仅停留在传统的财务核算领域，也正在向管理会计领域渗透。

商业智能技术可以将管理会计中分析问题的方法、思路及模型结论固化在软件系统中，使管理会计的理论有更先进的技术支持并得以落地应用，从而使管理会计迈向智能化。在《美国管理会计师协会（IMA）管理会计胜任能力框架》中将使用商业智能软件分析数据作为一项重要的能力。因此，掌握商业智能分析技术对管理会计师来说是一项十分重要的技能。

本书内容介绍

本书基于微软商业智能软件 Power BI，使用一家虚拟公司的业务数据及财务数据，采用案例的方式讲解了商业智能技术在管理会计分析报告中的应用。全书包括 7 章。

第 1 章介绍管理会计信息化与商业智能技术的联系、商业智能的基本概念及其分析步骤等，重点介绍微软商业智能软件 Power BI 界面及其功能组件。

第 2~6 章是本书的重要组成部分。该部分对公司常见的管理会计分析报表需求进行介绍，内容编排遵循由易到难的原则。

第 2 章介绍如何通过 Power BI 将传统的财务报表转换为交互式的财务分析报表，包括创建交互式的资产负债表、利润表和现金流量表，并使用 Power BI 自动获取同行业上市公司公开的财务数据与本公司的财务数据，进行财务指标分析、杜邦财务分析和因素分析等。

第 3 章介绍通过 Power BI 使用销售订单数据表创建多维收入分析报表，包括整体收入分析、收入趋势分析、产品维度分析、客户维度分析、区域维度分析、收入预算执行分析等。此外，还包括根据收入的季节性及周分布等业务规律进行收入预测，并对收入执行情况进行预警。

第 4 章介绍通过 Power BI 使用销售出库表和采购入库表等业务数据创建动态的库存分析报表，包括库存趋势分析报表、库存结构分析报表及库龄分析报表等。

第 5 章介绍通过 Power BI 使用应收账款等业务数据创建动态的应收账款分析报表，包括应收账款余额分析报表、应收账款账龄分析报表及应收账款回收分析报表等。

第 6 章的内容相对综合，涉及管理会计分析中比较常见的分析方法和理论，包括管理利润表分析报表、销售毛利分析报表、运营费用分析报表、本量利分析报表、日绩效报表及投资决策分析报表的创建。

第 7 章介绍 Power BI 报表的页面设计与分享，包括主题颜色的设置、导航页面及导航栏的设计、书签的使用，以及将 Power BI 报表或数据通过网页、PDF 和 Excel 等方式进行分享。

与笔者联系

由于笔者自身的经历和能力有限，本书的应用案例无法涵盖所有的管理会计分析报告需求，难免存在不足之处。恳请广大读者和相关专家、学者批评与指正，也欢迎读者来信进一步交流探讨（笔者的邮箱是 zquake@foxmail.com），谢谢！

张　震
2021 年 2 月

目 录

第 1 章　让管理会计踏上商业智能之路 / 1

1.1　商业智能与智能管理会计　2
　　1.1.1　商业智能　2
　　1.1.2　智能管理会计　2
1.2　微软 Power BI 概述　3
　　1.2.1　软件界面　3
　　1.2.2　功能组件　5
1.3　Power BI 数据分析的基本概念　6
　　1.3.1　维度与度量值　6
　　1.3.2　维度表与事实表　7
　　1.3.3　一维表与二维表　8
　　1.3.4　表与表之间的关系　9
　　1.3.5　计值上下文　10
1.4　使用 Power BI 开展管理会计分析的步骤　12
　　1.4.1　沟通需求　12
　　1.4.2　获取数据　13
　　1.4.3　建立模型　13
　　1.4.4　数据可视化　13
　　1.4.5　分享报表　13
1.5　案例数据说明　13

第 2 章　创建交互式财务分析报表 / 15

2.1　创建资产负债表分析报表　16
　　2.1.1　导入资产负债表数据　16
　　2.1.2　创建日期表　24
　　2.1.3　导入科目维度表　26
　　2.1.4　创建资产负债表矩阵　27
　　2.1.5　创建资产负债结构树状图　34
　　2.1.6　创建关键指标卡片图　36
　　2.1.7　设置单位显示为万元　37
　　2.1.8　编辑交互　39
2.2　创建利润表分析报表　40
　　2.2.1　导入利润表数据　41
　　2.2.2　创建利润表矩阵　42
　　2.2.3　创建利润构成瀑布图　48
　　2.2.4　营业收入及成本变化趋势图　49
2.3　创建现金流量表分析报表　51
　　2.3.1　创建现金流量表矩阵　51
　　2.3.2　创建现金变动情况瀑布图　53

	2.3.3 创建主要现金流量项目变化趋势图 55		2.4.2 创建财务指标分析矩阵 63
			2.4.3 创建财务指标趋势图 69
2.4	创建财务指标分析报表 56	2.5	创建杜邦财务分析报表 70
	2.4.1 获取同行业上市公司的财务数据 57		2.5.1 创建杜邦分解图 71
			2.5.2 创建因素分析瀑布图 75

第 3 章　创建多维收入分析报表 / 78

3.1	创建整体收入分析报表 79		3.3.2 创建 ABC 类产品收入变化图 107
	3.1.1 数据导入与关系建立 79		
	3.1.2 创建关键销售指标卡片图 81		3.3.3 创建 ABC 类产品收入明细表 108
	3.1.3 创建销售收入变化趋势图 82	3.4	创建客户维度分析报表 109
			3.4.1 创建 RFM 分布图 110
	3.1.4 创建各类产品收入对比图 83		3.4.2 创建 RFM 客户数量树状图 113
	3.1.5 创建各省份收入情况图 84		
	3.1.6 创建各渠道收入占比图 85		3.4.3 创建 RFM 平均值卡片图 115
	3.1.7 创建会员与非会员收入占比图 85		3.4.4 创建 RFM 明细表 115
3.2	创建收入趋势分析报表 86	3.5	创建区域维度分析报表 116
	3.2.1 创建收入日变化趋势图 86		3.5.1 创建各省份收入分布地图 116
	3.2.2 创建收入周变化趋势图 93		
	3.2.3 创建收入月变化趋势图 96		3.5.2 创建当前省份收入指标卡片图 121
	3.2.4 创建收入累计变化趋势图 98		
			3.5.3 创建各省份收入与增长率关联图 121
	3.2.5 使用"解释此增长"功能查找增长原因 99		
			3.5.4 创建各省市收入相关指标明细表 123
	3.2.6 创建收入周分布图和周权重矩阵 100		
		3.6	创建月度收入预算执行分析报表 124
3.3	创建产品维度分析报表 103		
	3.3.1 创建 ABC 类产品收入排列图 104		3.6.1 导入预算数据 125
			3.6.2 创建收入完成率仪表 128

3.6.3	创建各大区收入完成率变化图	129	3.7	创建收入预测与预警报表	132
3.6.4	创建各类产品收入完成率排名图	130	3.7.1	创建日收入预测情况图表	133
3.6.5	创建目标执行差异分解图	131	3.7.2	创建目标动态完成率多行卡	138
			3.7.3	创建收入完成情况预警 KPI	141

第 4 章　创建库存分析报表 / 144

4.1	创建库存趋势分析报表	145	4.2.1	创建期末库存金额结构图	159
4.1.1	数据导入与关系建立	145	4.2.2	创建各月库存金额结构图	160
4.1.2	创建库存金额与销售收入的变化趋势图	153	4.2.3	创建库销对比分析图	160
4.1.3	创建入库金额与出库金额的变化趋势图	155	4.2.4	创建库存数量（金额）排名图表	163
4.1.4	创建各区库存金额的变化趋势图	156	4.3	创建库龄分析报表	163
4.1.5	创建存货周转天数的变化趋势图	157	4.3.1	创建库龄总体分析图表	164
			4.3.2	创建库龄分布趋势图	167
4.1.6	创建月度库存变动明细表	158	4.3.3	创建各商品库龄与库存金额分布图	168
4.2	创建库存结构分析报表	159	4.3.4	创建各商品库龄分布明细表	168

第 5 章　创建应收账款分析报表 / 170

5.1	创建应收账款余额分析报表	171	5.1.3	创建应收账款余额趋势图	174
5.1.1	数据导入与关系建立	171			
5.1.2	创建应收账款余额主要指标图	173	5.1.4	创建新增应收账款与销售收入趋势图	175

5.1.5	创建应收账款余额排名图	175	5.2.5	创建账龄分类明细表	182
5.1.6	创建应收账款余额变动明细表	176	5.3	创建应收账款回收分析报表	183
5.2	创建应收账款账龄分析报表	177	5.3.1	创建应收账款回收总体指标图	183
5.2.1	创建应收账款账龄分布图	178	5.3.2	创建应收账款回收趋势图	184
5.2.2	创建预计坏账损失账龄分布图	180	5.3.3	创建应收账款回收排名图	185
5.2.3	创建账龄总体指标图	181	5.3.4	创建应收账款回收明细表	185
5.2.4	创建账龄分布趋势图	181			

第 6 章　创建基于管理利润表的分析报表 / 187

6.1	创建管理利润表分析报表	188	6.3.4	创建运营费用部门分布图	215
6.1.1	数据导入与关系建立	188	6.3.5	创建运营费用构成图	216
6.1.2	创建管理利润表矩阵	195	6.3.6	创建运营费用执行明细表	217
6.1.3	创建利润执行差异构成图	206	6.4	创建本量利分析报表	218
6.1.4	创建关键指标图	207	6.4.1	创建关键指标图	219
6.2	创建销售毛利分析报表	207	6.4.2	创建成本性态分析图表	220
6.2.1	创建关键指标图	208	6.4.3	创建敏感性分析图表	222
6.2.2	创建毛利与毛利率变化趋势图	209	6.4.4	创建本量利关系图	225
6.2.3	创建区域毛利分析图	210	6.5	创建日绩效报表	227
6.2.4	创建产品毛利分析图	210	6.5.1	导入绩效报表模板	228
6.3	创建运营费用分析报表	211	6.5.2	创建日绩效报表	228
6.3.1	导入部门表	212	6.5.3	创建关键绩效指标图	238
6.3.2	创建关键指标图	212	6.5.4	创建部门利润贡献图	238
6.3.3	创建费用执行率与增长率月度趋势图	214	6.5.5	创建各类产品利润与利润率分布图	239

6.6 创建投资决策分析报表 239
    6.6.1 创建目标参照城市相关信息图 240
    6.6.2 创建项目投资输入参数 242
    6.6.3 创建项目预测收入趋势图 244
    6.6.4 创建增量现金净流量趋势图 246
    6.6.5 创建累计增量现金净流量趋势图 248
    6.6.6 创建投资决策关键指标图 249

第7章 报表的页面设计与分享 / 252

7.1 页面设计 253
    7.1.1 使用主题颜色 253
    7.1.2 设计导航页面 256
    7.1.3 设计导航栏 258
    7.1.4 使用书签对页面进行局部切换 259

7.2 报表分享 263
    7.2.1 使用网页分享报表 263
    7.2.2 使用 PDF 分享报表 266
    7.2.3 使用 Excel 分享报表 266

第 1 章

让管理会计踏上商业智能之路

随着 5G 技术的发展，我们迈入了高速发展的信息时代。无论是我们的日常生活还是企业的商业活动，越来越多的场景实现了数字化，各种数据信息迅猛增长。在信息化时代，数据就是生产力，如何从各种数据中挖掘出有价值的信息，对企业的生存和发展至关重要。

管理会计定位于对现在企业财务的控制、考核和评价，以及对未来的预测、决策和规划，因此需要频繁地从企业各种商业活动产生的数据中挖掘出有价值的信息。如果管理会计师掌握了商业智能这一利器，必将大大提升其财务分析能力和业务洞察能力。来吧，让我们踏上商业智能之路，探寻商业智能究竟如何帮助我们开展管理会计分析工作。

1.1　商业智能与智能管理会计

管理会计工作要实现业务与财务融合（下面简称"业财融合"），管理会计信息化是不可或缺的一个方面。基于商业智能的管理会计信息化具有强大的数据整合和分析能力，它能够运用数据仓库和数据挖掘等技术，对公司的经营数据进行加工处理，形成管理层所需的信息。

1.1.1　商业智能

商业智能，即 Business Intelligence，即 BI，是指运用现代数据仓库技术、线上分析处理技术、数据挖掘和数据展现技术等进行数据分析，以实现商业价值。通俗来说，就是运用一定的计算机技术方法从数据中挖掘出有价值的信息，找到问题的答案。

早期，由于商业智能涉及的信息技术专业性强，商业智能分析平台主要由 IT 人员搭建，开发周期长，灵活性差，难以满足现实多变的商业环境，但随着技术的不断发展，自助式 BI 的出现，建立数据分析模型的任务开始从 IT 人员逐步转移到业务人员。自助式 BI 的特点就是人人可用，速度快，效率高，通过简单的拖曳和单击就能完成报表的输出，通常，公司的商业智能分析平台在几天之内就可以完成搭建，而不用花费数月。由于自助式 BI 具有门槛低、灵活、效率高等特点，因此财务人员可以像使用 Excel 一样，快速入门并掌握自助式 BI 工具。

1.1.2　智能管理会计

在业财融合的背景下，财务分析要求与业务分析深度结合，财务人员需要跳出原有的财务逻辑思维，从业务角度重新看待问题。虽然财务数据是业务结果的反映，但是实现业财融合分析并不容易。首先，财务数据一般是综合数据，一个财务科目往往记录了多个业务项目的发生，从财务数据出发很难溯源到具体业务，也就很难从业务角度解释数据发生的变化；其次，虽然目前大多数公司都使用了信息系统，但是各系统的数据难以兼容，信息孤岛现象严重，业务系统与财务系统相互脱离；最后，管理会计面向内部管理，商业环境的多变决定了管理会计信息需求的多变，管理会计信息服务难以跟上业务的发展，信息提供滞后。但是，将商业智能技术应用于管理会计领域，这些问题可以不断地得到改善：基于商业智能的管理会计信息平台，可以从数据采集整合、模型建立和数据呈现等方面提供一整套解决方案，在很大程度上可以解决管理会计工作面临的数据不能溯源到业务、信息提供滞后等问题，并且可以使管理会计工作变得越来越智能化。

如果德勤的财务机器人可以实现财务会计的自动化与智能化，那么将商业智能技术应用于管理会计可以使管理会计不断地向自动化与智能化方向发展。特许管理会计师公会（The Chartered Institute of Management Accountants，CIMA）和美国注册会计师协会（American Institute of Certified Public Accountants，AICPA）于 2014 年联合发布了《全球管理会计原则》，明确了管理会计是挖掘、分析、传递和利用与决策相关的财务与非财务信息，从而为组织机构创造价值并持续维持其价值，这个定义与商业智能高度一致。此外，《美国管理会计师协会（IMA）管理会计胜任能力框架》也将使用商业智能软件分析数据作为一项重要的能力。可以预见，基于商业智能的管理会计信息平台将是管理会计迈向智能化发展的重大趋势。

1.2 微软 Power BI 概述

Power BI 是微软推出的一款自助式 BI 工具，微软对 Power BI 的定义如下：Power BI 是软件服务、应用和连接器的集合，它们协同工作，从而将相关数据来源转换为连贯的视觉逼真的交互式见解。目前，微软 Power BI 授权主要有 Power BI 免费版、Power BI Pro 及 Power BI Premium 等。不同类型的授权在功能上并没有显著的差异（仅在数据刷新频次、用户角色设定和协作共享等方面存在差别），它们几乎都能无差别使用 Power BI 报表设计的桌面工具（Power BI Desktop），本书以 Power BI Desktop 为例介绍微软 Power BI 在管理会计分析中的应用。

1.2.1 软件界面

启动 Power BI Desktop，首先会显示欢迎界面，如图 1-1 所示。在欢迎界面中，可以获取数据，查看最近使用的源，打开最近使用的报表，或者打开其他报表等。如果已经注册了账号，则可以单击"登录"按钮，然后输入账号和密码完成登录，也可以直接单击"关闭"图标关闭欢迎界面进入工作界面。

Power BI Desktop 的工作界面的风格与微软 Office 系列办公软件类似，如图 1-2 所示。

界面上方为功能区菜单，包括各种命令按钮，与 Office 系列办公软件一样。功能区菜单会随着当前所选对象发生相应的变化，如在 Excel 中，选择"透视表"命令会出现与透视表有关的功能菜单，选择"图表"命令则会出现与图表有关的功能菜单。

图 1-1　Power BI Desktop 的欢迎界面

图 1-2　Power BI Desktop 的工作界面

左侧为 3 个 Power BI Desktop 视图的图标，分别为"报表"、"数据"和"模型"。左侧的黄色栏指示当前视图，可以通过选择任意一个图标来更改视图。当选择"报表"图标时，中间显示的是数据可视化对象；当选择"数据"图标时，中间显示的是数据表；当选择"模型"图标时，中间显示的是表与表之间的关系图。

如果在功能区菜单中选择"新建度量值"命令、"新建列"命令和"新建表"命令，则功能区下方就会出现编辑栏（与 Excel 中的公式编辑栏类似），可供用户输入 DAX 表达式。

右侧依次为"筛选器"窗口、"可视化"窗口和"字段"窗口。其中，"筛选器"窗口用来设置所有页面或某个页面（或某个视觉对象）的筛选条件；"可视化"窗口用来设置可视化对象的属性；"字段"窗口显示当前可用来显现的表列。

此外，Power BI Desktop 还包括 Power Query 编辑器，在功能区中选择"获取数据"和"输入数据"等命令之后，它将在单独的窗口中打开，如图 1-3 所示。

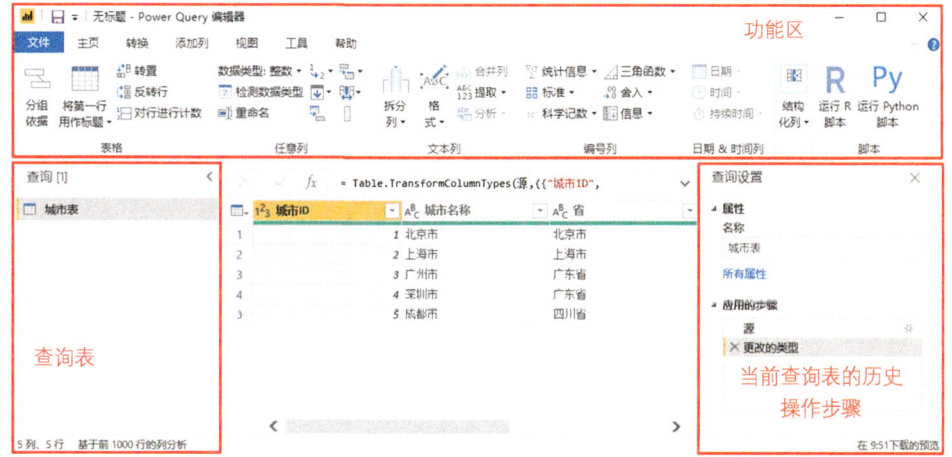

图 1-3　Power BI Desktop 的 Power Query 编辑器

Power Query 编辑器的上方同样为功能区菜单，通过这些菜单可以对数据进行各种转换操作，窗口左侧为生成的查询表清单，窗口右侧显示了当前查询表的历史操作步骤，可以记录用户对数据的每一步操作，单击"应用的步骤"列表，可以随时跳转到任一历史操作步骤后的数据。在 Power Query 编辑器中，对数据转换完成生成查询之后，数据将被加载到 Power BI Desktop 模型中，以便后续创建报表。

1.2.2　功能组件

早期以插件方式存在于 Excel 中的 Power Query、Power Pivot、Power View 和 Power Map 实际上就是 Power BI 的前身，Power BI 整合了这些插件的功能，虽然整合后弱化了这些插件的名称，但目前 Power BI 在功能上仍然主要是由这些功能组件构成的。

1. Power Query

Power Query 负责抓取和整理数据，它几乎可以抓取市面上所有格式的源数据，然后按照用户需要的格式将数据整理出来。使用 Power Query 可以轻松地完成对数据的分组、透视与逆透视，以及多个数据的合并等整理操作，并且只需要操作一次。后续只要单击"刷新"按钮，数据就能自动完成更新，不用再次手动整理。Power Query 在 Excel 2016 之后的版本中直接被嵌套在"数据"选项卡中，并定义为"查询"。在 Power

BI 中，功能区菜单也没有出现"Power Query"字眼，当在"主页"选项卡中选择"获取数据""输入数据"及"转换数据"等命令之后，会以单独的形式打开 Power Query 编辑器，然后就可以在 Power Query 编辑器中完成对数据的转换等操作。

2．Power Pivot

Power Pivot 负责对数据进行建模分析，是 Power BI 的大脑，在 Power BI 中处于核心地位。Power Pivot 可以处理上亿行的数据，当加载多张表时，不仅可以在不同的表之间添加关联关系，还可以使用 Data Analysis Expressions（DAX）语言对数据进行计算，创建各种指标（度量值）。Power Pivot 在 Excel 中以插件的方式存在，有人说它是过去 20 年 Excel 中最好的新功能。Power Pivot 并没有单独出现在 Power BI 中，而是与 Power BI 高度融合，在 Power BI 功能区中的"建模"选项卡及"数据"和"模型"视图其实就具有 Power Pivot 组件的功能。

> **说明：** 本书涉及大量的 DAX 应用实例，有关 DAX 函数的基础用法可参考微软 Microsoft Docs 中的"数据分析表达式（DAX）参考"部分或《DAX 权威指南》这本书。

3．Power View 和 Power Map

从 Power View 这个名字就可以看出，它是用作数据展示的。Power View 提供了丰富的图形对象，用来展示数据分析的结果，并且能快速生成惊艳的交互式图表。Power Map 是专门用来呈现地图方面的可视化工具。Power View 与 Power Map 也没有单独出现在 Power BI 中，"报表"视图具有 Power View 与 Power Map 组件的功能。

1.3　Power BI 数据分析的基本概念

微软 Power BI 很容易上手。通过自查软件的帮助，在学习几个简单的示例之后，读者用鼠标进行简单的拖曳可能就能快速生成效果绚丽的交互式报表。但是，要想创建相对科学、高效的分析模型，实现相对复杂业务逻辑的报表，则需要对商业智能数据分析的相关概念有一定的理解和认识。

1.3.1　维度与度量值

维度与度量值是 Power BI 中的核心概念，也是 Power BI 能够从容应对各种分析需求的秘密。维度就是不同值的描述属性或特征，是观察数据的角度，如对于公司销售数据，可以分析不同省份的销售数据，也可以分析不同月份的销售数据等，这里的

"省份"和"月份"就是维度。度量值就是分析对象的统计值,如销售数据中的销售收入、销售数量等。

维度与度量值如表 1-1 所示。

表 1-1 维度与度量值

维　度	时间:年、季度、月、日等; 空间:地区、国家、省份等; 其他维度:产品类别、销售渠道、客户类型等
度量值	销售收入、销售利润、收入增长率、利润增长率等

对于 Excel 用户来说,维度与度量值是一个全新的概念,其可能一直没有意识到它们的存在,但事实上,所有的数据分析都离不开维度与度量值。例如,2020 年 4 月公司所有产品的销售收入是多少?今年各月哪种产品的销售收入最多?每月销售收入大于平均销售收入的产品有哪些?等等。如果用 Excel 来回答这类问题,就需要逐一计算每月的每类产品的销售收入是多少,如果新增了"地区"这个维度,在 Excel 中似乎又是一个全新的指标,又要重新计算各地区的销售收入是多少。但在商业智能软件中,这些问题都只涉及一个度量值,即销售收入。只要通过切换不同的分析维度,销售收入就能自动匹配相应观察维度下的值,而不用重新编写计算公式。因此,商业智能软件将所有分析抽象为维度与度量值,大大提高了分析效率。

1.3.2 维度表与事实表

维度表就是专门用来描述事物属性或特征的表。如表 1-2 所示,城市信息表就是一张维度表,记录了每个城市的名称、所属省份、区域、分类等信息。维度表是基础表,相对稳定,一般不会随时间变化。事实表就是用来记录各维度值的表。如表 1-3 所示,销售数据表就是一张事实表。随着时间的推移,事实表的行数会不断增加。例如,随着交易记录的不断产生,销售数据表会不断变大。

表 1-2 维度表(城市信息表)

城市 ID	城市名称	所属省份	区　域	分　类
1	北京市	北京市	北区	一线
2	上海市	上海市	东区	一线
3	广州市	广东省	南区	一线
4	深圳市	广东省	南区	一线
5	成都市	四川省	西区	新一线
……	……	……	……	……

表1-3 事实表（销售数据表）

订单ID	订单日期	产品ID	城市ID	原单价（元）	销售单价（元）	数量（件）	销售价格（元）
100000001	2016年9月24日	19	4	800	800	5	4000
100000002	2016年9月24日	10	5	400	400	4	1600
100000003	2016年9月25日	9	2	60	60	5	300
100000004	2016年9月25日	15	5	800	680	5	3400
100000005	2016年9月26日	6	3	600	570	4	2280
……	……	……	……	……	……	……	……

事实表一般较大，维度表一般较小，一个维度表可以关联多个事实表，维度表的存在能减少事实表的数据冗余，避免相同的信息重复出现（如表1-3所示，"城市ID"列中的"5"出现了多次，与维度表关联之后，表1-3不用重复记录该城市所属省份等信息）。

1.3.3 一维表与二维表

对于经常使用Excel的用户来说，可能不用关注一维表与二维表的问题，因为不管是一维表还是二维表，使用Excel公式总能求解（当然效率上可能存在差异），但是，使用Power BI必须注意这个问题，因为这会对后期模型的建立产生严重的影响。

一维表是指每列属性相互独立的表，可以认为一维表只有列标题，而没有行标题，如表1-4所示。二维表是指某些列属性相同的表，可以认为二维表是既有列标题又有行标题的表，如表1-5所示。

表1-4 一维表（各城市收入表）

月份	城市	销售收入（元）
1月	北京市	4000
1月	上海市	5800
1月	广州市	6000
2月	上海市	1600
2月	北京市	3000
3月	广州市	800
3月	北京市	600

表 1-5　二维表（各城市收入表）

月　　份	北京市（元）	广州市（元）	上海市（元）
1 月	4000	6000	5800
2 月	3000		1600
3 月	600	800	

一维表与二维表可以相互转换，二维表转换成一维表的操作叫逆透视，一维表转换成二维表的操作叫透视。在 Excel 中，将表 1-4（一维表）转换成表 1-5（二维表）最快的方法是使用数据库透视表，但是，Excel 中并没有直接提供将二维表转换成一维表的工具和命令。如果使用 Power BI 中的 Power Query 编辑器就可以轻松地将二维表转换成一维表，或者将一维表转换成二维表。

一般信息系统中生成或存储的数据表基本上是一维表，这是因为一维表便于计算机读取和运算，缺点是人眼识别困难。而二维表一般用于人工填写和读取，这是因为二维表固定了行标题和列标题，只需要填写变动的数据，减了数据的重复录入，并且易于人眼识别，便于对比分析，缺点就是计算机处理比较麻烦。因此，在使用 Power BI 分析数据时，如果源数据是手动录入的 Excel 表，就可能是二维表，一般需要使用 Power Query 编辑器将二维表转换成一维表。

提示：这里的一维与二维是指逻辑上的维度，不是指空间中的一维与二维，数据表在空间中都是二维的。

1.3.4　表与表之间的关系

经常使用 Excel 函数的用户对于 VLOOKUP 函数可能十分熟悉，VLOOKUP 作为高频查找引用函数之一，常常被用于将多张表依据某列合并为一张表。它在数据量比较小的时候十分好用，但在数据比较多的时候运算缓慢，并且编写公式也相当麻烦。但是使用 Power BI 可以抛弃 VLOOKUP 函数，在 Power BI 中分析数据一般不需要像在 Excel 中那样把多张表合并为一张表，而是通过建立表与表之间的关系将多张表联系在一起的。

表与表之间的关系有 3 种，分别为一对一关系、一对多关系和多对多关系。一对一关系很容易理解，如一个人对应一个身份证 ID；一对多关系是最常用的，如表 1-3 所示的城市 ID 与订单 ID 就是一对多关系，一般而言，维度表与事实表之间通常通过某列建立一对多关系，表 1-2（维度表）可以通过"城市 ID"列与表 1-3（事实表）建立一对多关系；多对多关系相对复杂，如表 1-3 所示，城市 ID 与产品 ID 就是多对多关系，即在一个城市中销售多种产品，同时一种产品又在多个城市销售。

1.3.5 计值上下文

计值上下文在 Power BI 中无处不在，它是理解 DAX 语言的关键所在，只有掌握了上下文的概念，才能明白度量值的千变万化。计值上下文就是 DAX 表达式所处的计算环境，同样的表达式所处的计算环境不同，计算结果也会不同，因此要达到预期的计算结果，很多时候改变上下文即可，而不用像 Excel 一样重新编写计算公式，这大大提高了建模分析效率。

计值上下文分为筛选上下文和行上下文。筛选上下文分布广泛，不仅存在于筛选器、视觉对象之间和视觉对象内部，还存在于可设置筛选条件的 DAX 函数中。

图 1-4 展示了存在于筛选器、视觉对象之间和视觉对象内部的筛选上下文，矩阵中的销售收入数据均由一个度量值[销售收入]生成，其中"●"标识处的筛选上下文共 5 处，分别存在于视觉对象"日期"及"省"切片器中的①和②处，"筛选器"窗口中的③处，以及矩阵视觉对象内部自身的行列构成的④和⑤处，表示的含义是公司南区广东省在 2017 年 12 月 23 日至 2019 年 2 月 8 日线上自营的 T 恤衫销售收入为 5100 万元。

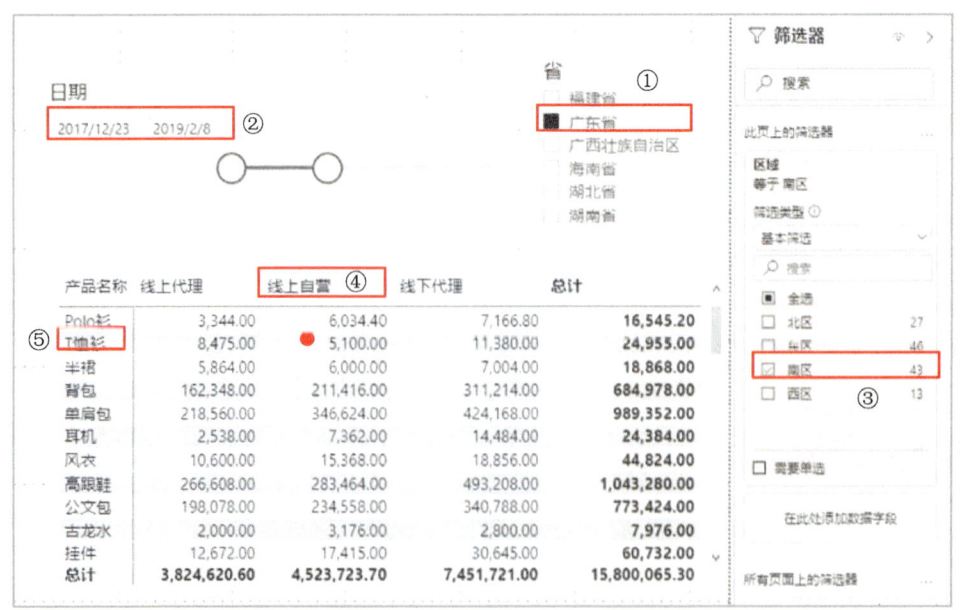

图 1-4 存在于筛选器、视觉对象之间和视觉对象内部的筛选上下文

DAX 表达式 CALCULATE(SUM('销售表'[销售数量]),'客户表'[性别]="女")，通过函数 CALCULATE 设置了 SUM('销售表'[销售数量])的筛选上下文，即'客户表'[性

别]= "女"，因此该 DAX 表示式的含义是，在当前上下文下女顾客产生的销售数量。

与筛选上下文相比，行上下文存在的范围比较小，只存在于数据视图数据表的列中（见图 1-5），以及 FILTER、SUMX、MAXX、MINX 等迭代器函数中。如 SUMX('销售表','销售表'[销售价格]* '销售表'[销售数量])，SUMX 函数首先通过'销售表'中的行上下文计算每行[销售价格]与[销售数量]相乘后的销售收入，然后将所有行的销售收入求和。

日期	城市	销售收入
2020年1月1日	北京市	4000
2020年1月1日	上海市	5800
2020年1月1日	广州市	6000
2020年2月1日	上海市	1600
2020年2月1日	北京市	3000

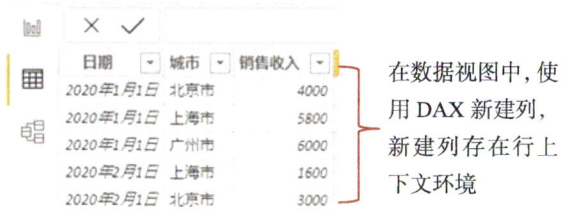

图 1-5　存在于数据视图中的行上下文

筛选上下文的作用是筛选，行上下文的作用是迭代，二者各司其职。但是，行上下文在一定条件下（引用度量值或使用外套 CALCULATE 函数）可以转换为筛选上下文，如在数据视图下，使用“新建列”命令分别创建两列（见图 1-6 和图 1-7）:

```
收入合计 1= SUM('销售表'[销售收入])
收入合计 2=CALCULATE(SUM('销售表'[销售收入]))
```

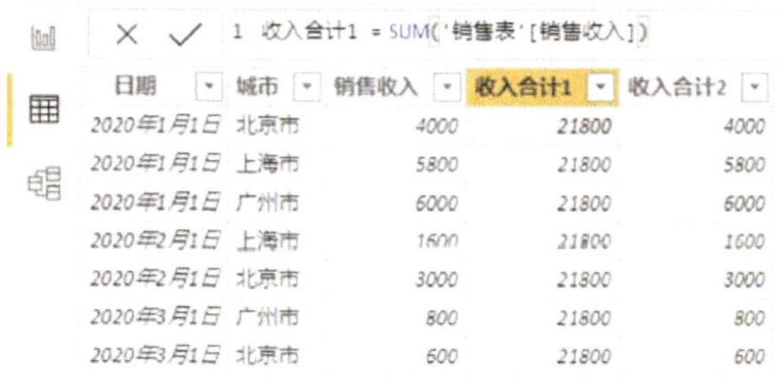

1 收入合计1 = SUM('销售表'[销售收入])

日期	城市	销售收入	收入合计1	收入合计2
2020年1月1日	北京市	4000	21800	4000
2020年1月1日	上海市	5800	21800	5800
2020年1月1日	广州市	6000	21800	6000
2020年2月1日	上海市	1600	21800	1600
2020年2月1日	北京市	3000	21800	3000
2020年3月1日	广州市	800	21800	800
2020年3月1日	北京市	600	21800	600

图 1-6　行上下文不参与筛选

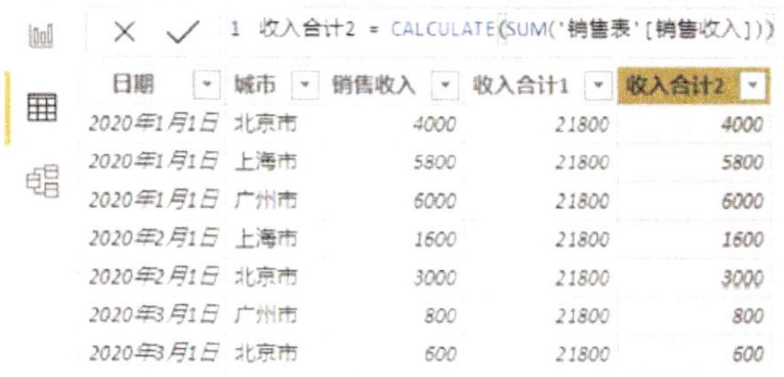

1 收入合计2 = CALCULATE(SUM('销售表'[销售收入]))

日期	城市	销售收入	收入合计1	收入合计2
2020年1月1日	北京市	4000	21800	4000
2020年1月1日	上海市	5800	21800	5800
2020年1月1日	广州市	6000	21800	6000
2020年2月1日	上海市	1600	21800	1600
2020年2月1日	北京市	3000	21800	3000
2020年3月1日	广州市	800	21800	800
2020年3月1日	北京市	600	21800	600

图 1-7　行上下文转换为筛选上下文

新建的"收入合计 1"与"收入合计 2"这两列的结果并不相同,这是因为"收入合计 1"列不存在筛选上下文,而行上下文并不参与筛选,所以计算结果就是所有行的销售收入金额合计,而"收入合计 2"列外套 CALCULATE 函数,使当前行的行上下文转换成筛选上下文,结果导致"收入合计 2"列的每行的计算结果就是当前行的销售收入金额。

1.4 使用 Power BI 开展管理会计分析的步骤

使用 Power BI 开展管理会计分析的步骤与使用 Power BI 开展其他商业分析的步骤相同,主要经历沟通需求、获取数据、建立模型、数据可视化及分享报表这几个步骤,如图 1-8 所示。建立模型是 Power BI 核心的部分。

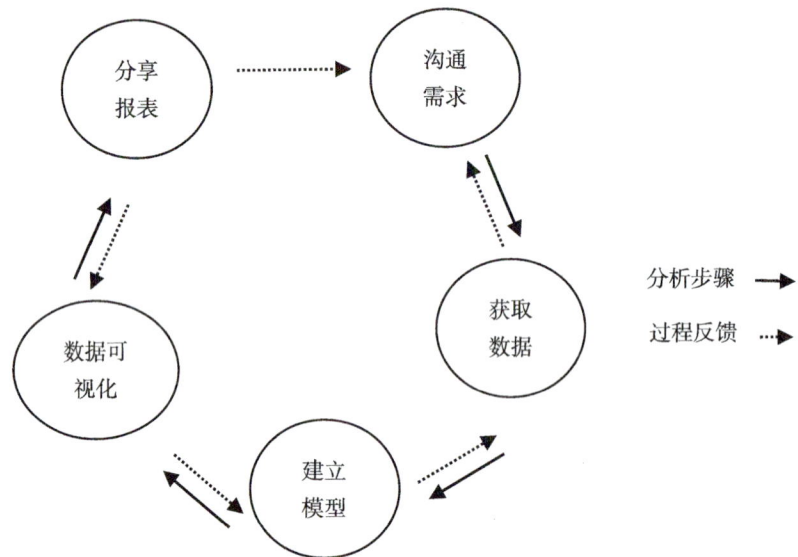

图 1-8　使用 Power BI 开展管理会计分析的步骤

1.4.1　沟通需求

在开展分析之前,需要与分析报表需求方进行充分的沟通,沟通的内容主要包括报表的用途及受众、分析的主要指标及维度、目前分析存在的主要问题、分析报表主要解决的问题,以及未来潜在的分析需求等。此外,还可以对分析报表的呈现方式、主题颜色的选取等内容进行沟通。

1.4.2 获取数据

获取数据主要是通过功能组件 Power Query 完成的。如果数据并非来源于系统（如手动填写的台账），或者虽然来源于系统，但不符合后续的建模要求，则可以在 Power Query 中对导入的数据进行清洗。数据清洗工作十分重要，如果数据规范、结构合理，则后续建模就会相对容易。当然，如果使用其他程序语言（R、Python）更方便，则也可以使用其他程序语言或工具完成数据的获取和清洗。

1.4.3 建立模型

建立模型主要是通过功能组件 Power Pivot 完成的，其是 Power BI 数据分析的核心。建立模型需要确定哪些是事实表、哪些是维度表，以及表与表之间的关系等。在表与表之间的关系建立起来之后，如果业务逻辑比较复杂，通过鼠标进行简单的拖曳可能不能达到分析目的，这时就需要使用 DAX 编写度量值，从而将各业务指标表示出来。

1.4.4 数据可视化

数据可视化就是将模型的分析结果呈现出来，该步骤主要由功能组件 Power View 和 Power Map 完成。数据可视化与建立模型的过程密不可分，虽然在工作步骤中是先建立模型、编写度量值，然后将度量值用可视化视觉对象呈现出来，但在人脑的逻辑思维中，很多时候先思考选择采用什么图表呈现数据，然后编写该图表所需要的度量值或建立模型所需的辅助表等。

1.4.5 分享报表

分享报表就是分析报表成果的输出。由于 Power BI 是动态交互式报表，为了突出交互功能，首选以 Web 方式将报表分享给报表使用者。如果需要打印或用作其他用途，则也可以将 Power BI 报表以 PDF 文件格式的方式导出。分析报表的制作是一个不断完善和优化的过程，报表分享给报表使用人之后，有些效果可能达不到预期，或者又产生了一些新的需求，这时就需要再次按照上述步骤进行修改和优化等。

1.5 案例数据说明

为了突出 Power BI 数据处理能力，本书以零售行业为例（零售行业交易频繁，数据量大，分析方法与思路也适用于其他行业），使用一家虚拟公司的业务数据与财务数据展开分析。该虚拟公司以销售箱包为主，也销售少量的服装及配饰等其他产品。该虚拟公司主要从事产品的研发和销售，研发设计完成的产品并不直接生产，而是交由代工厂生产，然后以线上自营和代理销售相结合的方式销售产品。

第 2 章

创建交互式财务分析报表

三大财务报表（资产负债表、利润表、现金流量表）分析是财务分析中最基础的，也是财务人员经常面临的分析，分析频次较高。传统的做法一般是通过 Excel 表格来处理的。用 Excel 处理虽然也能满足基本要求，但是如果要对比分析多年的数据，就需要处理存储在不同的 Excel 文件中的数据。如果使用 Excel 公式链接引用不同 Excel 文件数据来分析，则维护成本高，效率低下，并且容易出错。

通过学习本章，读者可以掌握如何使用 Power BI Desktop 将传统的 Excel 财务报表转换成交互式的财务分析报表，该报表不仅能够一键刷新，还能动态响应用户的分析需求，用户只需要在初次搭建好分析模型和框架。

本章所用的数据除了 2016 年 9 月至 2020 年 1 月虚拟公司的月度财务报表数据，还包含上市公司在互联网上公开的财务数据。

2.1 创建资产负债表分析报表

本节以 2016 年 9 月至 2020 年 1 月虚拟公司的月度 Excel 资产负债表数据为基础，通过数据导入、数据清洗和建立分析模型，以及选择合适的可视化对象输出图形等步骤，完成资产负债表分析报告的构建。资产负债表分析页面如图 2-1 所示。

图 2-1　资产负债表分析页面

2.1.1 导入资产负债表数据

在导入数据之前，需要先了解资产负债表的数据特点。打开"财务报表"文件夹，可以看到该公司按月用 Excel 创建了财务报表（见图 2-2），即数据的频次是每月。

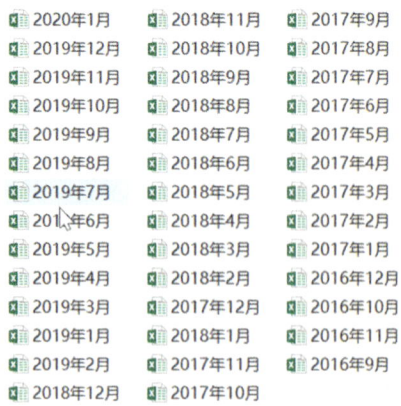

图 2-2　月度 Excel 财务报表

每个 Excel 文件中有 3 个 Excel 工作表，工作表的表名分别为"资产负债表""利润表"和"现金流量表"（见图 2-3）。由于财务报表格式固定，因此这些月度文件中的表格样式是一致的。本节所要获取的资产负债表数据是每个 Excel 文件中被命名为"资产负债表"的工作表。

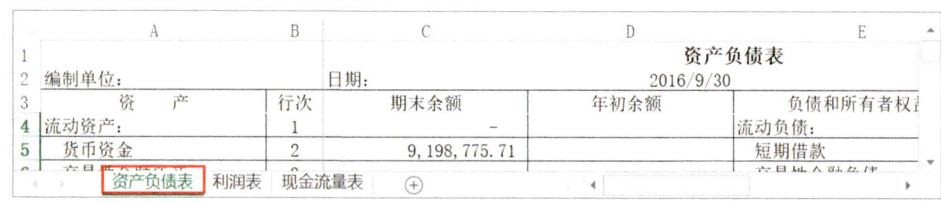

图 2-3　财务报表的文件结构

1．导入数据

（1）启动"Power BI Desktop"，依次单击"获取数据"按钮和"更多"按钮，在弹出的"获取数据"窗口中选择"文件夹"选项，然后单击下方的"连接"按钮，如图 2-4 和图 2-5 所示。

图 2-4　单击"更多"按钮

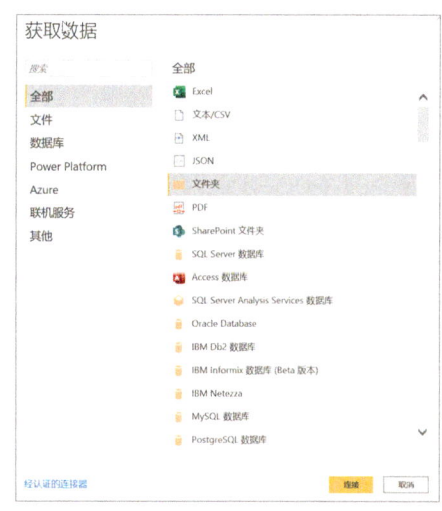

图 2-5　选择文件夹连接

（2）在随后弹出的"文件夹"窗口中，单击"浏览"按钮，选择"财务报表"文件夹所在的路径，如图 2-6 所示（该路径与数据文件的存放路径有关，不同的计算机可能不同）。

（3）单击"转换数据"按钮后，进入 Power Query 编辑器，如图 2-7 和图 2-8 所示。

图 2-6 选择"财务报表"文件夹所在的路径

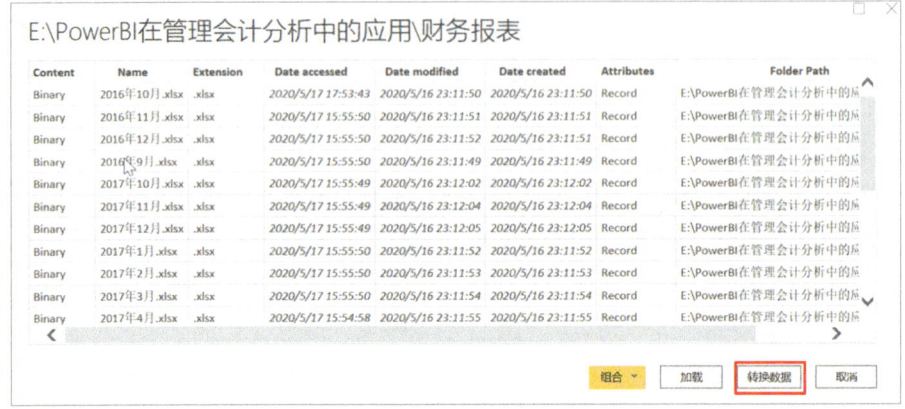

图 2-7 单击"转换数据"按钮

图 2-8 进入 Power Query 编辑器

（4）在按住"Ctrl"键的同时，单击"Content"列和"Name"列后，单击鼠标右键，在弹出的菜单中选择"删除其他列"命令（见图 2-9），即仅保留"Content"列和"Name"列。

（5）在功能区菜单中依次单击"添加列"→"自定义列"按钮，输入 M 函数"Excel.Workbook([Content])"，如图 2-10 所示。

> 提示：也可以不使用 M 函数，而是直接展开"Content"列中的内容，但使用 M 函数更加灵活，能够应对更复杂的场景。

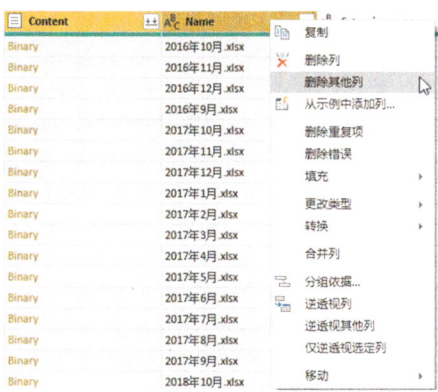

图 2-9　删除其他列

图 2-10　输入 M 函数增加列

（6）将添加的"自定义"列展开，勾选"Name"和"Data"复选框，如图 2-11 所示。

（7）将"自定义.Data"列展开，此时，就能看到资产负债表、利润表和现金流量表中的数据，如图 2-12 所示。

资产负债表的最终样式应该由 3 列构成，即"日期"列、"项目"列和"金额"列。"日期"列可以由每个 Excel 文件名取得，"项目"列和"金额"列分布在 4 列中，其中"自定义.Data.Column1"列为资产项目，对应的金额在"自定义.Data.Column3"列中，"自定义.Data.Column5"列为负债和所有者权益项目，对应的金额在"自定义.Data.

Column6"列中。经过以上 7 个步骤，可以初步完成数据导入，但是，目前的数据还不能直接加载到模型中使用，还要对数据进行清洗。

图 2-11　展开"自定义"列

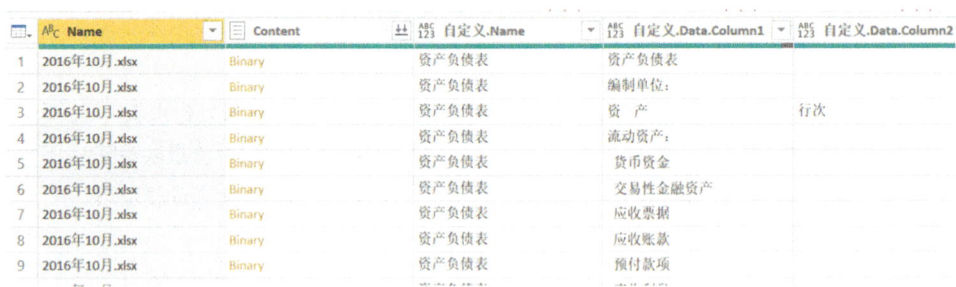

图 2-12　展开"自定义.Data"列

2．获取报表日期

在"Name"列上单击鼠标右键，在弹出的菜单中选择"拆分列"→"按分隔符"命令，如图 2-13 所示。在弹出的对话框中单击"确定"按钮后，"Name"列将自动拆分成"Name1"列和"Name2"列，其中"Name1"列将自动转换成每月第一天的日期。（虽然该日期与报表日期不一致，但是可以在后续模型中重新定义，并不影响分析结果。）

3．删除报表项目名称中多余的空格

报表项目名称中如果存在多余的空格（名称前后出现空格），这时肉眼看上去可能没有差别，但计算机会将其当成不同的值来处理，因此需要将项目名称做进一步修整操作。

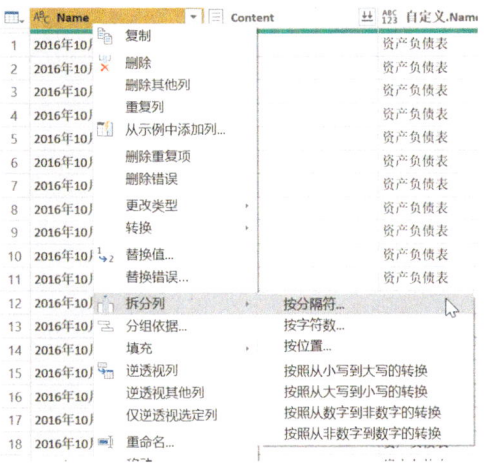

图 2-13　选择"拆分列"→"按分隔符"命令

选择"自定义.Data.Column5"列和"自定义.Data.Column1"列,单击鼠标右键,在弹出的菜单中选择"转换"→"修整"命令,清除报表项目中多余的空格,如图 2-14 所示。

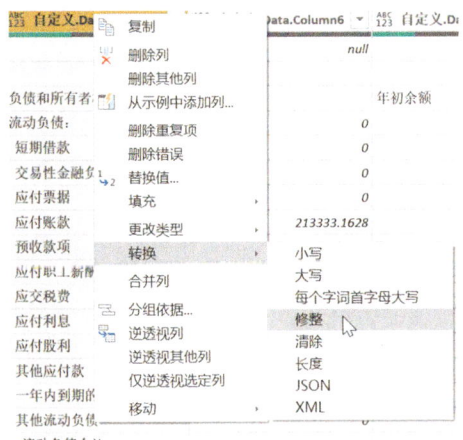

图 2-14　清除报表项目中多余的空格

4. 获取资产项目数据

(1)引用当前的"财务报表"查询,并将引用生成后的查询改为"资产项目",如图 2-15 和图 2-16 所示。

(2)保留"Name.1"列、"自定义.Name"列、"自定义.Data.Column1"列和"自定义.Data.Column3"列,将其他列删除。然后将其分别命名为"日期"列、"报表名称"列、"项目名称"列和"金额"列,结果如图 2-17 所示。

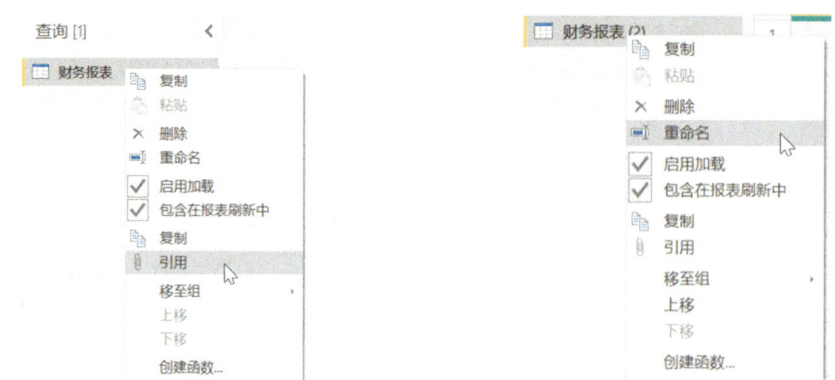

图 2-15　引用当前查询

图 2-16　将引用后的查询重命名

	日期	报表名称	项目名称	金额
1	2016/10/1	资产负债表	资产负债表	null
2	2016/10/1	资产负债表	编制单位:	日期:
3	2016/10/1	资产负债表	资　产	期末余额

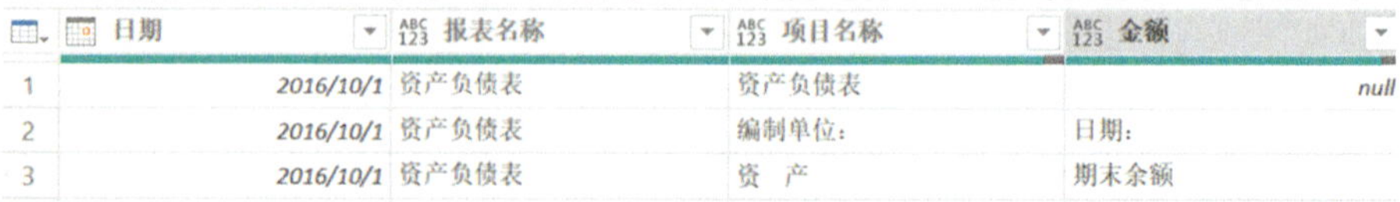

图 2-17　保留所需列并重新命名

（3）筛选“报表名称”列，勾选“资产负债表”复选框，如图 2-18 所示。

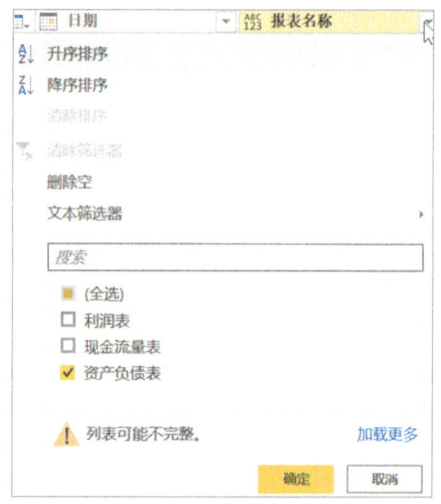

图 2-18　筛选“资产负债表”

（4）将“金额”列的数据类型改为“小数”，然后将“金额”列中的错误行删除，如图 2-19 和图 2-20 所示。

（5）再对“金额”列进行筛选，将 NULL 值和 0 值排除，此时就可以得到一份十分干净的资产项目数据。

 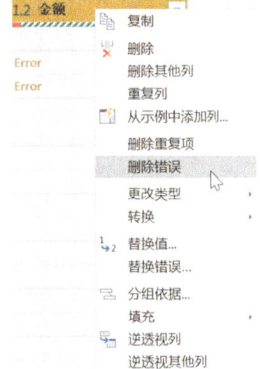

图 2-19 将"金额"列的数据类型改为"小数"　　　图 2-20 删除错误行

5. 获取负债及所有者权益项目数据

(1)参照"获取资产项目数据"中的步骤(1),再次引用"财务报表"查询,将引用生成的查询改为"负债及所有者权益项目"。

(2)参照"获取资产项目数据"中的步骤(2),保留"Name.1"列、"自定义.Name"列、"自定义.Data.Column5"列和"自定义.Data.Column6"列,将其他列删除,同样将其分别改为"日期"列、"报表名称"列、"项目名称"列和"金额"列。

(3)参照"获取资产项目数据"中的步骤(3)、(4)和(5),"报表名称"列选择"资产负债表","金额"列的数据类型改成"小数",并删除错误行。这样同样可以得到一份十分干净的负债及所有者权益项目数据。

6. 组合资产项目查询和负债及所有者权益项目查询

(1)在功能区中单击"追加查询"下拉按钮,选择"将查询追加为新查询"选项,如图 2-21 所示。在弹出的窗口中将"主表"设置为"资产项目","要追加到主表的表"设置为"负债及所有者权益项目",如图 2-22 所示。

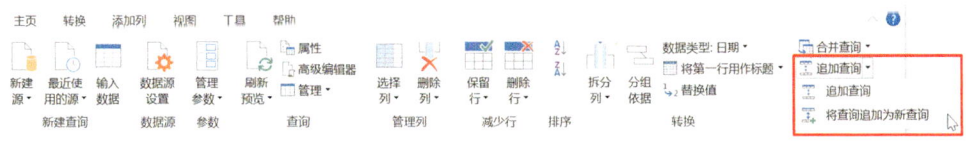

图 2-21 将查询追加为新查询

(2)将追加生成的新查询命名为"F 财务报表汇总",然后取消勾选"财务报表"、"资产项目"和"负债及所有者权益项目"这 3 个中间查询的"启用加载"选项,禁用加载后,查询名称会以斜体显示,如图 2-23 所示。最后,在功能区中单击"关闭并应用更改"按钮,"F 财务报表汇总"将会加载到模型中。

图 2-22　选择要追加组合的两个表

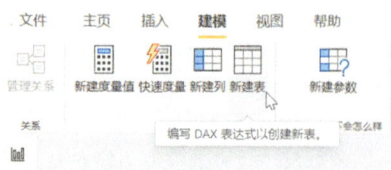

图 2-23　禁止将不必要的查询加载到模型中

2.1.2　创建日期表

第 1 章介绍了维度表的概念，日期表其实就是一种维度表，即时间维度表。如果模型中存在日期时间维度，那么创建日期表往往是十分必要的。既可以基于日期表控制筛选多张事实表，也可以使用时间智能函数简化 DAX 表达式。

创建日期表的方法很多，既可以在 Excel 文件中创建好之后再导入 Power BI，也可以在 Power Query 中创建，还可以直接用 DAX 表达式创建。下面用 DAX 表达式创建一张日期表。

（1）在功能区中单击"建模"→"新建表"按钮，如图 2-24 所示。

图 2-24　单击"建模"→"新建表"按钮

（2）在编辑栏中输入如图 2-25 所示的 DAX 表达式。

提示：使用 "//" 或 "--" 增加必要的注释，以及让 DAX 表达式换行（按 "Shift+Enter" 键或 "Alt+Enter" 键）能够增强 DAX 表达式的可读性，便于后续更新和优化。

```
1  D日期表 =
2   ADDCOLUMNS(
3    CALENDAR("2016/1/1","2020/12/31"),
4    //创建2016年1月1日至2020年12月31日的日期序列，也可以使用CALENDARAUTO，自动获得模型中的日期最大值和最小值
5    "年",YEAR([Date]),
6    "月",MONTH([Date]),
7    "日",DAY([Date]),
8    "周",WEEKDAY([Date],2),//WEEKDAY第2个参数为2时，表示星期一为一周的第一天。
9    "第几周",WEEKNUM([Date],2),
10   "季度",QUARTER([Date]),
11   "年季",YEAR([Date])&"Q"&QUARTER([Date]),
12   "年月",YEAR([Date])*100+MONTH([Date])
13  )
```

图 2-25 输入 DAX 表达式

（3）标记为日期表。要顺利使用日期智能函数，还需要将上面创建的日期表设置为"标记为日期表"，如图 2-26 和图 2-27 所示。

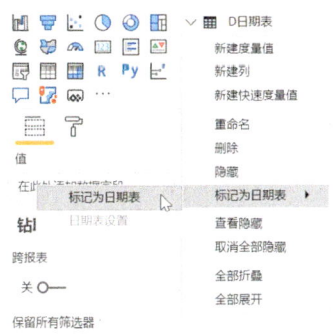 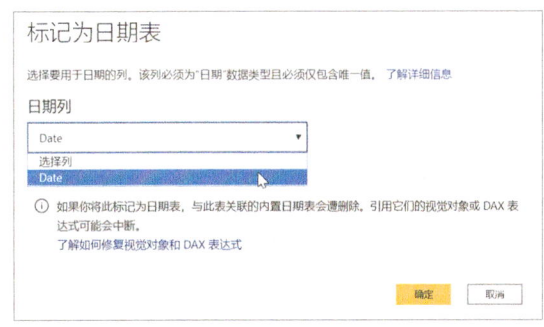

图 2-26 标记为日期表　　　　　　　图 2-27 将"日期列"设置为"Date"

（4）进入模型视图，将"D 日期表"的"Date"列用鼠标左键拖至"F 财务报表汇总"的"日期"列上，与之创建一对多的关系，如图 2-28 和图 2-29 所示。

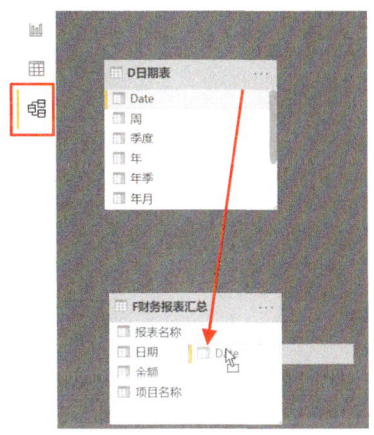 

图 2-28 将"D 日期表"与"F 财务报表汇总"　　图 2-29 创建关系后的模型视图
　　　　创建一对多的关系

2.1.3 导入科目维度表

将"财务科目信息表"按以下方式导入,导入后将"财务科目信息表"命名为"D财务科目信息表",并将其"项目关联名称"列与"F财务报表汇总"中的"项目名称"列建立一对多的关系,如图2-30、图2-31和图2-32所示。

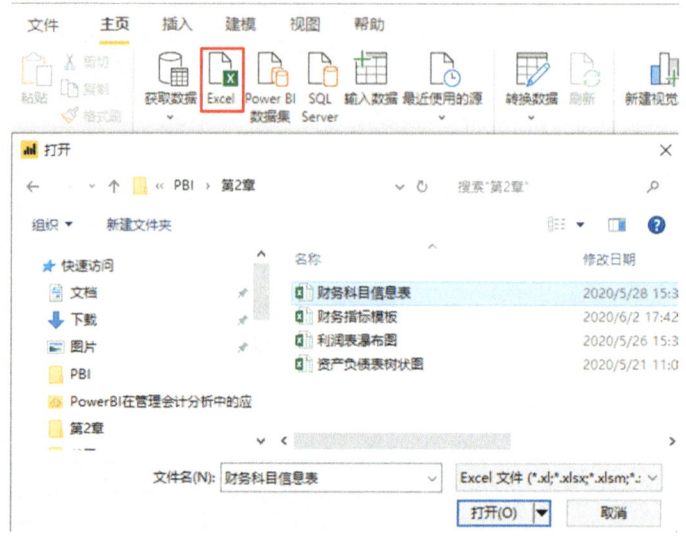

图2-30　选择Excel文件导入

图2-31　将"财务科目信息表"加载到模型中

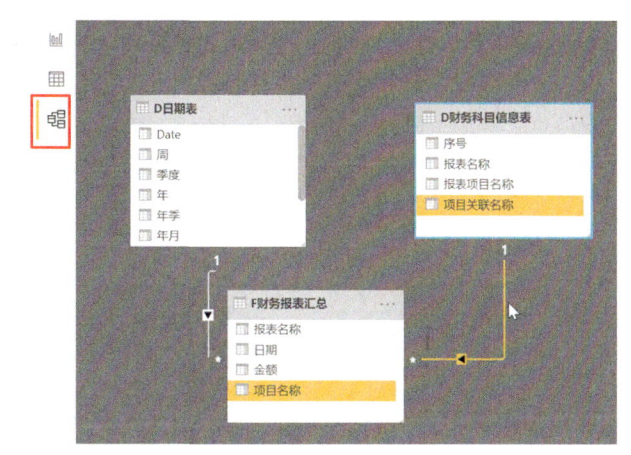

图 2-32 将"D财务科目信息表"与"F财务报表汇总"建立关系

提示：随着导入的表格越来越多，建议在事实表的名称前加上"F"，而在维度表的名称前加上"D"，这样可以明显区分事实表、维度表和辅助表。

2.1.4 创建资产负债表矩阵

Power BI 中的矩阵视觉对象在功能上与 Excel 中的透视表类似，它可以设置行标签和列标签，将数据构成详细地呈现出来，下面用两个矩阵分别展示资产项目和负债及所有者权益项目。

1．设置筛选条件

呈现资产负债表数据离不开时间点的选取，下面创建"年"切片器和"月"切片器，供报表使用人选取不同时间点的资产负债表数据。

（1）插入视觉对象切片器，将"日期表"中的"年"列拖至"字段"切片器中，默认效果如图 2-33 所示。

图 2-33 将日期表中的"年"列拖至"字段"切片器中

（2）单击"切片器"右上方的箭头，在弹出的下拉菜单中选择"列表"命令，改成列表样式，然后将列表方向设置为"水平"，如图 2-34 和图 2-35 所示。

（3）设置单选。因为资产负债表数据为时点数据，多个时间段数据相加无意义，为了防止报表使用者错误多选，呈现无意义的结果，需要将"单项选择"功能打开，如图 2-36 所示。

图 2-34　选择"列表"命令　　　　图 2-35　将列表方向设置为"水平"

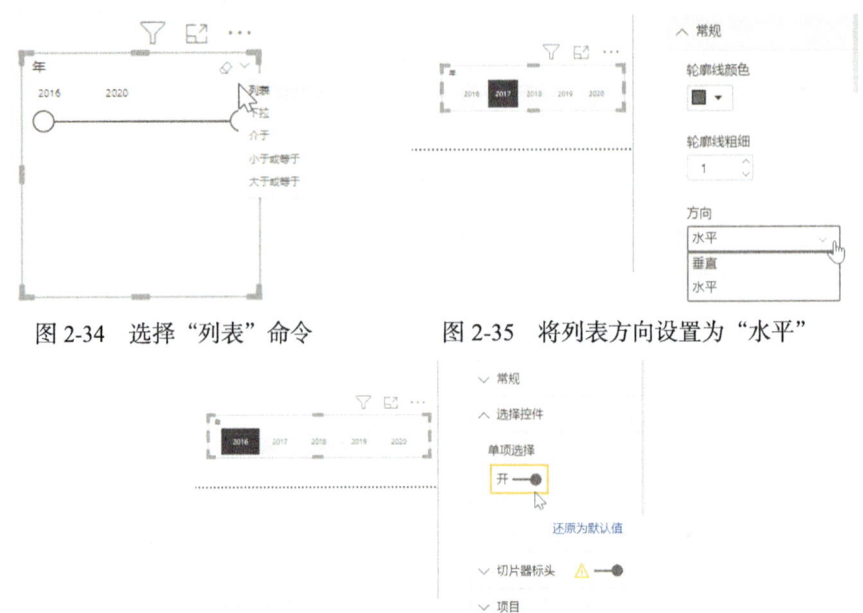

图 2-36　将切片器设置为"单项选择"

（4）按照上述步骤，再添加一个日期"月"切片器。

此外，由于本页呈现的资产负债表的项目，因此可以使用页面筛选器将"D 财务科目信息表"中的非资产负债表的项目排除在外，步骤如下。

展开筛选器，将"D 财务科目信息表"中的"报表名称"列拖至页面筛选器中，同时勾选"资产负债表"复选框，如图 2-37 和图 2-38 所示。

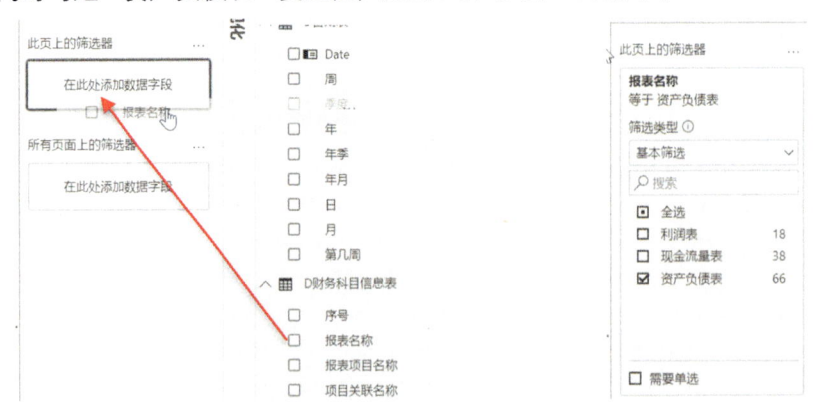

图 2-37　将"报表名称"列拖至页面筛选器中　　　图 2-38　勾选"资产负债表"复选框

2．编写度量值

资产负债表的金额是时点数，其最主要的两个度量值是"期初余额"和"期末余额"。下面创建与资产负债表有关的度量值。

（1）在功能区中单击"建模"→"新建度量值"按钮，如图 2-39 所示。

图 2-39　单击"建模"→"新建度量值"按钮

（2）依次创建以下度量值：

财务报表:基本.金额 = SUM('F 财务报表汇总'[金额])

财务报表:资产负债.期末余额 =
VAR yearSelected=MAX('D 日期表'[年])　　//取得当前上下文年份，此处也可以用 MIN
VAR monthSelected=MAX('D 日期表'[月])　　//取得当前上下文月份，此处也可以用 MIN
RETURN
CALCULATE([财务报表:基本.金额],'D 日期表[Date]=DATE(yearSelected,monthSelected,1))
//因为财务报表数据为月度数据，在前面进行数据清洗时，Power Query 已经将 XX 年 XX 月格式
转换成 XX 年 XX 月 1 日，所以此处用 DATE 函数表示当前下文年月的 1 日

财务报表:资产负债.年初余额 =
VAR yearSelected=MAX('D 日期表'[年])　//取得当前上下文年份，此处也可以用 MIN
RETURN
CALCULATE([财务报表:基本.金额],'D 日期表'[Date]=DATE(yearSelected-1,12,1))
//年初余额就是上年 12 月末，对本模型时间映射为 12 月 1 日

财务报表:资产负债.变化 = [财务报表:资产负债.期末余额]-[财务报表:资产负债.年初余额]

财务报表:资产负债.变化% = DIVIDE([财务报表:资产负债.变化],[财务报表:资产负债.年初余额])

> **提示 1**：使用 VAR...RETURN 语句能够增强 DAX 代码的可读性，可以被理解为分步骤计算，中间的计算结果先存储在定义的 VAR 变量中，最后通过 RETURN 语句返回最终值。
>
> **提示 2**：随着创建的度量值越来越多，可以采取便于自己识别的命名规则，如"财务报表:资产负债.年初余额"度量值表示财务报表主题下的资产负债项目

的年初余额。另外，我们还可以新建一张表，命名为×××度量值表，将相关度量值移入该表收纳，删除其他无关列并保存后，度量值表就会在"字段"窗口最上方显示，如图2-40和图2-41所示。

图2-40 创建度量值表　　　　图2-41 将相关度量值移入度量值表

（3）设置度量值格式。在"字段"窗口中选择度量值，功能区中会显示与度量工具相关的菜单，将绝对数的度量值设置成逗号千分位分隔符样式，将相对数的度量值设置成百分比样式，如图2-42所示。

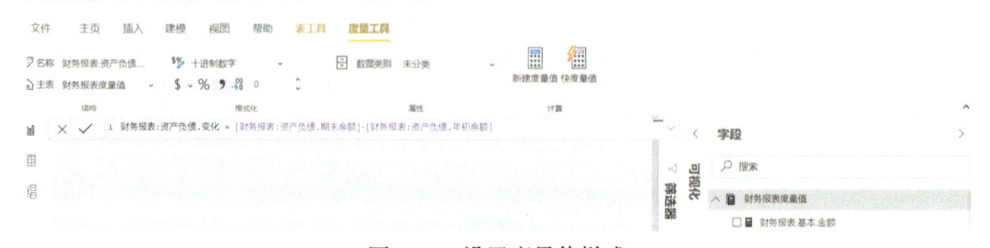

图2-42 设置度量值样式

3. 设置矩阵

（1）插入一个"矩阵"视觉对象，依次将"D财务科目信息表"中的"序号"列和"报表项目名称"列加入矩阵中的"行"，然后展开矩阵中的所有层级结构，如图2-43所示。

（2）关闭矩阵"行标题"的"渐变布局"功能，如图2-44所示。

（3）将鼠标指针移至"序号"列和"报表名称"列的列标题之间，当鼠标指针发生变化时，拖曳鼠标，将"序号"列的列宽调整到最小，达到隐藏效果，然后将"列标题"与"行标题"的"自动换行"以及将矩阵的"行小计"关闭，如图 2-45 所示。

图 2-43　展开矩阵中的所有层次结构

图 2-44　关闭"渐变布局"功能

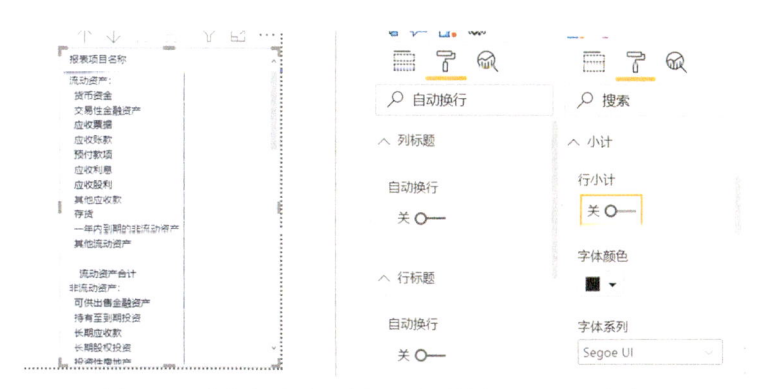

图 2-45　隐藏序号列、关闭"自动换行"及"行小计"

（4）将度量值"财务报表:资产负债.期末余额""财务报表:资产负债.年初余额""财务报表:资产负债.变化"和"财务报表:资产负债.变化%"依次加入矩阵"值"中，并将其显示名称命名为友好样式，如图 2-46 所示。

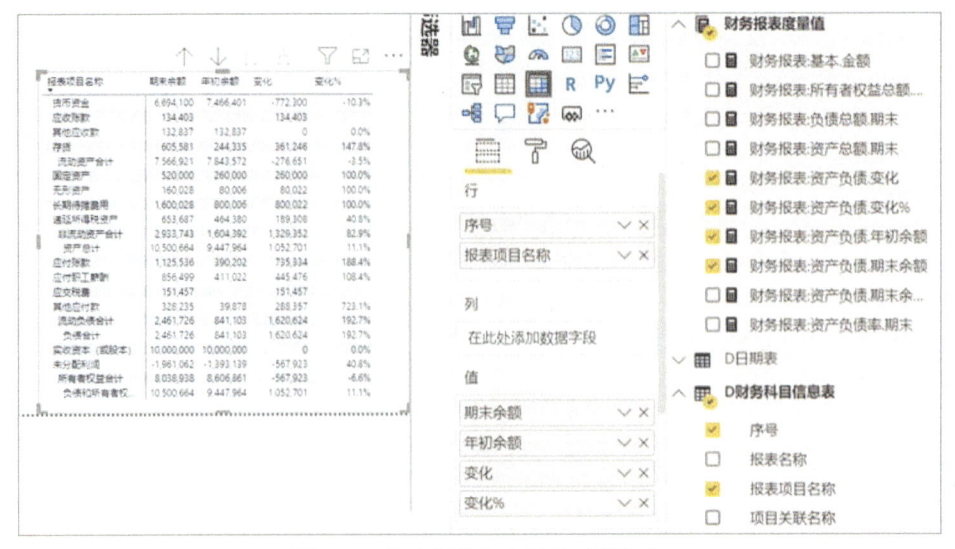

图 2-46　将度量值加入矩阵"值"中

（5）矩阵支持条件格式，为了能快速看出变化差异，可以将"变化"列和"变化%"列添加数据条。在矩阵"值"区域，用鼠标右键单击要设置的度量值，在弹出的菜单中选择"条件格式"→"数据条"命令（见图 2-47），然后选择合适的颜色设置数据条。

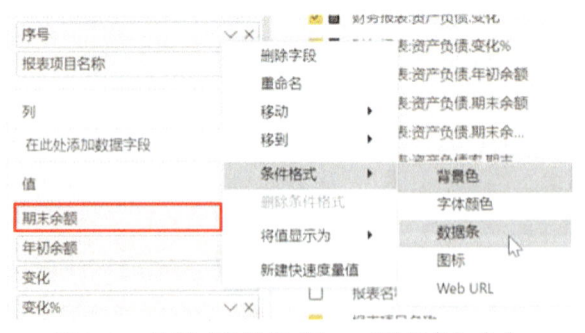

图 2-47　选择"条件格式"→"数据条"命令

（6）经过以上几个步骤，资产负债表矩阵已经初步成型（见图 2-48）。但是目前还存在一个问题：资产项目和负债及所有者权益项目在一列中呈现，不符合一般的资产负债表表现样式。由于存在会计恒等式"资产=负债+所有者权益"，因此通常将资产项目放在一边，而负债及所有者权益项目放在另一边。

（7）将资产项目和负债及所有者权益项目分开。选择"矩阵"视觉对象，展开"筛选器"窗口，将"序号"列的筛选条件设置为"小于或等于33"，这时矩阵只保留了资产项目（见图 2-49）。然后将矩阵复制一份，将"序号"列的筛选条件设置为"大于或等于 34"，负债及所有者权益项目的矩阵就制作完成了。

图 2-48　初步设置后的资产负债表矩阵

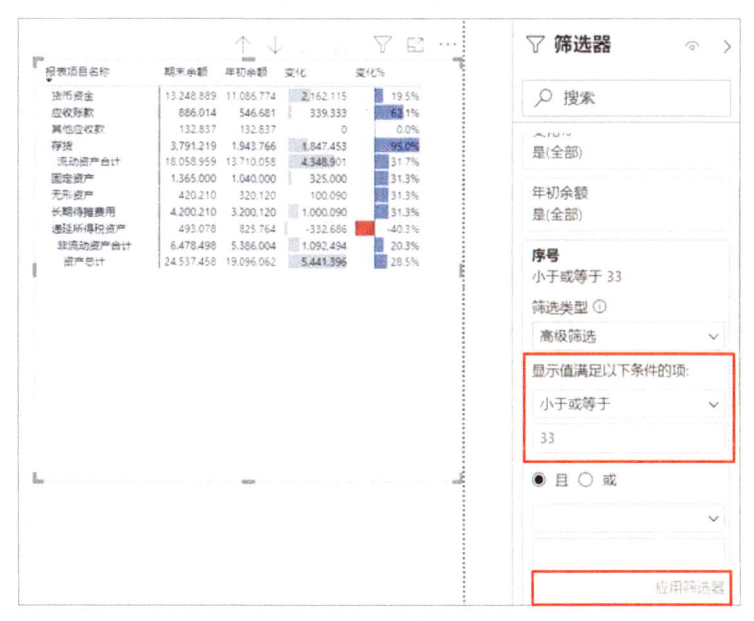

图 2-49　应用筛选器

> **提示：** 如果需要将没有数据的报表项目也显示出来，只需要在矩阵设置窗口用鼠标右键单击"报表项目名称"下拉按钮，然后在下拉菜单中选择"显示无数据的项目"命令，如图 2-50 所示。

智能管理会计:
从 Excel 到 Power BI 的业务与财务分析

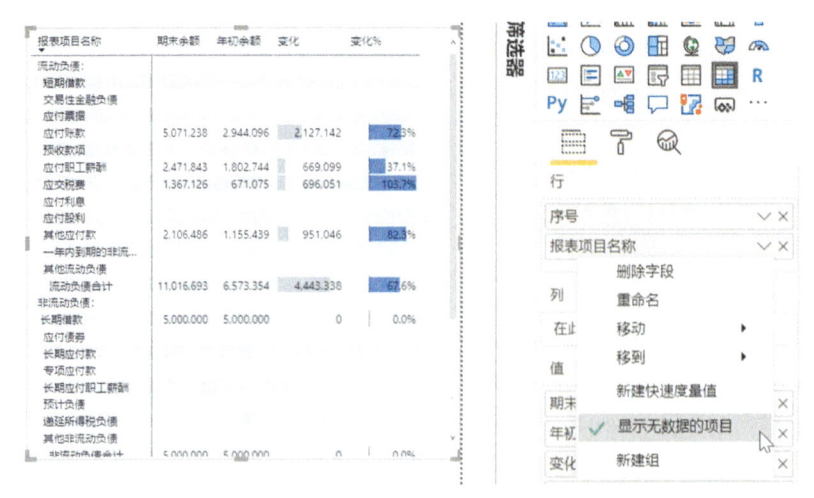

图 2-50　显示无数据项目

2.1.5　创建资产负债结构树状图

为了让报表使用人比较直观地了解资产负债的项目结构,可以采用树状图将资产负债表的结构呈现出来,具体步骤如下。

1．导入辅助表

除了维度表与事实表,使用 Power BI 建模还经常用到辅助表,辅助表不与其他表建立实体关系,常用于辅助生成特定的图表,资产负债表树状图就用到了辅助表,现将辅助表导入。

(1)在功能区中单击"从 Microsoft Excel 工作簿导入数据"按钮,选择"资产负债表树状图"工作簿,并将其加载至模型中,如图 2-51 所示。

图 2-51　加载"资产负债表树状图"工作簿

（2）将"资产负债表树状图"工作簿加载至模型后，可能会自动建立不必要的关系（"D财务科目信息表"的"序号"列与"资产负债表树状图"的"序号"列不存在关系），这时需要手动删除（见图2-52），否则会导致后面度量值的计算结果出现错误。

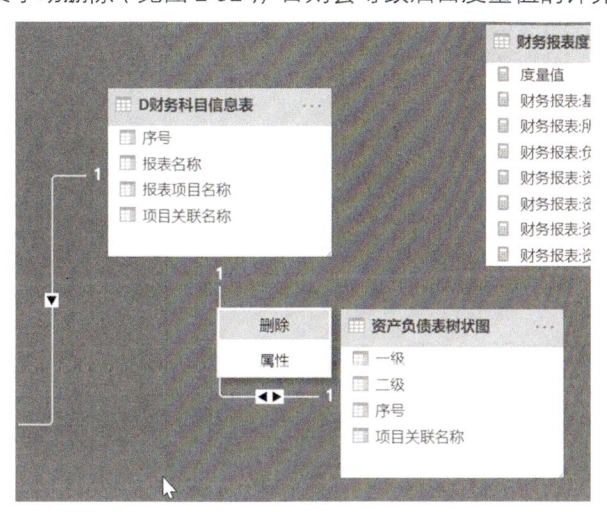

图 2-52　删除自动建立的不必要的关系

2．编写度量值

针对树状图，还需要单独创建一个度量值，具体如下：

```
财务报表:资产负债.期末余额.树状图 =
CALCULATE([财务报表:资产负债.期末余额],
    TREATAS(
        VALUES('资产负债表树状图'[项目关联名称]),
        'D财务科目信息表'[项目关联名称]
    )
)
//使用TREATAS将'资产负债表树状图'[项目关联名称]与'D财务科目信息表'[项目关联名称]创建临时的虚拟关系，其计算结果与手动建立的两个表之间的实体关系一样
```

3．设置树状图

插入一个"树状图"视觉对象，然后将"资产负债表树状图"辅助表中的"一级"列、"二级"列和"项目关联名称"列分别拖至树状图的"组"字段中，将度量值"财务报表:资产负债.期末余额.树状图"拖至"值"字段中，并将树状图标题改为"期末金额构成"，如图2-53所示。

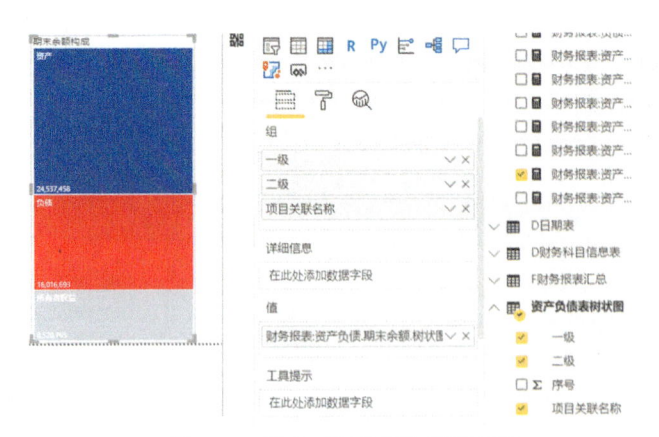

图 2-53 插入"树状图"视觉对象

2.1.6 创建关键指标卡片图

可以使用卡片图将关键指标（如流动比率、资产负债率等）呈现出来，让报表使用人通过关键指标从整体上对公司的财务状况有所了解。

1．编写度量值

下面编写资产负债率、产权比率、营运资本、流动比率等主要指标的度量值：

财务报表:资产总额.期末 =
CALCULATE([财务报表:资产负债.期末余额],'D财务科目信息表'[项目关联名称]="资产总计")

财务报表:负债总额.期末 =
CALCULATE([财务报表:资产负债.期末余额],'D财务科目信息表'[项目关联名称]="负债合计")

财务报表:所有者权益总额.期末 =
CALCULATE([财务报表:资产负债.期末余额],'D财务科目信息表'[项目关联名称]="所有者权益合计")

财务报表:资产负债率.期末 = DIVIDE([财务报表:负债总额.期末],[财务报表:资产总额.期末])

财务报表:产权比率.期末 = DIVIDE([财务报表:负债总额.期末],[财务报表:所有者权益总额.期末])

财务报表:流动负债总额.期末 =
CALCULATE([财务报表:资产负债.期末余额],'D财务科目信息表'[项目关联名称]="流动负债合计")

财务报表:流动资产总额.期末 =
CALCULATE([财务报表:资产负债.期末余额],'D财务科目信息表'[项目关联名称]="流动资产合计")

财务报表:营运资本.期末 = [财务报表:流动资产总额.期末]-[财务报表:流动负债总额.期末]

财务报表:流动比率.期末 =
DIVIDE([财务报表:流动资产总额.期末],[财务报表:流动负债总额.期末])

2．设置卡片图

（1）插入"卡片图"视觉对象，将"财务报表:营运资本.期末"度量值拖至"字段"切片器中。

（2）将"数据标签"菜单中的"显示单位"设置为"无"，同时设置合适的颜色，如图 2-54 所示。

（3）用鼠标右键单击"卡片图"字段，将字段重命名为友好样式（例如，将"财务报表:营运资本.期末"重命名为"营运资本"），如图 2-55 所示。

图 2-54　设置"数据标签"　　　图 2-55　将"卡片图"字段重命名为友好样式

（4）按照上述步骤，将度量值"财务报表:流动比率.期末"、"财务报表:资产负债率.期末"和"财务报表:产权比率.期末"用卡片图呈现出来，最终效果如图 2-56 所示。

7,042,266　　　1.64　　　65.27%　　　1.88
营运资本　　　流动比率　　　资产负债率　　　产权比率

图 2-56　最终效果

2.1.7　设置单位显示为万元

当报表金额比较大时，通常需要在不同单位量级之间进行切换，虽然 Power BI 的视觉对象都支持自动单位功能，即根据当前数值大小，智能切换合适的单位，以方便用户阅读。但是，目前只支持千级、百万级、十亿级、万亿级的显示方式，不太符合中国人的习惯。因此，我们通常将这个自动单位功能关闭，再通过 DAX 打造单位切换功能。

（1）创建金额单位辅助表。这个表包括两列，即金额的单位和倍数，由于数据比较简单，因此可以直接用手动输入数据的方式创建，创建方式如图 2-57 所示。

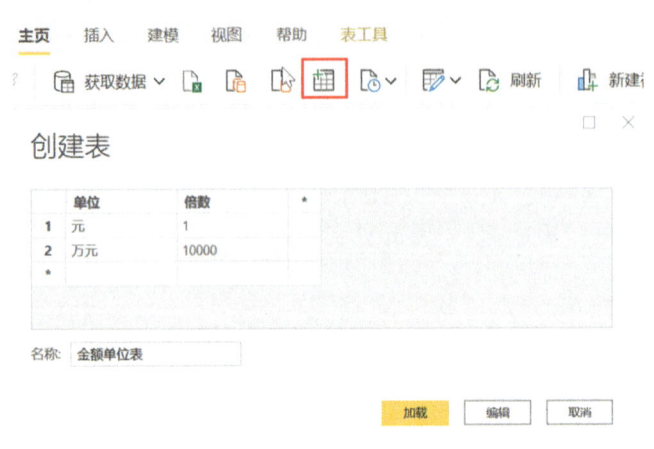

图 2-57　创建金额单位辅助表

（2）切换数据视图，选择"金额单位表"，单击"单位"列，在功能区中选择"按列排序"→"倍数"命令（见图 2-58）。使用"按列排序"功能，可以实现自定义排序，将"元"排在"万元"之前，这更符合人们的习惯。

图 2-58　设置单位的排列顺序

（3）添加一个切片器，将"金额单位表"中的"单位"列拖入"字段"切片器中，并设置成水平样式。

（4）将原度量值"财务报表:基本.金额= SUM('F 财务报表汇总'[金额])"改为"财

务报表:基本.金额= DIVIDE(SUM('F 财务报表汇总'[金额]),SELECTEDVALUE('金额单位表'[倍数]))。由于其他度量值都是引用这个度量值生成的，因此其他度量值也受到这个"单位"切片器的影响。

> 提示：使用 SELECTEDVALUE('金额单位表'[倍数]) 可以获取切片器中用户选中的项目，它支持默认值设置，即当用户没有选择时，应该返回什么值，不过此处可以将"单位"切片器设置成单选，这样切片器始终会选中一个值，不用再考虑 SELECTEDVALUE 的默认值问题。

2.1.8 编辑交互

通过上面的步骤，资产负债表分析已经基本完成，但是还存在一个严重影响报表使用体验的问题，即矩阵与卡片图、资产项目矩阵与负债及所有者权益项目矩阵交互，如选中资产项目中的"货币资金"项目，由于筛选上下文的原因，卡片图和负债及所有者权益项目矩阵的金额都会变成空白，因此还要对当前的交互方式进行设置，具体步骤如下。

（1）选中矩阵，在功能区的"格式"选项卡中，单击"编辑交互"按钮，这时页面中的视觉对象右上角会出现两个图标（部分视觉对象还会有更多的图标），一个是"筛选器"，另一个是"无"（见图 2-59）。单击"无"图标之后，该视觉对象就不再受当前选中的视觉对象的影响，这里将卡片图和另一个矩阵的交互方式设置为"无"。

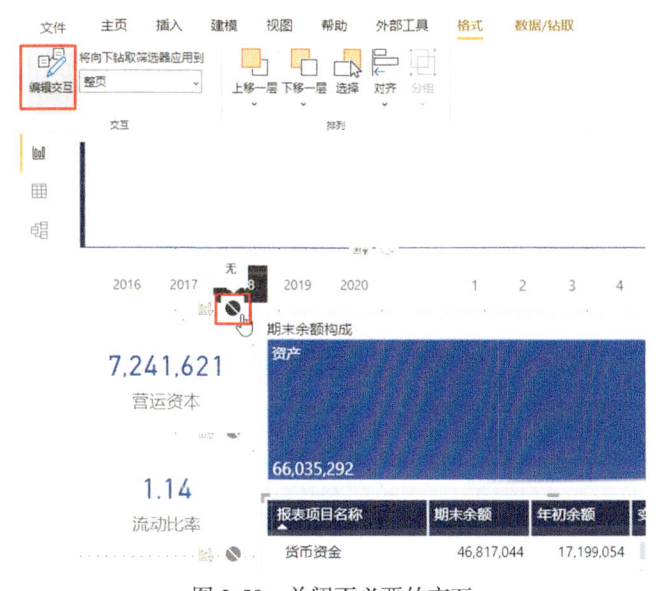

图 2-59 关闭不必要的交互

（2）选中另一个矩阵，按上述操作方式处理。

至此，资产负债表分析页面就创建完成了，报表使用人可以自由选择年和月查看各期报表，金额也可以随时切换成元或万元显示。

另外，还可以选中期末余额构成树状图，单击启用"深化"模式，这时再单击或双击资产色块，树状图就会显示资产项目的下级详细构成，如图 2-60 所示。

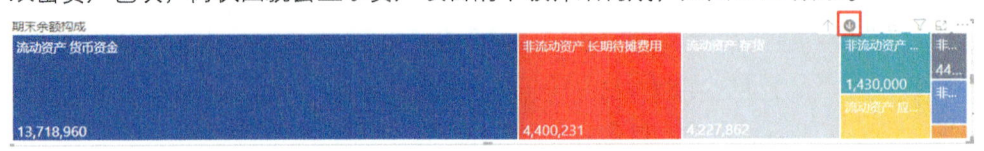

图 2-60　启用树状图"深化"模式

对于报表使用人来说，与 Excel 报表相比，这种交互功能是 Power BI 报表最大的特色，能引导报表使用人探索数据，发现问题。Excel 报表要实现这样的功能十分困难，但这是 Power BI 最基础的功能。

2.2　创建利润表分析报表

本节以 2016 年 9 月至 2020 年 1 月虚拟公司的月度 Excel 利润表数据为基础，创建利润表分析页面，页面效果如图 2-61 所示，总体的操作步骤与 2.1 节创建资产负债表分析报表类似。

图 2-61　利润表分析页面

2.2.1 导入利润表数据

2.1 节通过筛选、清洗等步骤完成了资产负债表的数据导入，本节利润表的数据导入可以在 2.1 节的基础上进行，将原来的查询略为改动即可，具体步骤如下。

（1）编辑查询。在"字段"窗口用鼠标右键单击"F财务报表汇总"下拉按钮，在弹出的菜单中选择"编辑查询"命令（见图 2-62），然后进入 Power Query 查询编辑器。

（2）将原查询"资产项目"复制一份，再选中复制后的查询，在"应用的步骤"列表框中选择"筛选的行"选项，然后将"报表名称"列的筛选条件改为"利润表"和"现金流量表"，如图 2-63 所示（由于利润表和现金流量表的格式一致，因此本次将现金流量表一并导入），再将"项目名称"列中的"编制单位:"通过筛选移除，最后将查询名称改为"利润及现金流量项目"。

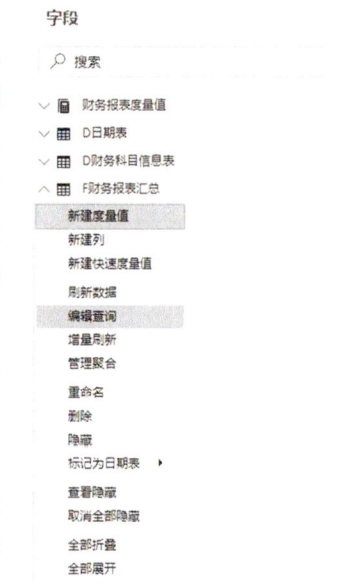

图 2-62　编辑查询

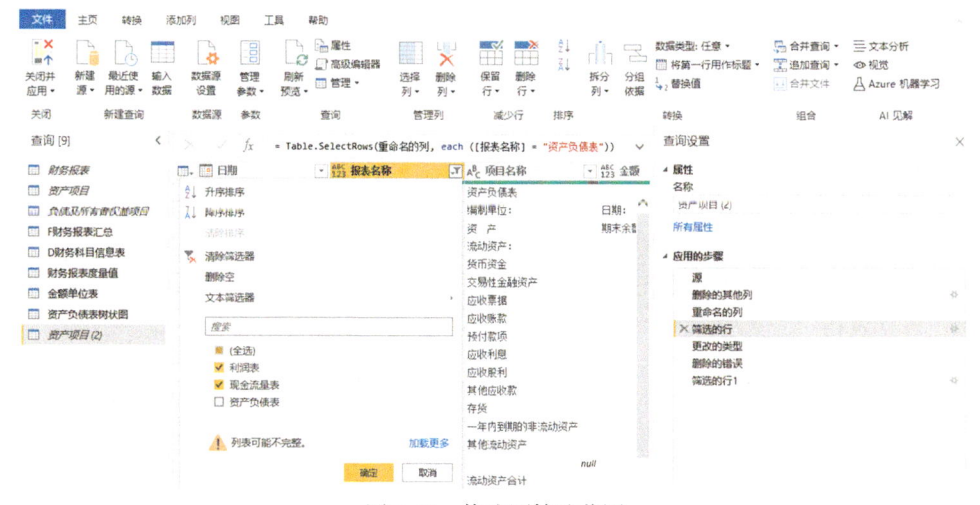

图 2-63　修改原筛选范围

（3）组合查询。选定查询"F财务报表汇总"，单击"追加查询"按钮，在弹出的对话框中选择要追加的表"利润及现金流量项目"，如图 2-64 所示。操作完成后，单击左上角的"关闭并应用"按钮，返回"报表"视图，由此完成数据导入工作。

图 2-64　追加"利润及现金流量项目"查询

由此可以看出，Power Query 在数据清洗方面是十分便利的，其能将所有的操作步骤记录下来，可以随时返回修改。如果用 Excel 加工数据，则一旦某步操作存在问题，在需要更改时可能就要从头再来；如果加工相同类型的数据，Excel 也无法引用以前的操作步骤（除非编写 VBA 代码），只能从头到尾重新操作一遍。

2.2.2　创建利润表矩阵

和资产负债表一样，矩阵也是呈现利润表项目明细构成最合适的视觉对象。利润表矩阵的创建方法与资产负债表矩阵的创建方法大体相同。

1. 创建辅助表

为了减少空间占用，通过插入两个切片器，可以实现月度利润表矩阵和年累计利润表矩阵切换，以及显示绝对数和相对数的切换功能，但需要创建"月度及年累计切换"辅助表和"值类别切换"辅助表。

1）创建"月度及年累计切换"辅助表

由于"月度及年累计切换"辅助表的内容比较简单，因此可以直接采取手动录入的方式创建。单击功能区中的"输入数据"按钮，在弹出的窗口中输入如图 2-65 所示的内容，并将表命名为"月度及年累计切换"。

2）创建"值类别切换"辅助表

"值类别切换"辅助表的创建方法与"月度及年累计切换"辅助表的创建方法一样。创建的"值类别切换"辅助表如图 2-66 所示。

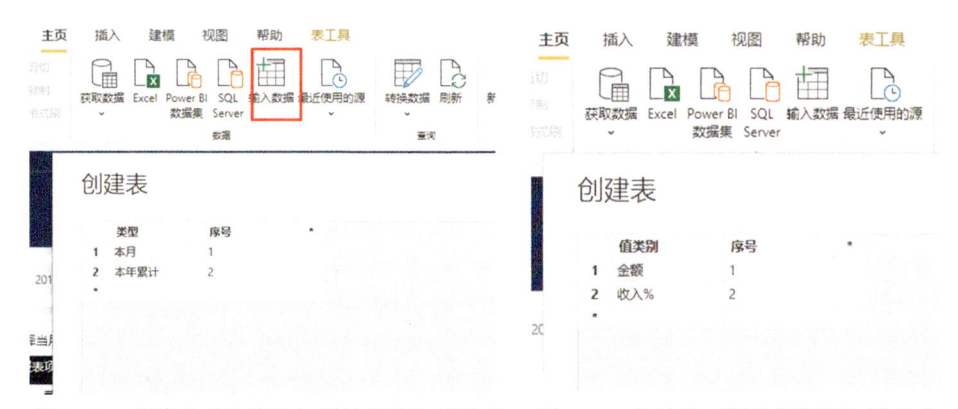

图 2-65 创建的"月度及年累计切换"辅助表　　图 2-66 创建的"值类别切换"辅助表

2．设置筛选条件

1）设置切片器

和 2.1 节资产负债表分析页面中的切片器一样，利润表分析页面也需要创建"年"切片器、"月"切片器和"单位"切片器，为了节省设置步骤，可以直接复制资产负债表分析页面中的"年"切片器、"月"切片器和"单位"切片器。需要注意的是，直接复制切片器会弹出"同步视觉对象"确认对话框（见图 2-67）。如果单击"同步"按钮，就意味着复制的切片器的筛选条件与资产负债表分析页面中的保持一致。由于查看利润表和资产负债表分析并不一定要求筛选条件相同，因此这里单击"不同步"按钮。

图 2-67　同步视觉对象

此外，本节还需要使用"月度及年累计切换"辅助表创建一个用于切换本月和本年累计数据的切片器，以及使用"值类别切换"辅助表创建一个用于切换显示金额和收入百分比的切片器。这两个新增切片器的样式与"年"切片器和"月"切片器一致，均为水平显示。

2）设置筛选器

由于本页呈现的是利润表项目，因此可以使用页面筛选器将"D 财务科目信息表"

中的非利润表的项目排除在外，具体步骤如下。

展开"筛选器"窗口，将"D 财务科目信息表"中的"报表名称"列设置为"此页上的筛选器"，并将筛选条件设置为"利润表"，见图 2-68 所示。

图 2-68　将筛选条件设置为"利润表"

3. 编写度量值

不同于资产负债表，利润表的金额是时段数据，累加是有实际意义的。对于利润表，除了关注当月数据，一般还会关注年累计数据。此外，利润表的收入类项目与成本费用类项目方向相反，在编写度量值时最好分类处理，将成本类项目用负数表示有利于瀑布图和矩阵等视觉对象效果的展现。因此，利润表度量值的编写与资产负债表度量值的编写略有区别。

1）本月金额及占收入百分比表达式

```
财务报表:利润表.本月 =
IF(MAX('D 财务科目信息表'[方向])="贷",[财务报表:基本.金额],-[财务报表:基本.金额])
//将成本费用类项目转换为负数

财务报表:利润表.本月收入% =
DIVIDE ([财务报表:利润表.本月],
    CALCULATE ([财务报表:利润表.本月],
        FILTER ( ALL ( 'D 财务科目信息表' ),
            'D 财务科目信息表'[项目关联名称] = "一、营业收入"
        )
    )
)
```

)//计算利润表各项目占收入的比重,分母为营业收入金额

2)利润表本年累计金额及占收入百分比的表达式

```
财务报表:利润表.本年累计 = TOTALYTD([财务报表:利润表.本月],'D日期表'[Date])
//使用时间智能函数TOTALYTD直接计算出本年累计

财务报表:利润表.本年累计收入% =
DIVIDE([财务报表:利润表.本年累计],
    CALCULATE([财务报表:利润表.本年累计],
        FILTER ( ALL ( 'D财务科目信息表' ),
            'D财务科目信息表'[项目关联名称] = "一、营业收入"
        )
    )
)//写法与度量值"财务报表:利润表.本月收入%"一致
```

3)将度量值与辅助表筛选列条件关联

本节利润表矩阵要实现依据外部筛选器筛选条件的不同而显示不同值的效果,因此还需要编写以下度量值:

```
财务报表:利润表.矩阵.本期 =
VAR isMorY=SELECTEDVALUE('月度及年累计切换'[类型])
VAR isValoPercent=SELECTEDVALUE('值类别切换'[值类别])
//获取"月度及年累计切换"辅助表和"值类别切换"辅助表选定的值
RETURN
SWITCH(TRUE,
    isMorY="本月"&&isValoPercent="金额",[财务报表:利润表.本月],
    isMorY="本月"&&isValoPercent="收入%",[财务报表:利润表.本月收入%],
    isMorY="本年累计"&&isValoPercent="金额",[财务报表:利润表.本年累计],
    isMorY="本年累计"&&isValoPercent="收入%",[财务报表:利润表.本年累计收入%]
)
//这里也可以使用IF,当判断条件较多时,使用SWITCH更简洁;&&与AND的逻辑含义一致,但&&的写法更简洁

财务报表:利润表.矩阵.上年同期 =
CALCULATE([财务报表:利润表.矩阵.本期],SAMEPERIODLASTYEAR('D日期表'[Date]))

财务报表:利润表.矩阵.变动 = [财务报表:利润表.矩阵.本期]-[财务报表:利润表.矩阵.上年同期]

财务报表:利润表.矩阵.变动% =
//变动率在收入百分比报表的情况下没有意义
IF(
    SELECTEDVALUE('值类别切换'[值类别])="金额",
```

```
    DIVIDE([财务报表:利润表.矩阵.变动],ABS([财务报表:利润表.矩阵.上年同期]))
)//计算变动率时,要注意分母为负数的情况,这里使用 ABS 取绝对值,将负数转为正数
```

以上 4 个度量值能满足依据外部筛选器筛选条件的不同而显示不同值的效果,如果选定本月,则会呈现本月数据和前一年同期月份的数据,以及对应的变动及变动比率。但目前的显示效果存在两个问题:一是成本类项目显示负数,这样不容易理解,因此通常使用"( )"代替"-";二是当外部筛选条件是"收入%"时,矩阵呈现的是收入百分比报表,但是数据样式不能直接显示成百分比样式。

使用 FORMAT 函数(Excel 中的 TEXT 函数功能类似)可以解决这两个数据显示样式,表达式如下:

```
财务报表:利润表.矩阵.本期显示 =
IF(
    SELECTEDVALUE('值类别切换'[值类别])="金额",
    FORMAT([财务报表:利润表.矩阵.本期],"#,##0;(#,##0)"),
    FORMAT([财务报表:利润表.矩阵.本期],"0.00%;(0.00%)")
)

财务报表:利润表.矩阵.上年同期显示 =
IF(
    SELECTEDVALUE('值类别切换'[值类别])="金额",
    FORMAT([财务报表:利润表.矩阵.上年同期],"#,##0;(#,##0)"),
    FORMAT([财务报表:利润表.矩阵.上年同期],"0.00%;(0.00%)")
)

财务报表:利润表.矩阵.变动显示 =
IF(
    SELECTEDVALUE('值类别切换'[值类别])="金额",
    FORMAT([财务报表:利润表.矩阵.变动],"#,##0;(#,##0)"),
    FORMAT([财务报表:利润表.矩阵.变动],"0.00%;(0.00%)")
)

财务报表:利润表.矩阵.变动%.显示 = FORMAT([财务报表:利润表.矩阵.变动%],"0.0%;(0.0%)")
```

4. 设置矩阵

(1)插入"矩阵"视觉对象,然后依次将度量值"财务报表:利润表.矩阵.本期显示"、"财务报表:利润表.矩阵.上年同期显示"、"财务报表:利润表.矩阵.变动"、"财务报表:利润表.矩阵.变动显示"和"财务报表:利润表.矩阵.变动%.显示"加入矩阵值中,除了度量值"财务报表:利润表.矩阵.变动",其他度量值由于使用了 FORMAT 函数格

式化输出文本，默认是左对齐，为了统一样式，需要按照如图 2-69 所示的方式依次将其值对齐方式设置为"右"。

图 2-69　设置值对齐方式

提示：这里可以直接复制资产负债表分析页面中的矩阵，然后将值换成利润表相关的度量值，这样可以省略对矩阵行的设置等操作步骤。

（2）为了直观地反映变动率的增加或减小，可以将度量值"财务报表.利润表.矩阵.变动%.显示"按照如图 2-70 所示的方式设置背景色。

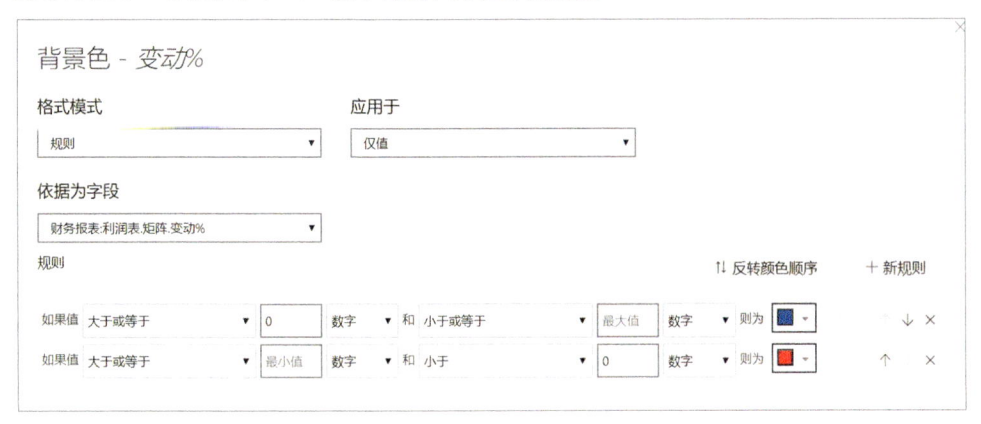

图 2-70　设置度量值"财务报表.利润表.矩阵.变动%.显示"的背景色

（3）设置"变动"的数据条格式。度量值"财务报表.利润表.矩阵.变动显示"为文本格式，无法直接在矩阵中设置为数据条类型的条件格式。这里可以利用度量值"财务报表.利润表.矩阵.变动"将其设置成数据条显示，如图 2-71 所示。然后将其字段格式的标题字体设置成与背景一致的颜色,从而达到隐藏效果。

图 2-71 设置"变动"的数据条格式

2.2.3 创建利润构成瀑布图

瀑布图能够直观地反映数据在不同时期或受不同因素影响时的增减变化过程,使用瀑布图能够较好地反映利润表各项目对利润的影响情况。

1. 导入辅助表

在功能区中,单击"从 Microsoft Excel 工作簿中导入数据"按钮,在弹出的窗口中选择"利润表瀑布图"辅助表的存储路径,单击"加载"按钮完成导入。

> 提示:在默认设置下,Power BI 会自动将导入的表(或手动创建的表)与模型中的其他表创建关系(在存在类似共同列的情况下)。但是,自动创建的关系可能是错误的,这时就需要在模型视图中手动删除。例如,本次导入"利润表瀑布图"辅助表后,由于多张表中都存在"序号"列,Power BI 自动为这些表创建了关系,因此需要手动删除这些关系。
>
> 为了使瀑布图按照目标顺序显示,导入后需要进入数据视图,选中"显示名称"列,在功能区中选择"列工具"→"按列排序"→"序号"命令。

2. 编写度量值

```
财务报表:利润表.瀑布图.利润构成 =
IF(SELECTEDVALUE('月度及年累计切换'[类型])="本月",
    CALCULATE([财务报表:利润表.本月],
        TREATAS(VALUES('利润表瀑布图'[项目关联名称]),
            'D 财务科目信息表'[项目关联名称])
    )
```

```
    ),//当月外部筛选条件为"本月"时,计算本月值
    TOTALYTD([财务报表:利润表.本月],
        'D日期表'[Date],
        TREATAS(VALUES('利润表瀑布图'[项目关联名称]),
            'D财务科目信息表'[项目关联名称]
        )
    )//当月外部筛选条件为"本年累计"时,计算年累计值
)
```

3.设置瀑布图

插入"瀑布图"视觉对象,然后将"利润表瀑布图"辅助表中的"显示名称"列拖至"类别"中,将度量值"财务报表:利润表.瀑布图.利润构成"拖至"值"中,并将其重命名为"影响利润",同时设置合适的图表标题,如图 2-72 所示。

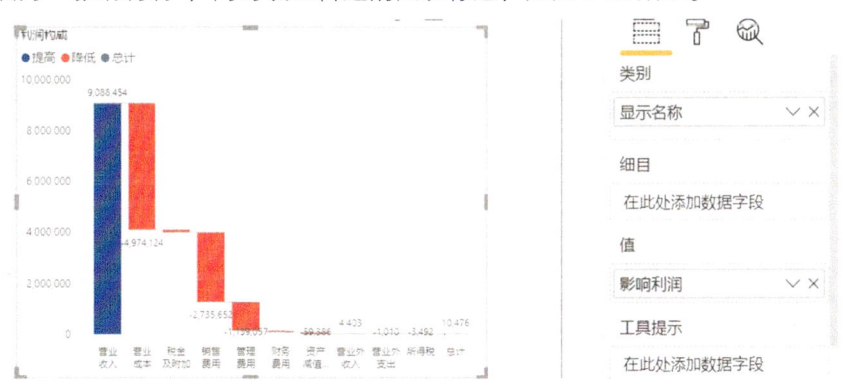

图 2-72 设置利润构成瀑布图

2.2.4 营业收入及成本变化趋势图

利润表矩阵及利润构成瀑布图都只显示了某一时期该项目累计影响数,如果需要了解其变化趋势,则可以将其主要项目(如收入及成本等)用趋势图呈现出来,具体步骤如下。

1.编写度量值

```
财务报表:利润表.趋势图 =
IF(
    SELECTEDVALUE('月度及年累计切换'[类型])="本月",
    '财务报表度量值'[财务报表:基本.金额],
    TOTALYTD('财务报表度量值'[财务报表:基本.金额],'D日期表'[Date])
)//可以直接利用基本度量值
```

2. 设置趋势图

（1）插入"分区图"视觉对象，将"D 日期表"中的"月"列拖至"轴"，将"D 财务科目信息表"中的"简要名称"列拖至"图例"，将度量值"财务报表:利润表.趋势图"拖至"值"中。

（2）选中刚设置的分区图，然后展开"筛选器"窗口，按照图 2-73 所示设置该视觉对象的筛选器，这样就可以只显示主要项目的变化趋势，避免项目过多，难以辨别。

图 2-73　设置分区图视觉对象的筛选器

（3）为了显示月度趋势，需要删除"月"切片器对分区图的交互。选中"月"切片器，在功能区中单击"格式"→"编辑交互"按钮，然后单击分区图右上角的"无"按钮。

（4）如果分区图没有按照月份由小到大排列，则可以单击分区图右上角的"…"按钮，然后按照如图 2-74 所示的方式设置排序方式。

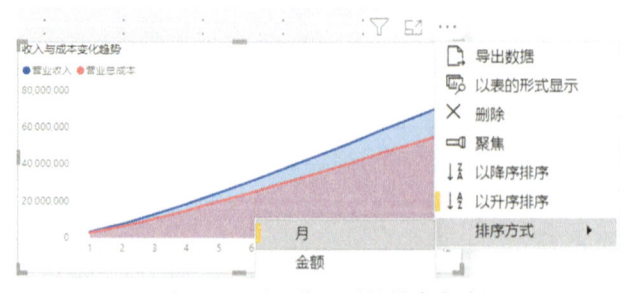

图 2-74　设置分区图的排序方式

2.3 创建现金流量表分析报表

现金流量表反映了公司在一段时间内现金的增减变动。本节创建的现金流量表分析页面，能根据报表使用人选定的年月，展示出在该时间段内主要项目的现金增减变动情况及其变化趋势，如图 2-75 所示。由于在 2.2 节导入利润表数据时，现金流量表的相关数据也一并导入了，因此本节可以直接编写度量值并创建可视化视觉对象。

图 2-75 现金流量表分析页面

2.3.1 创建现金流量表矩阵

现金流量表的大部分项目与利润表的项目一样，均为时期数据，可以简单累加，但"加：期初现金及现金等价物余额"和"六、期末现金及现金等价物余额"这两个项目与资产负债表的项目类似，是时点数据，不能直接累加，因此，在创建现金流量表矩阵时需要特别处理。创建现金流量表矩阵的具体步骤如下。

1．设置筛选条件

（1）为了减少重复设置，可以直接复制一份"利润表分析报表"，将复制后的报表重命名为"现金流量表"。

（2）展开"筛选器"窗口，将筛选条件更改为"现金流量表"，如图 2-76 所示。

（3）保留"年"切片器、"金额"切片器和矩阵视觉对象，将其他本节用不到的视觉对象删除。重新创建"月"切片器，关闭"响应"功能，设置成如图 2-77 所示的样式。和以前的"月"切片器不同，这种样式的切片器可以通过拖动"滑竿"快速选取几个连续的月份。

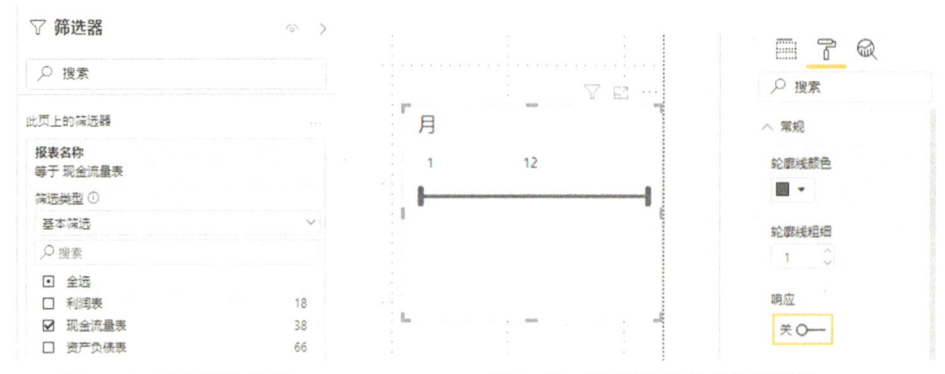

图 2-76　更改筛选条件　　　　图 2-77　设置滑动样式的切片器

2. 编写度量值

现金流量表同时具备利润表和资产负债表的特点，在编写度量值时，需要对最后两个项目另外处理，DAX 表达式如下：

```
财务报表:现金流量.金额 =
VAR curItem=SELECTEDVALUE('D财务科目信息表'[项目关联名称])
RETURN
SWITCH(TRUE,
    curItem="加：期初现金及现金等价物余额",
        FIRSTNONBLANKVALUE('D日期表'[Date],[财务报表:基本.金额]),
    curItem="六、期末现金及现金等价物余额",
        LASTNONBLANKVALUE('D日期表'[Date],[财务报表:基本.金额]),
    [财务报表:基本.金额]
)
```

这里使用了 FIRSTNONBLANKVALUE 函数和 LASTNONBLANKVALUE 函数，虽然函数名称看上去很长，但是并不难理解，假如通过上一个步骤创建的"月"切片器选择了 1—5 月，现金流量表的项目除了最后两个项目，都可以累加，而"加：期初现金及现金等价物余额"项目应该是指 1 月初的现金余额，用 FIRSTNONBLANKVALUE 函数可以返回第一个不为空的值。同理，"六、期末现金及现金等价物余额"应该是指 5 月末的现金余额，用 LASTNONBLANKVALUE 函数可以返回最后一个不为空的值。

虽然矩阵类似于 Excel 中的透视表，但存在类似于上述需要个别处理的项目时，使用 Excel 透视表自动计算出来的结果不符合业务逻辑，而在 Power BI 中可以通过

DAX 表达式定义矩阵的输出结果，用于应对复杂的业务逻辑计算。

和利润表矩阵类似，现金流量表项目之间的方向也不同，为了能够在矩阵中更直观地看出哪些是现金流出，哪些是现金流入，还需要编写一个显示结果的度量值，具体如下：

```
财务报表:现金流量.金额显示 =
IF(
    MAX('D财务科目信息表'[方向])="借",
    [财务报表:现金流量.金额],-[财务报表:现金流量.金额]
)
```

3．设置矩阵格式

插入"矩阵"视觉对象，然后将"D 财务科目信息表"中的"序号"列和"报表项目名称"列拖至矩阵"行"字段中，将"D 日期表"中的"月"列拖至矩阵"列"字段中，将度量值"财务报表:现金流量.金额显示"拖至矩阵"值"字段中，并设置数据条格式，如图 2-78 所示。

图 2-78　设置现金流量表矩阵

2.3.2　创建现金变动情况瀑布图

为了简单直观地反映当前时间段内现金结构的变动情况，可以采用瀑布图展现。这里不用另外编写度量值，可以直接使用度量值"财务报表:现金流量.金额"，创建步骤如下。

（1）插入"瀑布图"视觉对象，然后将"D 财务科目信息表"中的"简要名称"列拖至瀑布图的"类别"字段中，将度量值"财务报表:现金流量.金额"拖至"值"字段中。

（2）选中瀑布图，展开"筛选器"窗口，将该视觉对象"简要名称"的筛选条件设置为"经营活动净额、期初现金余额、投资活动净额或筹资活动净额"，如图 2-79 所示。

图 2-79　设置现金变动情况瀑布图的筛选条件

（3）如果项目的排列顺序不符合预期，则可以将"D 财务科目信息表"中的"序号"列加入瀑布图的"工具提示"字段中，并将汇总方式改为"求和"，如图 2-80 所示。

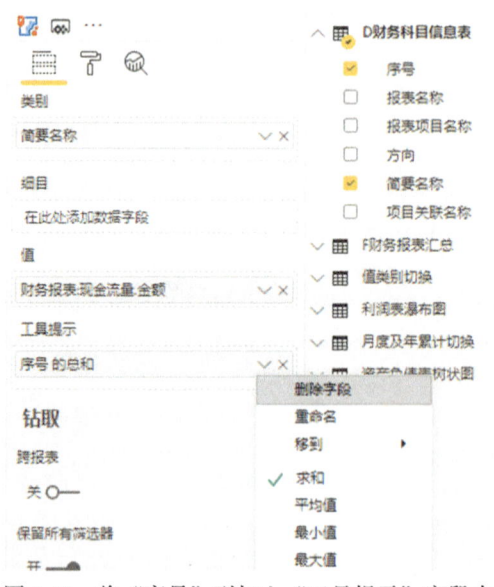

图 2-80　将"序号"列加入"工具提示"字段中

（4）将排序方式更改为"序号的总和"，并按照升序排序，这时横坐标就会按照现金流量表中的项目排列，如图 2-81 所示。

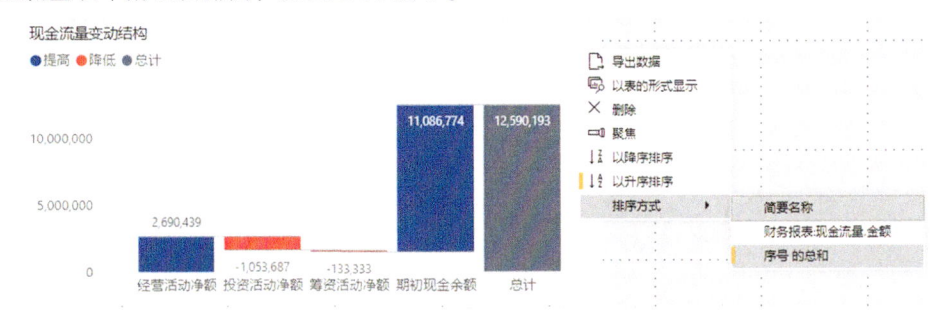

图 2-81　设置瀑布图的排序方式

2.3.3　创建主要现金流量项目变化趋势图

现金变动情况瀑布图虽然简单直观地反映了主要现金流量项目在当前时间段的累计变动，但是无法反映主要项目的变化趋势，因此，有必要增加一个趋势图补充相关信息。

1．创建度量值

主要现金流量项目变化趋势图的度量值比较简单，只需要用 CALCULATE 函数更改筛选条件即可，下面创建 3 个度量值，分别表示经营活动、投资活动、筹资活动产生的现金流量净额：

```
财务报表:现金流量.经营活动 =
CALCULATE([财务报表:现金流量.金额],
    'D 财务科目信息表'[项目关联名称]="经营活动产生的现金流量净额")
```

```
财务报表:现金流量.投资活动 =
CALCULATE([财务报表:现金流量.金额],
    'D 财务科目信息表'[项目关联名称]="投资活动产生的现金流量净额")
```

```
财务报表:现金流量.筹资活动 =
CALCULATE([财务报表:现金流量.金额],
    'D 财务科目信息表'[项目关联名称]="筹资活动产生的现金流量净额")
```

2．设置趋势图

插入"折线图"视觉对象，将"D 日期表"中的"月"列拖至"轴"字段，然后将度量值"财务报表:现金流量.经营活动"、"财务报表:现金流量.投资活动"和"财务报表:现金流量.筹资活动"拖至"值"字段，如图 2-82 所示。

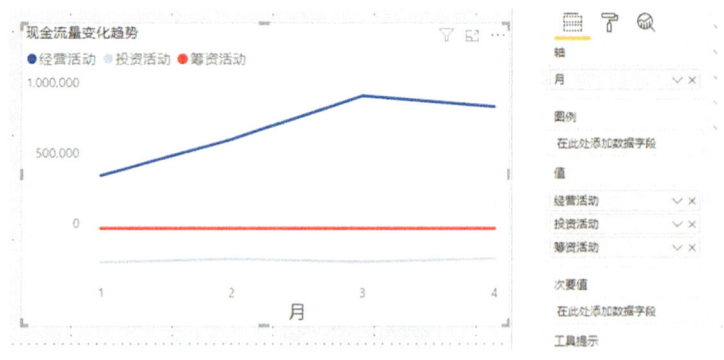

图 2-82　设置趋势图样式

2.4　创建财务指标分析报表

分析财务报表往往离不开对财务指标的分析，一般来说，在分析公司财务指标时，除了与自己的过去进行纵向比较，往往还需要与同行业的同类公司进行横向比较。但获取同行业的同类公司的财务数据比较困难，在大多数条件下，使用同行业上市公司公开的财务数据进行比较分析。获取上市公司财务数据的传统做法是定期到信息披露平台查看上市公司有无更新数据，如果更新了就复制或下载下来，然后在 Excel 中进一步加工处理，如果只做一次还好，但每次都要重复这些步骤就比较费时、费力了。

本节使用 Power Query 创建的自定义函数，按照实际需求从网络中获取目标上市公司公开的最新的财务数据，然后通过 DAX 建模，与本公司的财务指标实现自动对比分析，指标分析页面如图 2-83 所示。

图 2-83　指标分析页面

2.4.1 获取同行业上市公司的财务数据

有多种途径可以合法获取上市公司的财务数据，有收费的渠道，也有免费的渠道，收费数据库比较稳定，基本上可以直接使用，免费的还需要对数据进行进一步清洗。下面介绍使用 Power Query 合法获取网上免费的财务数据的方法。

1. 查找网址规律

各大财经网站（如新浪财经、东方财富、网易财经等）都有一个数据板块，里面有整理好的财务数据，下面以网易财经为例进行说明（网址及规律可能会发生变化，本节仅提供一种思路）。

（1）用浏览器打开网易财经网页，跳转到"002029"的个股行情页面，单击"财务分析"→"主要财务指标"链接，可以看到该页面提供了某公司主要财务指标的下载链接，如果将鼠标指针移至"下载链接"上，那么浏览器下方会显示其链接地址，如图 2-84 所示。

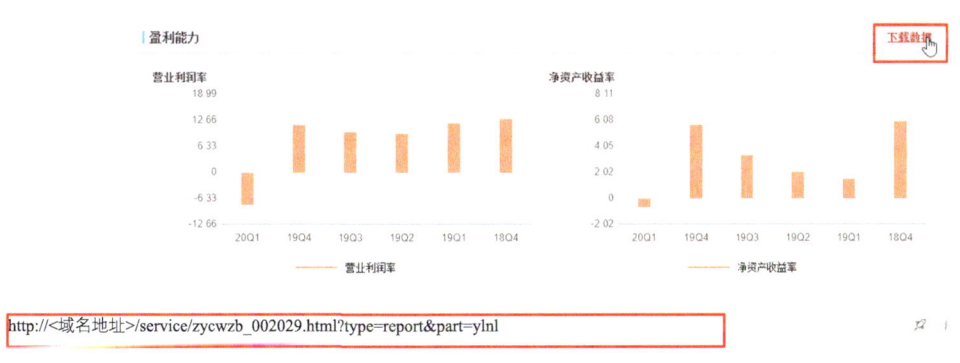

图 2-84 查找网址

（2）仔细观察下载链接地址"http://<域名地址>/service/zycwzb_002029.html?type=report&part=ylnl"，不难发现，网址有如图 2-85 所示的几个规律（通过切换不同股票页面可以观察地址变化）。

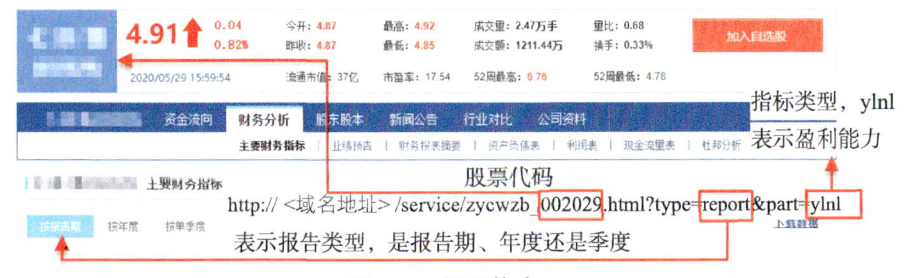

图 2-85 网址构成

(3)在功能区中选择"获取数据"→"Web"命令（见图2-86），在弹出的窗口中选中"高级"单选按钮，然后按照步骤（2）发现的网址规律分段输入URL，如图2-87所示。URL输入完成后，单击"确定"按钮，进入Power Query编辑器。

图2-86　选择"获取数据"→"Web"命令

图2-87　分段输入URL[①]

2．清洗单个网络数据文件

（1）由于直接下载的文档为CSV格式，因此在Power Query编辑器中选择"打开为"→"Csv文档"命令，如图2-88所示。

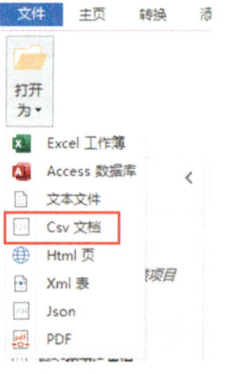

图2-88　选择"打开为"→"Csv文档"命令

---

① 由于本图右侧垂直滚动条的原因，图片内容没有完全显示出来，请查看本书示例文件，向下拖动滚动条查看没有完全显示出来的内容。

（2）在"应用的步骤"列表框中将"更改的类型"选项删除，如图 2-89 所示。

图 2-89　删除"更改的类型"选项

提示： Power Query 编辑器默认开启了自动检测数据类型的功能，这本来是智能的功能，但在很多情形下不是智能的，比如，在这里还需要进一步清洗，表结构还没有确定下来，目前操作数据类型检测步骤还过早，因此先删除这个多余的步骤。

（3）在功能区中选择"转换"→"将第一行用作标题"命令，如图 2-90 所示。如果在这个步骤操作完成后，系统又自动添加"更改的类型"选项，则再按步骤（2）中的方法删除即可。

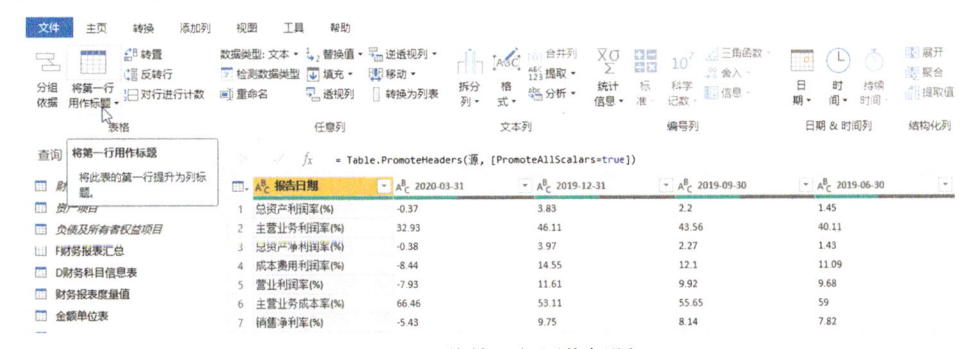

图 2-90　将第一行用作标题

（4）逆透视列。由于目前的表格属于二维表，不便于后续分析建模，因此需要转换成一维表。选中"报表日期"列后右击，在弹出的菜单中选择"逆透视其他列"命令，如图 2-91 所示。

（5）将"报告日期"列和"属性"列的列名分别重命名为"指标名称"和"日期"，然后将"日期"列的类型更改为日期型，将"值"列的类型更改为小数，更改完成后的数据类型如图 2-92 所示。

提示： 如果在转换数据类型时出现了错误值，为了不影响后续建模，最好使用"删除错误"命令或"替换错误"命令进行处理。

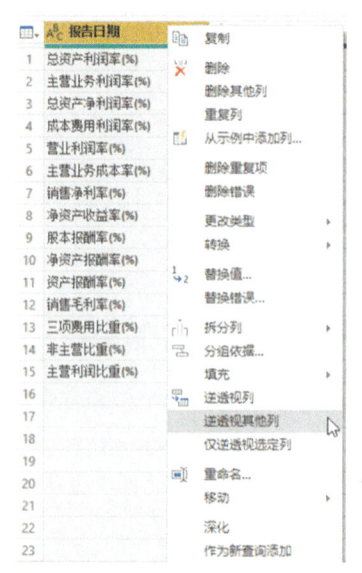

图 2-91　逆透视其他列

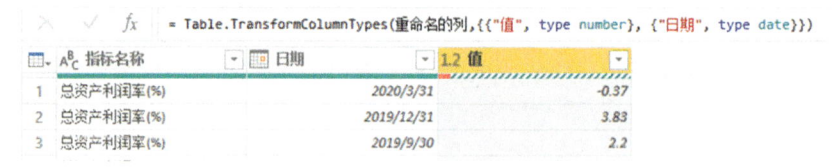

图 2-92　更改完成后的数据类型

3．创建自定义函数

通过上面的步骤，已经完成了单个网络数据文件的处理，对比 Excel 传统处理方法而言，似乎没有太大的优势。不过，Power Query 有一大利器：自定义函数。可以将数据清洗的一系列步骤封装为一个自定义函数，下次只要有类似需求，调用自定义函数即可。下面将前面的 8 个操作步骤封装成一个自定义函数。

（1）创建参数。根据前面步骤分析出来的 URL 规律，需要创建 3 个参数，分别是股票代码、报告类型、指标类型。在功能区中选择"主页"→"管理参数"→"新建参数"命令，然后按照如图 2-93 所示的方式设置 Code、ReportType 和 IndicatorType 这 3 个参数，分别代表股票代码、报告类型和指标类型，参数类型均为"文本"，当前值分别为"002029"、"report"和"ylnl"。

（2）在查询窗口选中"zycwzb_002029"，然后在"应用的步骤"列表框中单击第一步"源"最右侧的设置按钮，将"002029"、"report"和"ylnl"分别用参数 Code、ReportType 和 IndicatorType 代替，如图 2-94 所示。

图 2-93　新建参数

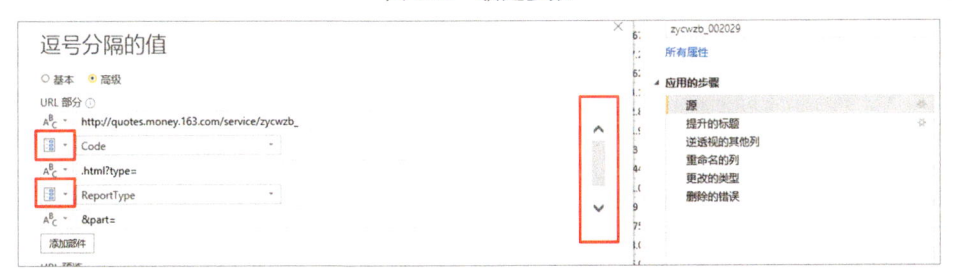

图 2-94　将 URL 用参数表示

（3）在查询窗口中右击"zycwzb_002029"，在弹出的菜单中选择"创建函数"命令，如图 2-95 所示，然后在弹出的对话框中输入自定义函数名称"getFinanceIndicator"，单击"确定"按钮即可完成自定义函数的创建，如图 2-96 所示。

图 2-95　选择"创建函数"命令　　　　图 2-96　输入函数名称

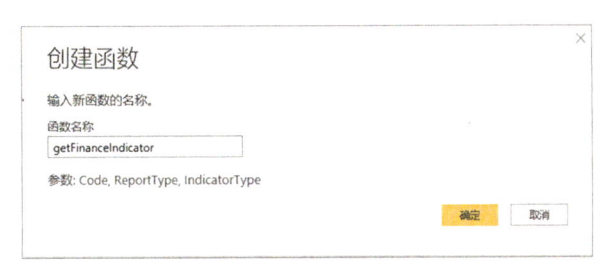

4．调用自定义函数批量获取数据

假设虚拟公司的对标上市公司有 3 家，分别为贵人鸟（603555）、报喜鸟（002154）和七匹狼（002029），接下来用上面创建的自定义函数 getFinanceIndicator 批量获取主要财务指标进行比较分析。

（1）如图 2-97 所示，创建一个表，并将该表命名为"F 同行业上市公司指标"，该表既可以用直接录入方式创建，也可以在 Excel 中制作好之后用导入或粘贴的方式创建。

图 2-97　创建"F 同行业上市公司指标"表

（2）在功能区中选择"添加列"→"调用自定义函数"命令，按照如图 2-98 所示的内容设置相应的参数，这里第二个参数使用常量"report"，即表示获取报告期数据，含 1 季度、3 季度和半年及年度报表数据。

图 2-98　调用自定义函数

（3）将新生成的列按照如图 2-99 所示的方式展开（不要勾选"使用原始列名作为前缀"复选框）。这时上市公司的财务数据已经实现了批量获取，对数据稍做整理即可进入建模环节。

（4）将"日期"列和"值"列的数据类型分别设置为日期和小数，如果在转换过程中出现了错误，则右击出现错误的列，然后使用"删除错误"命令即可。由于虚拟公司的数据是从 2016 年开始的，因此还需要对"日期"进行筛选，选择 2016 年及以后的

图 2-99 展开"data"列

日期（最好包含在 D 日期表的日期范围内）。然后完成数据加载，切换至模型视图，将"D 日期表"与"F 同行业上市公司指标"通过日期列建立关系。

2.4.2 创建财务指标分析矩阵

在创建财务指标分析矩阵前，需要先了解获取到的同行业上市公司财务数据的计算公式，由于数据数量较多，因此可以选择常见的、比较有代表性的数据进行展示。

1．创建财务指标模板表

为了使模型的结构更加清晰，先在 Excel 中建立一个财务指标模板表（可以只列出要展示的分析指标），该表包括指标类别、指标名称、指标单位与计算公式等，如图 2-100 所示，然后将表导入并加载至模型中。

指标类别	指标名称	指标单位	计算公式
ylnl	成本费用利润率(%)	%	利润总额/成本费用总额
ylnl	营业利润率(%)	%	营业利润/营业收入
ylnl	销售净利率(%)	%	净利润/营业收入
ylnl	净资产收益率(%)	%	净利润/股东权益
chnl	流动比率(%)		流动资产/流动负债
chnl	速动比率(%)		(流动资产-存货)/流动负债
chnl	现金比率(%)		货币资金/流动负债
chnl	资产负债率(%)		负债总额/资产总额
cznl	主营业务收入增长率(%)	%	(本期营业收入/上期营业收入-1)*100
cznl	净利润增长率(%)	%	(本期净利润/上期净利润-1)*100
cznl	净资产增长率(%)	%	(期末股东权益/期初股东权益-1)*100
cznl	总资产增长率(%)	%	(期末资产总额/期初资产总额-1)*100
yynl	应收账款周转率(次)	次	营业收入/(期初应收账款+期末应收账款)/2
yynl	存货周转率(次)	次	营业成本/(期初存货+期末存货)/2
yynl	总资产周转率(次)	次	营业收入/((期初资产总计+期末资产总计)/2)
yynl	流动资产周转率(次)	次	营业收入/((期初流动资产+期末流动资产)/2)

图 2-100 创建财务指标模板表

2．构造矩阵列标题

财务指标模板表作为辅助表加载至模型后，可以将其中的"指标名称"列用于构

造矩阵行标题，但要在列上显示不同公司的财务指标值，还要创建一个辅助表，其中含有公司名的列用来创建矩阵的列标题，创建的辅助表如图 2-101 所示。

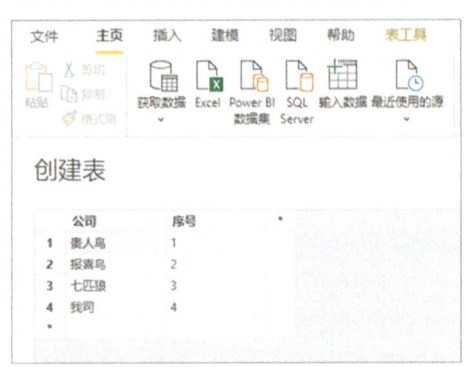

图 2-101　创建的"对标公司"辅助表

3．设置筛选条件

新建一个页面，将前面页面的"年"切片器和"金额单位"切片器复制到本页面，由于上市公司财务数据按季度发布，因此本页面需要将"月"切片器换成"季度"切片器。

4．编写财务指标度量值

本节从反映盈利能力、偿还能力、发展能力、营运能力的财务指标中分别选取 4 个度量值，其 DAX 表达式如下。

1）盈利能力指标

```
财务报表:营业利润率 =
DIVIDE(
    CALCULATE([财务报表:利润表.本年累计],'D财务科目信息表'[项目关联名称]="三、营业利润"),
    CALCULATE([财务报表:利润表.本年累计],'D财务科目信息表'[项目关联名称]="一、营业收入")
)

财务报表:销售净利率 =
DIVIDE(
    CALCULATE([财务报表:利润表.本年累计],'D财务科目信息表'[项目关联名称]="五、净利润"),
    CALCULATE([财务报表:利润表.本年累计],'D财务科目信息表'[项目关联名称]="一、营业收入")
)

财务报表:成本费用利润率 =
DIVIDE(
    CALCULATE([财务报表:利润表.本年累计],'D财务科目信息表'[项目关联名称]="四、利润总额"),
```

```
    -CALCULATE(
        [财务报表:利润表.本年累计],
        'D财务科目信息表'[项目关联名称]="二、营业总成本"
    )   //由于在利润表分析页面已经将成本调整为负数显示,因此这里使用负号还原
)
```

```
财务报表:净资产收益率 =
DIVIDE(
    CALCULATE([财务报表:利润表.本年累计],'D财务科目信息表'[项目关联名称]="五、净利润"),
    CALCULATE(
        [财务报表:资产负债.年初余额]+[财务报表:资产负债.期末余额],
        'D财务科目信息表'[项目关联名称]="所有者权益合计"
    )/2    //取年初和年末的平均值
)
```

2)偿还能力指标

```
财务报表:速动比率.期末 =
DIVIDE(
    [财务报表:流动资产总额.期末]
        -CALCULATE(
            [财务报表:资产负债.期末余额],
            'D财务科目信息表'[项目关联名称] ="存货"
        ),
    [财务报表:流动负债总额.期末]
)
财务报表:现金比率.期末 =
DIVIDE(
    CALCULATE(
        [财务报表:资产负债.期末余额],
        'D财务科目信息表'[项目关联名称] in {"货币资金","交易性金融资产"}
    ),
    [财务报表:流动负债总额.期末]
)
```

流流动比率、资产负债率度量值在资产负债表分析页面已经创建,此处不再赘述。

3)发展能力指标

```
财务报表:净利润增长率.同比 =
VAR netProfit=
CALCULATE([财务报表:利润表.本年累计],'D财务科目信息表'[项目关联名称]="五、净利润")
VAR netProfitLy=
CALCULATE(
    [财务报表:利润表.本年累计],
```

```
    'D财务科目信息表'[项目关联名称]="五、净利润",
    SAMEPERIODLASTYEAR('D日期表'[Date])
)
RETURN
DIVIDE(netProfIt-netProfitLy,ABS(netProfitLy))   //注意利润为负数的情况

财务报表:净资产增长率 =
CALCULATE([财务报表:资产负债.变化%],'D财务科目信息表'[项目关联名称]="所有者权益合计")

财务报表:收入增长率.同比 =
VAR sales=
CALCULATE([财务报表:利润表.本年累计],'D财务科目信息表'[项目关联名称]="一、营业收入")
VAR salesLy=
CALCULATE(
    [财务报表:利润表.本年累计],
    'D财务科目信息表'[项目关联名称]="一、营业收入",
    SAMEPERIODLASTYEAR('D日期表'[Date])
)
RETURN
DIVIDE(sales-salesLy,salesLy)

财务报表:总资产增长率 =
CALCULATE([财务报表:资产负债.变化%],'D财务科目信息表'[项目关联名称]="资产总计")
```

4）营运能力指标

```
财务报表:存货周转率 =
DIVIDE(
    -CALCULATE(
        [财务报表:利润表.本年累计],
        'D财务科目信息表'[项目关联名称]="其中：营业成本"
    ),
    CALCULATE(
        [财务报表:资产负债.期末余额]+[财务报表:资产负债.年初余额],
        'D财务科目信息表'[项目关联名称]="存货"
    )/2
)

财务报表:应收账款周转率 =
DIVIDE(
    CALCULATE(
        [财务报表:利润表.本年累计],
        'D财务科目信息表'[项目关联名称]="一、营业收入"
    ),
```

```
CALCULATE (
    [财务报表:资产负债.期末余额]+[财务报表:资产负债.年初余额],
    'D财务科目信息表'[项目关联名称]="应收账款"
)/2
)
```

```
财务报表:流动资产周转率 =
DIVIDE(
    CALCULATE (
        [财务报表:利润表.本年累计],
        'D财务科目信息表'[项目关联名称]="一、营业收入"
    ),
    CALCULATE (
        [财务报表:资产负债.期末余额]+[财务报表:资产负债.年初余额],
        'D财务科目信息表'[项目关联名称]="流动资产合计"
    )/2
)
```

```
财务报表:总资产周转率 =
DIVIDE(
    CALCULATE (
        [财务报表:利润表.本年累计],
        'D财务科目信息表'[项目关联名称]="一、营业收入"
    ),
    CALCULATE (
        [财务报表:资产负债.期末余额]+[财务报表:资产负债.年初余额],
        'D财务科目信息表'[项目关联名称]="资产总计"
    )/2
)
```

虽然上面的度量值看上去很长,但逻辑关系并不复杂,基本上都是用CALCULATE应用筛选条件取得相应项目的值用于指标计算。

5. 编写矩阵相关度量值

要把上面创建的财务指标度量值放到矩阵中,还需要再编写一个度量值将这些指标度量值与矩阵的行标签和列标签关联起来,DAX表达式如下:

```
财务报表:指标.矩阵 =
VAR x =SELECTEDVALUE('对标公司'[公司])    //获得当前公司
VAR y =TOPN(1,VALUES('财务指标模板'[指标名称]))
//这里也可以用SELECTEDVALUE,但为了后面可以实现与趋势图的联动,使用TOPN+VALUES可以在用户没有选择的情况下也返回一个值
RETURN
```

```
IF(x="我司",
    SWITCH(TRUE,
        y="成本费用利润率(%)",[财务报表:成本费用利润率]*100,
        y="营业利润率(%)",[财务报表:营业利润率]*100,
        y="销售净利率(%)",[财务报表:销售净利率]*100,
        y="净资产收益率(%)",[财务报表:净资产收益率]*100,
        y="流动比率(%)",[财务报表:流动比率.期末],
        y="速动比率(%)",[财务报表:速动比率.期末],
        y="现金比率(%)",[财务报表:现金比率.期末],
        y="资产负债率(%)",[财务报表:资产负债率.期末]*100,
        y="主营业务收入增长率(%)",[财务报表:收入增长率.同比]*100,
        y="净利润增长率(%)",[财务报表:净利润增长率.同比]*100,
        y="净资产增长率(%)",[财务报表:净资产增长率]*100,
        y="总资产增长率(%)",[财务报表:总资产增长率]*100,
        y="应收账款周转率(次)",[财务报表:应收账款周转率],
        y="存货周转率(次)",[财务报表:存货周转率],
        y="总资产周转率(次)",[财务报表:总资产周转率],
        y="流动资产周转率(次)",[财务报表:流动资产周转率]
    ), //当列标题为"我司"时,返回相应的指标度量值
    CALCULATE(SUM('F同行业上市公司指标'[值]),
        FILTER('F同行业上市公司指标',
            'F同行业上市公司指标'[公司名]=x && 'F同行业上市公司指标'[指标名称]=y),
        LASTDATE('D日期表'[Date])
    ) //从"F同行业上市公司指标"表中返回当前所选日期最后一天的值
)
```

矩阵的标题支持用度量值显示,为了使用户知道当前矩阵显示的值是全年值还是季度值,可以编写一个用于显示标题的度量值:

财务报表:指标.矩阵标题
= SELECTEDVALUE('D日期表'[年季])&"情况"

6. 设置矩阵格式

(1)插入"矩阵"视觉对象,然后将度量值"财务报表:指标.矩阵"拖至矩阵"值"字段,将"对标公司"中的"公司"列和"财务指标模板"中的"指标名称"列分别拖至矩阵"列"字段和"行"字段。

(2)设置动态标题。在矩阵"格式"设置窗口中找到"标题"选项,然后单击"*fx*"按钮,然后按照如图2-102所示的样式进行设置。

(3)设置"矩阵视觉"对象筛选器。选中矩阵,然后展开"筛选器"窗口,将"财务指标模板"表中的"指标类别"列加入矩阵视觉对象筛选器,并将筛选条件设置为"ylnl",如图2-103所示,这就完成了盈利能力的财务指标分析矩阵的设置。

第 2 章
创建交互式财务分析报表

图 2-102　创建矩阵动态标题　　　图 2-103　设置矩阵视觉对象筛选器

（4）复制 3 个矩阵，将视觉对象筛选器中"指标类别"的筛选条件分别改为"chnl"、"cznl"和"yynl"，即偿还能力、发展能力和运营能力的指标。至此，分析矩阵就完成了创建。

（5）编辑交互。创建的 4 个矩阵默认是存在交互的，但这里各个矩阵应该是相互独立的，需要将矩阵之间的交互功能关闭。选中矩阵，在功能区中选择"格式"→"编辑交互"命令，单击其他矩阵右上角的"无"按钮，关闭交互筛选功能。

2.4.3　创建财务指标趋势图

Power BI 图表之间默认是交互联动的，交互的原理是取得用户在报告页面选中某个视觉对象时所产生的上下文，然后将这个上下文应用于其他视觉对象，可以理解为一个视觉对象对另一个视觉对象的筛选。本节利用这个特性，创建一个财务指标趋势图，该图基于用户在指标分析矩阵中选定的指标动态显示其变化趋势。

1．编写度量值

指标趋势图的值可以直接用矩阵中的度量值"财务报表:指标.矩阵"，只需要再编写一个标题度量值，用来提示当前选定的指标名称即可，DAX 表达式如下：

财务报表:指标.趋势标题 = TOPN(1,VALUES('财务指标模板'[指标名称]))&"变化趋势"

这里没有使用 SELECTEDVALUE，这是为了保证用户在没有选定矩阵的指标时也默认显示一个指标，从而不会出错。

2．设置趋势图

（1）插入"折线图"视觉对象，然后将"D 日期表"中的"季度"列拖至"轴"字段，将"对标公司"辅助表中的"公司"列拖至"图例"字段，将度量值"财务报表:

指标.矩阵"拖至"值"字段。

（2）设置动态标题。在折线图"格式"设置窗口中找到"标题"选项，然后单击"fx"按钮，将度量值"财务报表:指标.趋势标题"应用于标题文本。

（3）设置视觉对象筛选器。选中折线图，然后展开"筛选器"窗口，将"财务指标模板"表中的"指标类别"列加入视觉对象筛选器，并将筛选条件设置为"ylnl"，并移除与"月"切片器的交互。同样，按照创建财务指标分析矩阵的方法创建另外3个趋势图。

通过上述步骤可以完成指标分析页面的创建，需要注意的是，上述页面"金额单位"切片器没有显示出来，但不能将其删除，因为计算财务指标引用的项目涉及该切片器，所以可以将该切片器隐藏，方法如下：在功能区中选择"视图"→"选择"命令，在选择窗口中将该切片器设置为隐藏即可。

2.5 创建杜邦财务分析报表

杜邦财务分析法是一种以净资产收益率（Return On Equity，ROE）为核心评价企业绩效的经典分析方法，该分析方法将净资产收益率分解为销售净利率、总资产周转率和权益乘数这3个指标，其分解过程可以用公式表示为

净资产收益率 = 总资产收益率×权益乘数

= 销售净利率×总资产周转率×权益乘数

销售净利率、总资产周转率和权益乘数分别与公司的盈利能力、营运能力和偿债能力相关，还可以将这3个指标层层分解至资产负债表和利润表的具体项目中。本节在2.4节的基础上，利用杜邦分析法构建净资产收益率三因素分解图，同时利用因素分析连环替代法生成各因素对净资产收益率的影响瀑布图，如图2-104所示。

图2-104 杜邦分析页面

2.5.1 创建杜邦分解图

杜邦分解图本身比较简单,在 Excel 中也能很容易做出来,但分解指标本身不是目的,指标分解后还需要进行对比分析才能发现问题。对比过程往往比较麻烦,可能是与以前年度进行比较,也可能是与目标公司进行比较,但用 Power BI 创建的杜邦分解图很容易实现对比分析。

1. 设置筛选条件

(1)新建一个名为杜邦分析的页面,将上一页面中的"年"切片器和"金额单位"切片器复制到本页面,在功能区中选择"视图"→"选择"命令,在选择窗口中将"金额单位"切片器设置为隐藏。

(2)将"年"切片器更改为下拉样式。打开切片器标头,单击切片器右上角的"下拉箭头"按钮(如果在右上角没有找到相关的按钮,可能是标头没有完全显示出来,将切片器的高度拉高即可),选择"下拉"选项,然后将切片器的字段重命名为"报告年份",如图 2-105 和图 2-106 所示。

图 2-105　切片器更改为下拉样式　　图 2-106　重命名切片器字段名

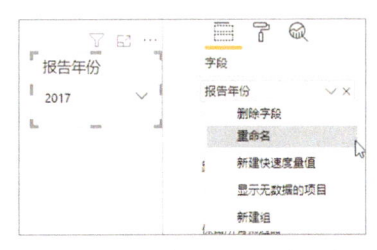

(3)创建"目标公司"切片器。新建一个切片器,将"对标公司"表中的"公司"列拖至切片器字段区域,为了便于识别,将切片器字段的名称重命名为"目标公司",其他设置与"报告年份"切片器一致。

(4)创建"目标年份"切片器。为了实现不同年份财务指标的对比切换功能,还需要创建另外一个用于切换年份的切片器。

在功能区中选择"建模"→"新建表"命令,在编辑栏中输入 DAX 表达式:目标年份 =VALUES('D 日期表'[年])。然后新建一个切片器,将 DAX 表达式生成的"目标年份"表中的"年"列拖至切片器的字段区域,将切片器的字段名称重命名为"目标年份",其他设置与上面的切片器一致。

2. 编写度量值

2.4 节编写了很多财务指标度量值,本节的杜邦分解图可以直接引用,除此之外,还需要编写目标年份和目标公司的有关杜邦财务指标分析的度量值作为对比，DAX 表达式如下：

```
财务报表:杜邦.销售净利率.目标 =
VAR x=SELECTEDVALUE('目标年份'[年])
VAR y=SELECTEDVALUE('对标公司'[公司])
RETURN
IF(
    y="我司",
    CALCULATE([财务报表:销售净利率],'D日期表'[年]=x),
    CALCULATE(
        SUM('F同行业上市公司指标'[值]),
        'F同行业上市公司指标'[指标名称]="销售净利率(%)",
        'F同行业上市公司指标'[公司名]=y,
        'F同行业上市公司指标'[日期]=DATE(x,12,31),
        REMOVEFILTERS('D日期表')
        //移除D日期表"年"列生成的切片器中的筛选条件，也可以使用ALL
    )/100
)

财务报表:杜邦.总资产周转率.目标 =
VAR x=SELECTEDVALUE('目标年份'[年])
VAR y=SELECTEDVALUE('对标公司'[公司])
RETURN
IF(
    y="我司",
    CALCULATE([财务报表:总资产周转率],'D日期表'[年]=x),
    CALCULATE(
        SUM('F同行业上市公司指标'[值]),
        'F同行业上市公司指标'[指标名称]="总资产周转率(次)",
        'F同行业上市公司指标'[公司名]=y,
        'F同行业上市公司指标'[日期]=DATE(x,12,31),
        REMOVEFILTERS('D日期表')
    )
)

财务报表:杜邦.总资产收益率.目标 =
[财务报表:杜邦.销售净利率.目标]*[财务报表:杜邦.总资产周转率.目标]

财务报表:杜邦.净资产收益率.目标 =
```

```
VAR x=SELECTEDVALUE('目标年份'[年])
VAR y=SELECTEDVALUE('对标公司'[公司])
RETURN
IF(
    y="我司",
    CALCULATE([财务报表:净资产收益率],'D日期表'[年]=x),
    CALCULATE(
        SUM('F同行业上市公司指标'[值]),
        'F同行业上市公司指标'[指标名称]="净资产收益率(%)",
        'F同行业上市公司指标'[公司名]=y,
        'F同行业上市公司指标'[日期]=DATE(x,12,31),
        REMOVEFILTERS('D日期表')
    )/100
)
```

财务报表:杜邦.权益乘数.目标 =
DIVIDE([财务报表:杜邦.净资产收益率.目标],[财务报表:杜邦.总资产收益率.目标])
//用于杜邦分析的权益乘数是平均权益乘数,而报告披露值往往是指期末值,直接计算表达式比较
复杂,因此这里用间接计算的方法

以上5个DAX表达式是与"目标年份"切片器和"目标公司"切片器联动的度量值,另外,还需要补充编写几个与"报告年份"切片器联动的度量值,具体如下:

财务报表:总资产收益率 = [财务报表:总资产周转率]*[财务报表:销售净利率]

财务报表:权益乘数.平均 =
```
DIVIDE(
    CALCULATE(
        [财务报表:资产负债.年初余额]+[财务报表:资产负债.期末余额],
        'D财务科目信息表'[项目关联名称]="资产总计"
    ),
    CALCULATE(
        [财务报表:资产负债.年初余额]+[财务报表:资产负债.期末余额],
        'D财务科目信息表'[项目关联名称]="所有者权益合计"
    )
)  //也可以用净资产收益率除以总资产收益率间接计算平均权益乘数
```

3. 设置KPI图

在一般思维模式下,可能需要创建两个杜邦分解图,一个是报告年份的,另一个是目标年份和目标公司的。本节使用KPI图将两个杜邦分解图合二为一,同时还能比两个单独的杜邦分解图提供的信息更多。

（1）插入"KPI"视觉对象，将度量值"财务报表:销售净利率"和"财务报表:杜邦.销售净利率.目标"分别拖至"KPI"的"指标"字段和"目标值"字段，再将"D日期表"的"季度"列拖至KPI的"走向轴"字段，如图2-107所示。

（2）启用KPI图的"标题"功能，将"标题文本"设置为"销售净利率"，居中显示，如图2-108所示。然后启用"边框"功能，设置合适的颜色与半径，如图2-109所示。

图2-107　设置KPI图的字段

（3）设置差异显示方式。由于财务指标本身就是相对数，显示差异百分比意义不大，因此可以按照如图2-110所示的方式，将差异（Distance）标签设定为"值"。

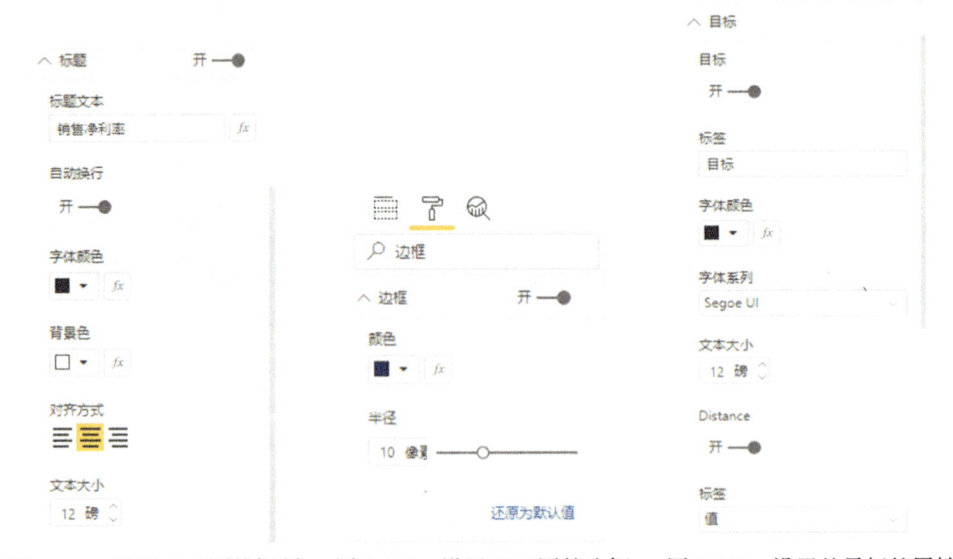

图2-108　设置KPI图的标题　　图2-109　设置KPI图的边框　　图2-110　设置差异标签属性

（4）将设置好的KPI图复制4份，其"标题文本"分别设置为"总资产周转率"、"总资产收益率"、"权益乘数"和"净资产收益率"；"指标"字段分别设置为度量值"财务报表:总资产周转率"、"财务报表:总资产收益率"、"财务报表:权益乘数.平均"和"财务报表:净资产收益率"；"目标值"字段分别设置为度量值"财务报表:杜邦.总资产周转率.目标"、"财务报表:杜邦.总资产收益率.目标"、"财务报表:杜邦.权益乘数.目标"和"财务报表:杜邦.净资产周转率.目标"。

（5）将上述KPI图适当排列，并用线条相连，这样就构成了杜邦分解图。

回顾杜邦分解图的创建过程，难点在于DAX表达式的编写，后面分解图的设置和可视化效果的实现比较容易。如果要在 Excel 中实现这种动态对比杜邦分解图，可能需要编写复杂的公式，并且后期可视化效果的设置也会比较复杂。由于使用了 KPI 视觉对象，因此本次杜邦分解图还有以下特点。

- 自动对比报告期各分解财务指标与目标公司在目标年份指标的差异，自动计算差异，并根据差异情况更改 KPI 图的显示颜色，使报告使用者对观察到的差异情况一目了然。
- 显示报告期各分解财务指标的季度趋势图，使报告使用者了解该指标的发展趋势。

2.5.2 创建因素分析瀑布图

因素分析法又称为连环替代法，是用来确定几个相互联系的因素对分析对象的影响程度的一种分析方法。当有若干因素对分析对象产生影响作用时，假定其他各个因素都无变化，按顺序依次确定每个因素单独变化的影响程度。

杜邦分析法往往与因素分析法相结合，以净资产收益率为例，假定报告期指标分解表示为净资产收益率$_1$=销售净利率$_1$×总资产周转率$_1$×权益乘数$_1$，比较目标的指标分解表示为净资产收益率$_0$=销售净利率$_0$×总资产周转率$_0$×权益乘数$_0$，如果要使用因素分析法分析销售净利率、总资产周转率和权益乘数这 3 个指标对净资产收益率的影响，那么计算过程如下：

A=销售净利率$_0$×总资产周转率$_0$×权益乘数$_0$

B=销售净利率$_1$×总资产周转率$_0$×权益乘数$_0$

C=销售净利率$_1$×总资产周转率$_1$×权益乘数$_0$

D=销售净利率$_1$×总资产周转率$_1$×权益乘数$_1$

B–A 表示销售净利率对净资产收益率的影响，C–B 表示总资产周转率对净资产收益率的影响，D–C 表示权益乘数对净资产收益率的影响，总影响数为（B–A）+（C–B）+（D–C）=D–A。可以看出，因素分析法实际上是将因素的影响数进行拆解，因此比较适合用于瀑布图的呈现。

1．创建因素分析辅助表

（1）在功能区中选择"主页"→"输入数据"命令，在弹出的窗口中输入如图 2-111 所示的内容。将该表命名为"ROE 因素分析辅助表"。

（2）将"项目"列设置为按"排序"列排序。将"ROE 因素分析辅助表"加载至模型后，切换至"数据"视图，然后选中"项目"列，在功能区中选择"按列排序"→"排序"命令。

图 2-111 创建因素分析辅助表

2. 编写度量值

根据前面的计算原理,替代后净资产收益率只需要再编写如下 2 个度量值:

财务报表:杜邦.净资产收益率 1 =
[财务报表:销售净利率]*[财务报表:杜邦.总资产周转率.目标]*[财务报表:杜邦.权益乘数.目标]

财务报表:杜邦.净资产收益率 2 =
[财务报表:销售净利率]*[财务报表:杜邦.总资产周转率]*[财务报表:杜邦.权益乘数.目标]

然后根据与净资产收益率相关的度量值,编写各因素的差异影响数度量值:

财务报表:杜邦.净资产收益率因素 1 差异 =
[财务报表:杜邦.净资产收益率 1]-[财务报表:杜邦.净资产收益率.目标]   //第一次替代差异

财务报表:杜邦.净资产收益率因素 2 差异 =
[财务报表:杜邦.净资产收益率 2]-[财务报表:杜邦.净资产收益率 1]   //第二次替代差异

财务报表:杜邦.净资产收益率因素 3 差异 =
[财务报表:净资产收益率]- [财务报表:杜邦.净资产收益率 2]   //第三次替代差异

最后,将上述 3 个差异影响数度量值与辅助表的项目关联起来:

财务报表:杜邦.因素分析.影响数 =
VAR x=SELECTEDVALUE('ROE 因素分析辅助表'[项目])
RETURN
SWITCH(TRUE,
    x="目标净资产 收益率",[财务报表:杜邦.净资产收益率.目标],
    x="销售净利率 影响",[财务报表:杜邦.净资产收益率因素 1 差异],
    x="总资产周转率 影响",[财务报表:杜邦.净资产收益率因素 2 差异],
    x="权益乘数 影响",[财务报表:杜邦.净资产收益率因素 3 差异]
)

3. 设置瀑布图

插入"瀑布图"视觉对象,然后将"ROE 因素分析辅助表"的"项目"列拖至瀑布图的"类别"字段，将度量值"财务报表:杜邦.因素分析.影响数"拖至瀑布图的"值"字段，如图 2-112 所示。

图 2-112 设置瀑布图

第 3 章

创建多维收入分析报表

营业收入位于利润表的第一行，它既是公司获取利润的基础，也是公司经营分析的起点。虽然第 2 章对收入的增长率及其变化趋势进行了分析，但是仅涉及财务数据，缺乏对业务的理解和洞察。管理会计分析如果要实现业财融合分析，首要任务就是与公司的销售业务进行融合。在大多数情况下，财务人员对收入的分析局限于收入的财务数据，与非财务数据、业务指标关联较少；此外，考虑到时间成本、公司信息化水平等因素，财务人员一般都是在月度结账后分析。分析始终是滞后的，无法适应现实多变的商业环境。

如果用 Excel 分析销售数据，就会面临不少困难。首先，销售数据发生频次较高，数据量较大。零售行业一天甚至可能产生数万条的销售记录，当数据量较大时，即使在 Excel 能够处理的数据范围内，也会因为计算缓慢或异常而退出。其次，销售数据往往维度较多。不同维度交织在一起会有不同的结果，用 Excel 处理多维数据会比较困难，折中的做法是根据领导的要求固定分析几个维度，一旦领导的需求发生变化，就又要从头开始，成本高，效率低，无法跟上业务需求的变化，但是使用商业智能技术可以轻松化解以上难点。本章将使用 Power BI 利用虚拟公司 2016 年 9 月至 2020 年 1 月的销售数据，创建一个与业务深度融合的多维收入分析报表。

3.1 创建整体收入分析报表

采用"先总体,后分项(明细)的布局"是 BI 报表常用的设计思路,为了使报表使用人快速了解公司的销售收入状况,从整体上把握公司的销售特征,有必要创建一个整体销售收入分析页面,页面效果如图 3-1 所示。

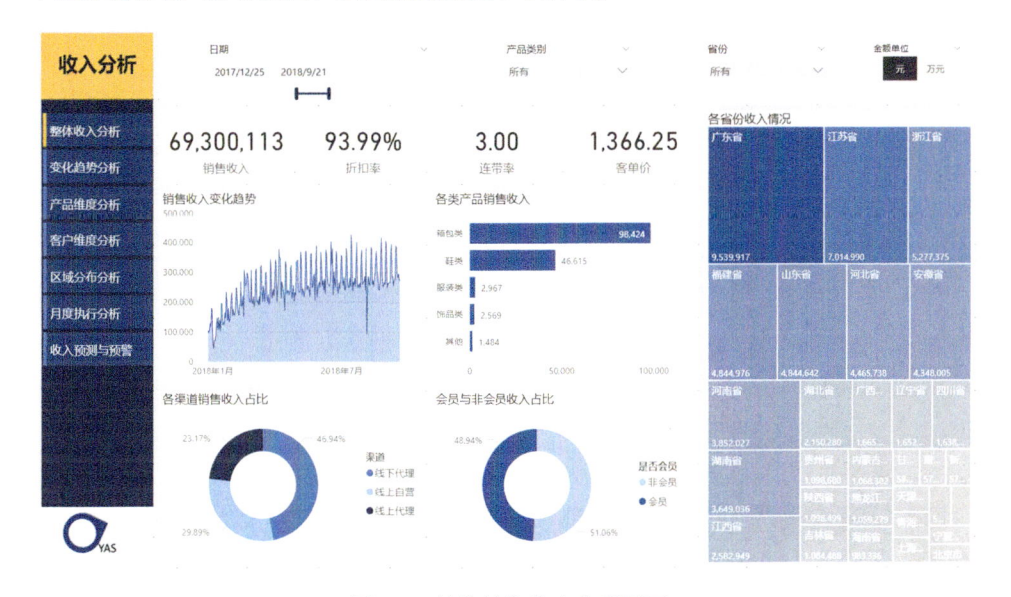

图 3-1 整体销售收入分析页面

3.1.1 数据导入与关系建立

一般而言,销售数据产生频繁的公司都会有专门的销售业务系统。因此,可以从销售业务系统中将销售数据导出来,以 Excel 文件或 CSV 文本等格式存储,再用 Power BI 读取导出的数据文件,如果拥有业务系统的数据库访问权限,也可以直接用 Power BI 从数据库中获取数据。下面将 Excel 格式的演示案例数据导入 Power BI 中处理。

(1)导入数据。在功能区中选择"主页"→"从 Microsoft Excel 工作簿导入数据"命令,在弹出的窗口中找到"销售数据.xlsx"所在的路径,在预览窗口中选中要导入的表,如图 3-2 所示。

(2)创建关系。完成数据加载后,Power BI 默认自动检测并创建关系,但是自动创建的关系只有在特定的情况下完全正确,在多数情况下还需要手动调整。切换至"模型"视图,单击左下方的"+"按钮,新建布局,并将其重命名为"收入分析";将右侧"字段"窗口中的"D日期表"、"D产品表"、"D城市表"、"D客户表"、"F销售订单表"和"金额单位表"拖至布局窗口中,并根据"D日期表"的"Date"列、"D产品表"的"产品ID"列、"D城市表"的"城市ID"列、"D客户表"的"客户ID"列分别与"F销售订单表"建立一对多关系,如图3-3所示。

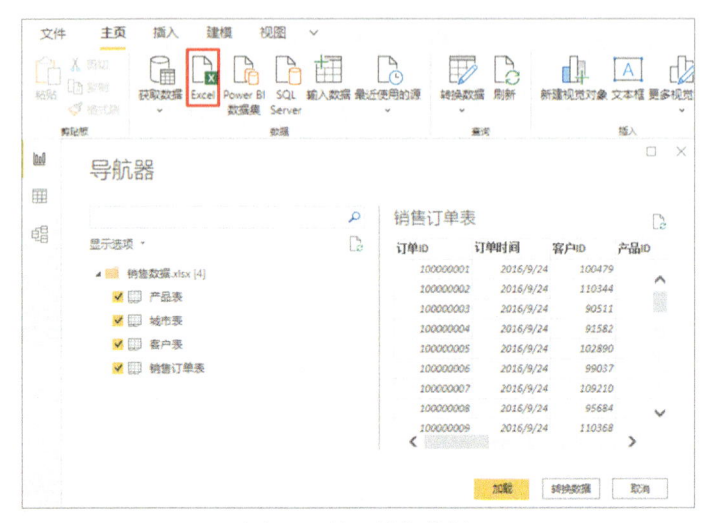

图 3-2 导入销售数据

图 3-3 建立收入分析模型布局

> 提示："销售数据.xlsx"中仅有"销售订单表"为事实表，其他表为维度表，为了便于识别，这里将"销售订单表"重命名为"F销售订单表"，其他表的名称前面加"D"。

考虑到数据表越来越多，为了使表格之间的关系清晰，这里使用"新建布局"功能，在新的布局中设计模型。

3.1.2　创建关键销售指标卡片图

在销售总体情况页面中，应该首先考虑将关键销售指标展示出来，关键销售指标往往是公司经常关注的指标，不同行业的不同公司会有所不同，在大多数情况下，这些指标也是公司的绩效指标。本节以零售行业为例，将几个常见的销售指标用卡片图呈现出来。

1. 设置筛选条件

任何指标数据都是在一定条件下存在的，影响指标数据的条件就是可用的筛选条件，在本模型中，可以将日期、产品类别、省份等维度作为销售指标的外部筛选条件。

（1）设置"日期"筛选器。插入切片器，将切片器字段设置为"D日期表"的"Date"列，并将切片器的字段重命名为"日期"后，选择"格式"→"常规"命令，将"响应"设置为"关"，如图3-4所示。

（2）设置"省"筛选器。插入切片器，将切片器字段设置为"D城市表"的"省"列，单击切片器标头右上角的下拉菜单，将切片器设置为"下拉"样式，节约页面空间，如图3-5所示。按照本方法，利用"D产品表"的"产品类别"列，再创建一个"下拉"样式的"产品类别"切片器。

图3-4　设置"日期"筛选器　　　　图3-5　设置为"下拉"样式

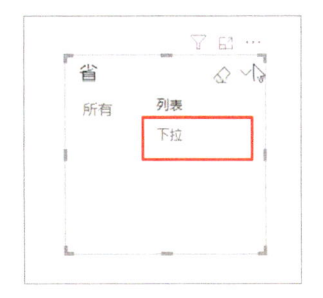

（3）复制"金额单位"切片器。将财务报表分析页面中的"金额单位"切片器复制到本页面，以便与销售收入相关的金额能够在元和万元之间切换。

2. 编写度量值

根据零售行业的特点，创建以下度量值（本书度量值的编写不考虑税费的影响）：
收入分析:销售收入 = DIVIDE(SUM('F销售订单表'[销售价格]),MAX('金额单位表'[倍数]))

收入分析:折扣率 = //折扣率会影响毛利和销售数量
DIVIDE(
    [收入分析:销售收入],
    SUMX('F销售订单表','F销售订单表'[原单价]*'F销售订单表'[数量])
)

收入分析:销售数量 = SUM('F销售订单表'[数量])

收入分析:订单数 = DISTINCTCOUNT('F销售订单表'[订单ID])
//使用订单ID不重复计数统计订单数

收入分析:连带率 = DIVIDE([收入分析:销售数量],[收入分析:订单数])
//平均每个客户（订单）一次购买的数量

收入分析:平均单价 = DIVIDE([收入分析:销售收入],[收入分析:销售数量])

收入分析:客单价 = [收入分析:连带率]*[收入分析:平均单价]
//平均每个客户（订单）一次购买的金额

3. 设置卡片图

插入4个卡片图，将度量值"收入分析:销售收入"、"收入分析:折扣率"、"收入分析:连带率"和"收入分析:客单价"分别拖至卡片图字段中，并将卡片图字段重新命名，设置完成后的整体效果如图3-6所示。

45,520,828	93.98%	3.00	500.69
销售收入	折扣率	连带率	客单价

图3-6　销售指标卡片图

3.1.3 创建销售收入变化趋势图

收入趋势图可以让报表使用人从整体上对销售收入在时间维度上的变化有大概的认识，趋势图一般选用分区图和折线图，本次使用分区图，具体步骤如下。

（1）插入视觉对象"分区图"，将"D日期表"的"Date"列和度量值"收入分析:销售收入"分别拖至分区图的"轴"字段与"值"字段。

（2）设置 Y 轴和 X 轴的格式。展开分区图中的"格式"→"Y 轴"属性面板，将其"显示单位"设置为"无"，"标题"设置为"关"，如图 3-7 所示。同样，展开分区图中的"格式"→"X 轴"属性面板，将其"标题"设置为"关"。

（3）设置标题。展开分区图中的"格式"→"标题"属性面板，将"标题文本"改为"销售收入变化趋势"，设置完成后的整体效果如图 3-8 所示。

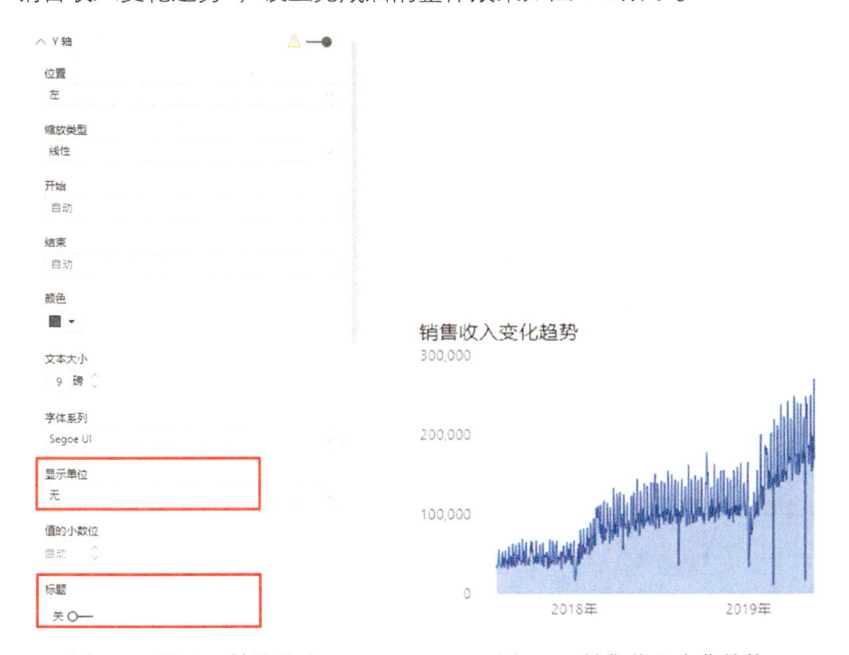

图 3-7　设置 Y 轴的格式　　　　图 3-8　销售收入变化趋势

3.1.4　创建各类产品收入对比图

各类产品收入对比图可以让报表使用人从总体上了解公司各大类产品的销售收入构成，可以使用饼图、环形图和条形图等，本次选用条形图，具体步骤如下。

（1）插入视觉对象"簇状条形图"，将"D 产品表"的"产品类别"列和度量值"收入分析：销售收入"分别拖至簇状条形图的"轴"字段和"值"字段。

（2）设置 Y 轴和 X 轴的格式。展开簇状条形图的"格式"→"X 轴"属性面板，将其"显示单位"设置为"无"，"标题"设置为"关"。同样，展开簇状条形图的"格式"→"Y 轴"属性面板，将其"标题"设置为"关"。

（3）设置标题。展开簇状条形图中的"格式"→"标题"属性面板，将"标题文本"改为"各类产品销售收入"，设置完成后的整体效果如图 3-9 所示。

图 3-9　各类产品销售收入

3.1.5　创建各省份收入情况图

在总体收入分析页面中呈现各省份的收入，主要是为了大致了解各省份收入的分布情况，可选用的图表较多，考虑到省份数量较多，在整体分析页面中只需要关注重点省份，因此这里使用树状图呈现，具体步骤如下。

（1）插入视觉对象"树状图"，将"D 城市表"的"省"列和度量值"收入分析：销售收入"分别拖至树状图的"组"字段和"值"字段。

（2）设置数据标签及数据颜色。展开树状图的"格式"→"数据标签"属性面板，将其"显示单位"设置为"无"；展开树状图的"格式"→"数据颜色"属性面板，选择"高级控件"选项，在弹出的窗口中，将"格式模式"设置为"色阶"，具体参数如图 3-10 所示。

图 3-10　设置数据颜色

（3）设置标题。展开树状图的"格式"→"标题"属性面板，将"标题文本"改为"各省份收入情况"，设置完成后的整体效果如图 3-11 所示。

图 3-11　各省份收入情况

3.1.6　创建各渠道收入占比图

销售渠道是销售业务比较重要的一个方面，在本案例中，销售渠道有 3 个，可以使用环形图展示各渠道贡献的收入情况，具体步骤如下。

（1）插入视觉对象"环形图"，将"F销售订单表"的"渠道"列和度量值"收入分析:销售收入"分别拖至环形图的"图例"字段和"值"字段。

（2）设置详细信息标签的格式。展开"格式"→"详细信息标签"属性面板，将"标签样式"设置为"总百分比"。

（3）设置标题。展开环形图的"格式"→"标题"属性面板，将"标题文本"改为"各渠道销售收入占比"，设置完成后的整体效果如图 3-12 所示。

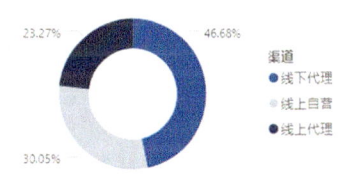

图 3-12　各渠道销售收入占比

3.1.7　创建会员与非会员收入占比图

为了了解会员对收入的贡献，可以使用环形图展示会员与非会员收入的占比情况。为了节省操作步骤，可以直接复制 3.1.6 节创建的环形图，然后将复制的环形图的"图例"字段更改为"是否会员"字段，将"标题文本"更改为"会员与非会员收入占比"，设置完成后的整体效果如图 3-13 所示。

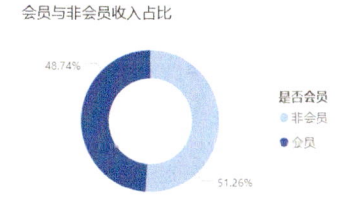

图 3-13　会员与非会员收入占比

3.2 创建收入趋势分析报表

收入趋势分析，即分析收入在时间维度上的变化情况，通过收入趋势分析，可以大致了解公司收入的增长变化规律（如是否存在季度、月度等周期性波动），加深对收入及市场形势的认识，从而有计划地制定相应的收入发展战略。

本节使用虚拟公司的销售数据创建不同时间维度下的收入变化趋势图，并依据零售行业的特点，重点创建收入的周变化报表，页面效果如图 3-14 所示。

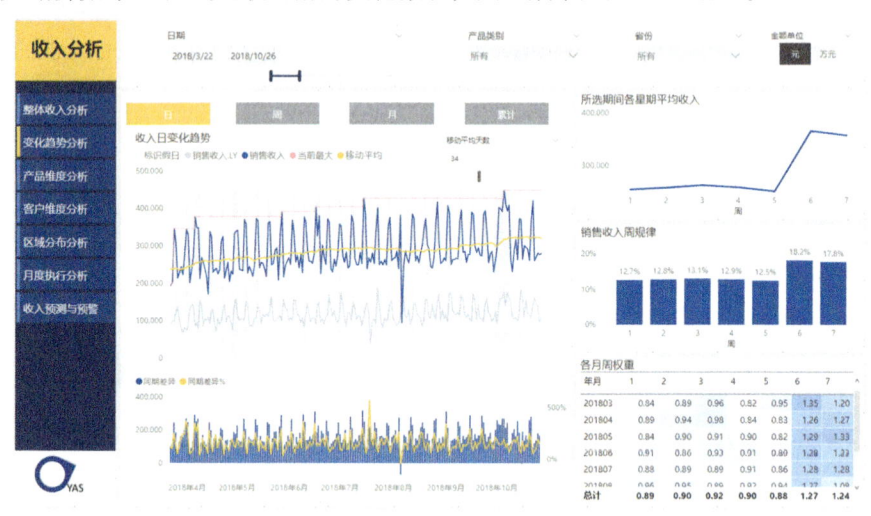

图 3-14 收入趋势分析页面

3.2.1 创建收入日变化趋势图

如果公司收入发生频次较低，如工程建筑类公司，则按月确认收入，分析日收入几乎没有意义。但是，如果收入发生频次较高，如零售行业，那么日收入分析就十分重要，通过对日收入进行分析，能够及时发现收入的异常波动。

1. 设置筛选条件

为了减少重复设置，可以将整体收入分析页面复制一份，然后将其重命名为"收入-趋势分析"，再将其他无关的视觉对象删除，保留视觉对象切片器。

2. 导入节假日信息表

对于零售行业而言，节假日对收入的影响很大，节假日人流量上升，收入往往会明显增加，与平日的收入会有显著差异，因此，有必要将节假日在收入趋势图中标识出来。实现该功能首先要将与节假日有关的信息加入模型中，具体步骤如下：

（1）在功能区中选择"主页"→"从 Microsoft Excel 工作簿导入数据"命令，在弹出的窗口中找到"假日与调休表.xlsx"所在的路径，然后在预览窗口中选中要导入的工作表。

> 提示：由于每年的假日与调休日期只是少数日期，因此可以在 Excel 中手动维护这样一张表，该表至少要记录每年哪些日期是节假日，哪些日期因为放假而调休等。

（2）切换至"数据"视图，在右侧的"字段"窗口中，选中"D 日期表"，然后在功能区中选择"表工具"→"新建列"命令，如图 3-15 所示。依次新建 3 列，DAX 表达式如下：

```
状态 =
VAR dateType= LOOKUPVALUE('假期与调休表'[status],'假期与调休表'[日期],'D 日期表'[Date])
RETURN
IF(dateType=BLANK(),"正常",dateType)
```

```
假期信息 = LOOKUPVALUE('假期与调休表'[desc],'假期与调休表'[日期],'D 日期表'[Date])
```

```
第几天假期 =
LOOKUPVALUE('假期与调休表'[holidaysindex],'假期与调休表'[日期],'D 日期表'[Date])
```

图 3-15　将节假日信息添加到日期表中

> 提示：这里使用的是 LOOKUPVALUE 函数，与 Excel 中 VLOOKUP 函数的功能类似，都是实现匹配查找功能。

3. 编写度量值

1) 计算收入移动平均值

在总体情况分析页面，已经生成了一个收入趋势图，该趋势图大致描绘了收入的变化情况。可以看出，在某些日期段内收入波动较大，很难清晰地看出变化规律。要解决这个问题，常用的方法是计算近 N 日的收入平均值。当 N 取比较小的数值时，如 $N=7$，代表短期趋势，当 N 取比较大的数值时，如 $N=60$，代表长期趋势，这与股市中的"均线理论"原理相同。

在 Excel 中，用公式计算移动平均值比较麻烦，一般的思路是用 SUMIFS 函数、AVERAGEIFS 函数等筛选出近 N 日的销售订单，但如果要计算特定省份、特定产品等条件下的移动平均值，就需要把这些条件写入公式中，有多少个条件就要写多少个。但是用 DAX 表达式就十分简洁：

```
收入分析:销售收入 N 日平均 =
VAR N=30    //将天数"30"存储在变量 N 中，如要计算 60 天的移动平均值，将 N=30 改为 N=60 即可
RETURN
AVERAGEX(
    DATESINPERIOD(    //使用 DATESINPERIOD 函数针对每个日期点返回近 N 天的日期
        'D 日期表'[Date],
        MAX('D 日期表'[Date]),-N,DAY    //用 MAX 函数取得当前日期
    ),
    [收入分析:销售收入]    //引用度量值计算每个日期点近 N 天的销售收入
)    //对每个日期点近 N 天的销售收入取平均值
```

但上面这个度量值还不够灵活，需要修改 DAX 表达式才能实现计算不同天数下的收入移动平均值，报表使用人不能修改。如果要实现报表使用人选择任意天数 N，从而动态显示相应的收入移动平均线，则需要使用"新建参数"功能，具体步骤如下：

（1）在功能区中选择"建模"→"新建参数"命令，然后弹出"模拟参数"窗口，按照如图 3-16 所示的内容对其进行设置。

（2）将度量值"收入分析:销售收入 N 日平均"中的第一行"VAR N=30"改为"VAR N=[移动平均天数 值]"。

2）计算当前历史最高收入

在查看销售收入变化趋势时，常常会有这样的需求：当前日期的销售收入是否突破了当前历史最高收入？如果没有突破，那么与当前历史最

图 3-16 设置移动平均参数

高收入的差异大概是多少？解答这个问题的关键在于当前最高收入的计算。需要注意的是，当前历史最高收入线是动态变化的，假设要展示 2018 年 1 月 1 日至 2018 年 3 月 1 日的收入变化趋势，2018 年 2 月 1 日的当前历史最高收入是指 2018 年 1 月 1 日至 2018 年 2 月 1 日的最高收入，而 2018 年 2 月 5 日的当前历史最高收入是指 2018 年 1 月 1 日至 2018 年 2 月 5 日的最高收入。因此，计算分为如下 3 个步骤：首先返回迄今为止的日期序列（如 2018 年 1 月 1 日至 2018 年 2 月 1 日的日期序列）；然后计算返回的日期段内的每天的收入是多少；最后计算这些收入的最大值。可以看出，这不是简单的求最大值，实现该业务逻辑的 DAX 表达式如下：

```
收入分析:收入.当前最大 =
MAXX(
    DATESBETWEEN(      //使用 DATESBETWEEN 函数返回迄今为止的日期序列
        'D 日期表'[Date],
        FIRSTDATE(ALLSELECTED('D 日期表'[Date])),//获取当前日期段内的最小日期
        MAX('D 日期表'[Date])   //获取当前日期
    ),
    [收入分析:销售收入]
    //引用度量值，计算 DATESBETWEEN 函数返回的日期每天的收入，然后取最大值
)
```

上述度量值，关键在于使用 DATESBETWEEN 函数返回迄今为止的日期序列。

3）计算节假日

在收入趋势图中标识节假日信息需要用到一个技巧，即如果当前日期是节假日，就返回一个比较大的值，然后将其用柱形图呈现出来。计算节假日的 DAX 表达式如下：

```
收入分析:标识假日 =
IF(
    OR(
        MAX('D 日期表'[周])>5&&MAX('D 日期表'[状态])<>"调班",//判断是否为正常的周末
        MAX('D 日期表'[状态])="假日"      //判断是否为假日
    ),
    MAXX(ALLSELECTED('D 日期表'[Date]),[收入分析:销售收入])
    //返回当前所选日期的最大销售收入，用来模拟当前节假日信息标识
)
```

4）计算上年同期

如果不考虑节假日因素，上年同期的计算十分简单，DAX 表达式如下：

```
收入分析:销售收入.LY =
CALCULATE([收入分析:销售收入],SAMEPERIODLASTYEAR('D 日期表'[Date]))
```

事实上，该同期对比计算可能没有意义，如 2019 年 11 月 30 日是星期六，用

SAMEPERIODLASTYEAR 函数返回的上年同期 2018 年 11 月 30 日是星期五，一个是非工作日，另一个是工作日，显然不具备可比性，考虑到节假日匹配问题，2019 年 11 月 30 日最可比的日期应该是 2018 年 12 月 1 日，如果 2019 年 11 月 30 日因法定节假日等原因调整为工作日，那么可比日期还是 2018 年 11 月 30 日，由于法定节假日放假和调休没有规律，每年都不一样，因此计算可比日期就变成一个十分复杂的问题。如果用 Excel 公式解决这个问题就非常复杂，可能还需要用到大量的辅助单元格。使用 DAX 表达式处理这个问题虽然也很复杂，但是只要对 DAX 函数有所了解，该业务逻辑用 DAX 表达式表达也不难理解。下面提供一种上年同期可比日期的近似计算方法（如果目前难以理解，可以先跳过此部分），DAX 表达式如下：

```
收入分析:可比日期 =
VAR Curdate=MAX('D日期表'[Date])          //取得当天日期
VAR DateType=MAX('D日期表'[状态])          //获取当天日期的状态：调班、假日、正常
VAR Holiday=MAX('D日期表'[假期信息])       //获取假期信息，如是五一假期还是春节假期
VAR HolidaysIndex=MAX('D日期表'[第几天假期])   //获取假期是第几天假期
VAR SameDateLastyear=
CALCULATE(MAX('D日期表'[Date]),DATEADD('D日期表'[Date],-1,YEAR))
//获取上年同期的日期
VAR SameWeekdateLastyear=SamedateLastyear+MOD(Curdate-SamedateLastyear,7)
//获取上年同星期接近的日期
VAR SameHolidaydate=
CALCULATE(
    MAX('D日期表'[Date]),
    TOPN(
        1,
        ADDCOLUMNS(
            FILTER(
                ALL('D日期表'),
                'D日期表'[假期信息]=holiday   //筛选出与当前假日相同的日期
            ),
            "日期差系数",
            ABS(HolidaysIndex -'D日期表'[第几天假期])*100+
            //先按 HolidaysIndex 排序
            ABS(SamedateLastyear-'D日期表'[Date])
            //由于同一假期在不同年份可能天数不同，如有时十一假期有 8 天，有时存在假期跨年的情况，如 2018 年元旦假期为 2017 年 12 月 30 日至 2018 年 1 月 1 日。因此，这里不能直接用"年"和"第几天假期"筛选，需要构造排序序列，选择最接近日期
        ),
        [日期差系数],ASC   //按照新增列升序排列
```

```
    )   //返回第一行,得到上年同期接近的假期日期,如当前日期是 2020 年清明节的第 2 天假
期,则返回 2019 年清明节第 2 天假期
)

VAR approachHolidaydate=
//当假期存在缺失的情况时,如有些年份中秋假期和国庆假期合并,没有中秋节的 3 天假期,这时
需要查找最近的假期
CALCULATE(
    MAX('D 日期表'[Date]),
    TOPN(
        1,
        ADDCOLUMNS(
            FILTER(
                ALL('D 日期表'),
                'D 日期表'[状态]="假日"
            ),
            "日期差系数",
            ABS(HolidaysIndex-'D 日期表'[第几天假期])*100+
            ABS(SameDateLastyear-'D 日期表'[Date])
        ),
        [日期差系数],ASC
    )
)

VAR SameNomaldate=
//"正常"状态的日期应返回同星期最接近的那一天
CALCULATE(
    MAX('D 日期表'[Date]),
    TOPN(
        1,
        ADDCOLUMNS(
            FILTER(
                ALL('D 日期表'),
                'D 日期表'[状态]="正常"
            ),
            "日期差系数",
            ABS(SameWeekdateLastyear-'D 日期表'[Date])+
            ABS(WEEKDAY('D 日期表'[Date])-WEEKDAY(SameWeekdateLastyear))*10
            //若同星期那天的状态不是"正常",则返回相邻周的同星期的日期
        ),
        [日期差系数],ASC
    )
```

```
)

VAR Sameotherdate=
//处理"调班"状态下的日期
CALCULATE(
    MAX('D日期表'[Date]),
    TOPN(
        1,
        ADDCOLUMNS(
            FILTER(
                ALL('D日期表'),
                OR('D日期表'[状态]="正常"&&'D日期表'[周]<6,'D日期表'[状态]="调班")
            ),
            "日期差系数",
            ABS(SameWeekdateLastyear-'D日期表'[Date])
        ),
        [日期差系数],ASC
    )
)
VAR approachDate=
SWITCH(
    TRUE(),
    DateType="假日",
    IF(SameHolidaydate=Curdate,approachHolidaydate,SameHolidaydate),
    DateType="正常",SameNomaldate,
    Sameotherdate
)
RETURN
IF(SameDateLastyear<FIRSTDATE(ALL('D日期表'[Date])),BLANK(),approachDate)

收入分析:销售收入.LY.修正 =
VAR curApproachDate=[收入分析:可比日期]
RETURN
CALCULATE(
    [收入分析:销售收入],
    FILTER(ALL('D日期表'[Date]),'D日期表'[Date]= curApproachDate)
)
```

5）计算同期差异

如果要计算修正的同期差异，将[收入分析:销售收入.LY]替换成[收入分析:销售收入.LY.修正]即可，DAX 表达式如下：

收入分析:收入同期差异 = [收入分析:销售收入]-[收入分析:销售收入.LY]

收入分析:收入同期差异% = `DIVIDE`([收入分析:收入同期差异],[收入分析:销售收入.LY])

4．设置折线和簇状柱形图

（1）设置变化趋势图。

插入"折线和簇状柱形图"视觉对象。将"共享轴"字段设置为"D 日期表"的"Date"列；将"行值"字段设置为度量值"收入分析:收入.当前最大"、"收入分析:销售收入.LY"、"收入分析:销售收入 N 日平均"和"收入分析:销售收入"；将"列值"字段设置为度量值"收入分析:标识假日"。

（2）设置趋势差异变化图。

再插入一个"折线和簇状柱形图"视觉对象。将"共享轴"字段设置为"D 日期表"的"Date"列；将"行值"字段设置为度量值"收入分析:收入同期差异%"；将"列值"字段设置为度量值"收入分析:收入同期差异"。

（3）排列图表。将两个折线和簇状柱形图上下排列，将上面的图的标题设置为"收入日变化趋势"，并将 X 轴隐藏，最终效果如图 3-17 所示。

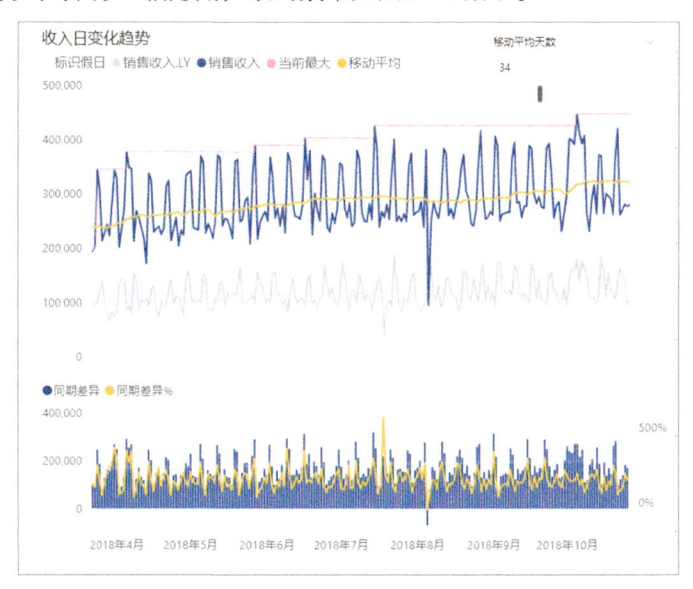

图 3-17 收入日变化趋势图

3.2.2 创建收入周变化趋势图

收入周变化趋势图用于反映每周的收入变化，与日变化趋势相比，周变化趋势波动较小，更容易看出收入的变化趋势。

1. 编写度量值

对于周收入总额而言，不用单独编写度量值，用度量值"收入分析:销售收入"即可。但对于周收入而言，有时有分析周环比的需求。由于 DAX 表达式的日期智能函数没有关于周的日期智能函数，因此需要自己定义，DAX 表达式如下：

```
收入分析:销售收入.上周 =
VAR curYear=MAX('D日期表'[年])           //取得当前年
VAR curWeeknum=MAX('D日期表'[第几周])     //取得当前周数
RETURN
CALCULATE(
    [收入分析:销售收入],
    FILTER(
        ALL('D日期表'),
        'D日期表'[年]=curYear&&'D日期表'[第几周]=curWeeknum-1
        //通过筛选取得当前年上一周的收入
    )
)
```

收入分析:收入环比差异.周 = [收入分析:销售收入]-[收入分析:销售收入.上周]
收入分析:收入环比差异.周% = DIVIDE([收入分析:收入环比差异.周],[收入分析:销售收入.上周])

2. 设置周变化趋势及差异图

（1）插入"分区图"视觉对象，然后将"轴"字段设置为"D日期表"的"年"列和"第几周"列，将"值"字段设置为度量值"收入分析:销售收入"。

（2）单击分区图右上方的"展开层次结构中的所有下移级别"按钮，然后按照如图3-18所示的方式设定排序方式。

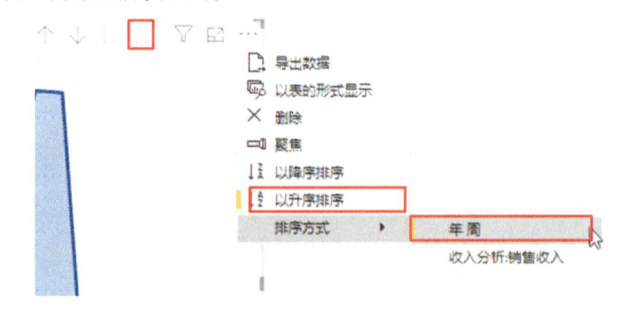

图 3-18 设定排序方式

（3）关闭"X轴"→"连接标签"功能。在分区图的"格式"属性面板中，将"X轴"→"连接标签"功能关闭，如图3-19所示。

第 3 章
创建多维收入分析报表

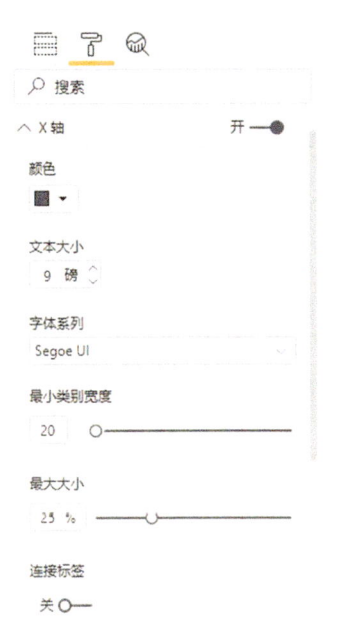

图 3-19 关闭"X 轴"→"连接标签"功能

（4）插入"折线和簇状柱形图"视觉对象，然后将"共享轴"字段设置为"D 日期表"的"年"列和"第几周"列，将"列值"字段和"行值"字段分别设置为度量值"收入分析:收入环比差异.周"和"收入分析:收入环比差异.周%"。

（5）为了突出显示环比正差异和负差异，可以将柱形图的正数设置为蓝色，负数设置为红色，设置方法如图 3-20 所示。

图 3-20 设置柱形图数据的颜色

（6）参照步骤（2）和（3），对折线和簇状柱形图的排序方式和"X 轴"→"连接标签"进行相同的设置，最终效果如图 3-21 所示。

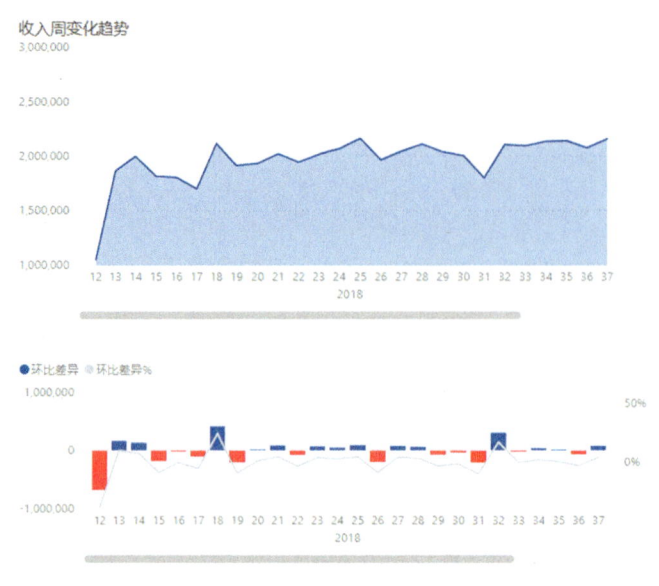

图 3-21　收入周变化趋势图

3.2.3　创建收入月变化趋势图

与收入的日分析和周分析（往往仅限于特定行业）不同，几乎所有行业和公司都会进行收入的月度分析，在一般情况下，在进行收入的月度分析时，需要计算环比和同比增长额与增长率，这两个指标的计算并不难，不过当分析维度十分多的时候，这个简单的计算在 Excel 中用公式处理起来十分烦琐。例如，当计算出总收入同比增长率后，如果想要知道每个地区的同比增长率，这时就需要针对每个地区编写公式；如果还需要知道每个产品的增长率，这时又要针对每个产品编写收入增长率的公式；如果要了解每类产品在每个地区的增长率情况，这时又要重新编写公式……总之，Excel 公式编写得再完善也是很难兼顾各种业务需求的，通过学习本节，读者会发现在 Power BI 中处理这类需求十分简单。

1．编写度量值

月度总收入和上年同期收入及同期差异(%)不用另外编写度量值，直接使用之前编写的度量值"收入分析:销售收入"、"收入分析:销售收入.LY"、"收入分析:收入同期差异"和"收入分析:收入同期差异%"即可。

针对月环比差异，编写以下度量值：

收入分析:收入月累计 = TOTALMTD([收入分析:销售收入],'D 日期表'[Date])
//使用日期智能函数 TOTALMTD 计算月累计

收入分析:收入环比差异.月 =
[收入分析:收入月累计]-CALCULATE([收入分析:收入月累计],DATEADD('D日期表'[Date],-1,MONTH))   //使用DATEADD函数将日期平移到上一个月

收入分析:收入环比差异%.月 =
DIVIDE([收入分析:环比差异.月],CALCULATE([收入分析:收入月累计],DATEADD('D日期表'[Date],-1,MONTH)))

2．设置月变化趋势及差异图

（1）插入"折线图"视觉对象，然后将其"轴"字段设置为"D日期表"的"年"列和"月"列，将"值"字段设置为度量值"收入分析:销售收入"和"收入分析:销售收入.LY"。

（2）参照3.2.2节中分区图的排序方式和X轴的设置，将收入月变化趋势图设定为按"年 月"升序排列，然后将"X轴"→"连接标签"功能关闭。

（3）插入"折线和簇状柱形图"视觉对象，然后将"共享轴"字段设置为"D日期表"的"年"列和"月"列，将"列值"字段和"行值"字段分别设置为度量值"收入分析:收入同期差异"与"收入分析:收入同期差异%"，再按步骤（2）设置排序方式和X轴。

（4）将步骤（3）生成的视觉对象复制一份，然后将"列值"字段和"行值"字段分别更改为度量值"收入分析:收入环比差异"与"收入分析:收入环比差异%"。

（5）将3个视觉对象合理排列，最终效果如图3-22所示。

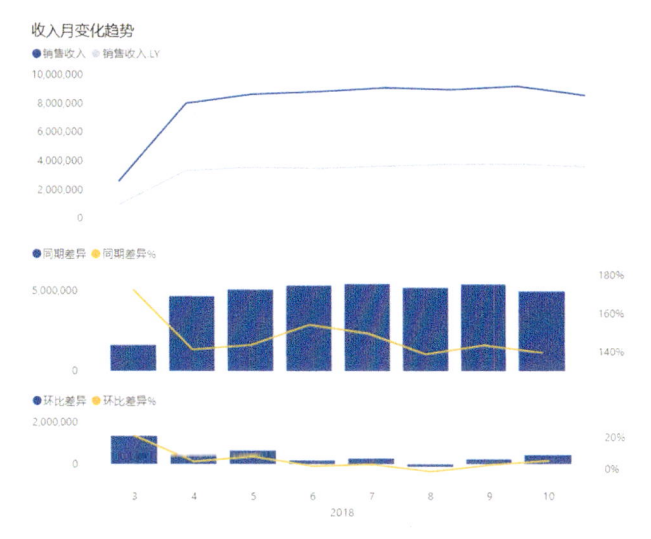

图3-22　收入月变化趋势及差异图

3.2.4 创建收入累计变化趋势图

收入累计变化趋势图是对收入月度变化趋势图的补充，使用 Power BI 可以灵活地计算累计收入，并且可以返回用户所选的任意时间段内的累计收入变化情况。

1. 编写度量值

分析累计收入变化趋势的关键是编写一个随时间变化的累计收入度量值，在 Excel 中，经常利用公式对单元格的"相对引用"和"绝对引用"特性来解决这个问题，由于这种方式与数据存储物理位置直接关联，存在前面提到的灵活性欠佳，以及处理多维数据困难的问题，在 Power BI 中一般是通过 DAX 表达式进行筛选来解决这个问题的。

累计收入的 DAX 表达式如下：
```
收入分析:累计收入 =
CALCULATE(
    [收入分析:销售收入],
    FILTER(
        ALLSELECTED('D日期表'[Date]),
        //使用 ALLSELECTED 函数返回"日期"切片器所选的日期
        'D日期表'[Date]<=MAX('D日期表'[Date])
    )
)
```

上年同期的 DAX 表达式如下：
```
收入分析:累计收入.LY =
CALCULATE(
    [收入分析:销售收入.LY],
    FILTER(
        ALLSELECTED('D日期表'[Date]),
        'D日期表'[Date]<=MAX('D日期表'[Date])
    )
)
```

累计差异的 DAX 表达式如下：
```
收入分析:收入同期累计差异 = [收入分析:累计收入]-[收入分析:累计收入.LY]
```

2. 设置累计变化趋势及差异图

（1）插入"分区图"视觉对象，将其"轴"字段设置为"D日期表"的"Date"列，将"值"字段设置为度量值"收入分析:累计收入"和"收入分析:累计收入.LY"。

（2）插入"簇状柱形图"视觉对象，然后将其"轴"字段设置为"D日期表"的"Date"列，将"值"字段设置为度量值"收入分析:收入同期累计差异"。

3．设置多行卡补充信息

为了使报表使用人一眼就能看出所选期间累计收入总额、累计增长额等信息，可以使用多行卡显示这些趋势图的补充信息。多行卡与卡片图类似，不同之处是多行卡可以设置多个度量值（如果几个度量值可以归到一类，那么可以使用多行卡）。

（1）插入"多行卡"视觉对象，将其字段设置为度量值"收入分析:销售收入"和"收入分析:累计收入.LY"。

（2）插入"多行卡"视觉对象，将其字段设置为度量值"收入分析:收入同期累计差异"和"收入分析:收入同期差异%"。

完成以上步骤后，需要对视觉对象进行合理排列，最终效果如图 3-23 所示。

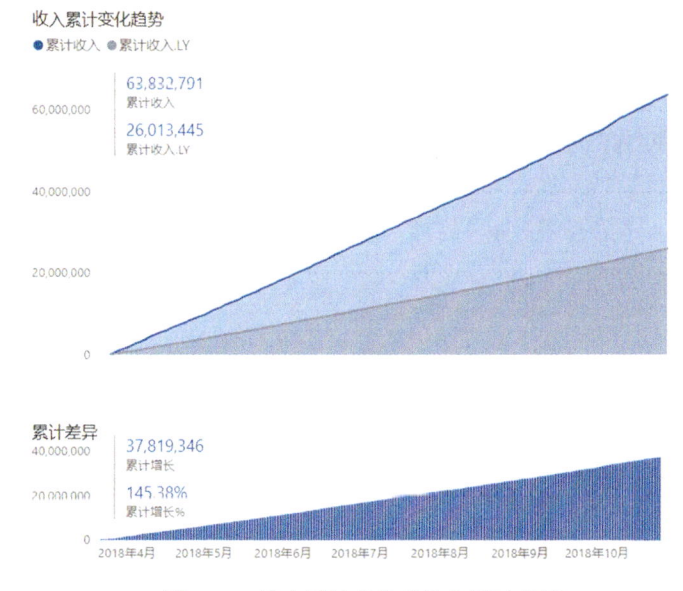

图 3-23　收入累计变化趋势和累计差异

3.2.5　使用"解释此增长"功能查找增长原因

在收入变化趋势图中，经常会看到某处收入突然增长或突然下降，但如果对市场情况不太熟悉，就很难找到原因是什么。但在 Power BI 中，可以使用"解释此增长"的 AI 功能快速找到收入的变动原因。

如果要使用"解释此增长"功能解释图表中的增长或下降，只需要用鼠标右键单击条形图或折线图中的任意数据点，再依次选择"分析"→"解释此增长"命令（或"解释此下降"命令）即可，如图 3-24 所示。

但需要注意的是，如果在前面编写的与收入相关的度量值生成的折线图或分区图中使用该功能并不能得到相关答案，则原因是该功能对使用条件有一定的要求。根据微软官方文档介绍，在涉及"前 n 个筛选器"、"包括/排除筛选器"、"度量值筛选器"和"非数值度量值"等情形下，使用"解释此增长"命令将无法找到答案。由于度量值"收入分析:销售收入 = DIVIDE(SUM('F 销售订单表'[价格]),MAX('金额单位表'[倍数]))"涉及"金额单位"切片器的筛选，因此该功能不可用。如果重新编写一个度量值"收入分析:销售收入 = SUM('F 销售订单表'[价格])"（缺点是不能按照中国人的习惯切换单位），就可以立即使用该功能。如图 3-25 和图 3-26 所示，在使用修改后的度量值生成的收入趋势图中，使用该功能就能发现假日因素导致 2019 年第 40 周的收入相对于上一周突然增长，并且还能知道线下代理渠道收入增长的绝对值最大，线上代理渠道收入增长的相对值最大等。此外，还有其他维度下的收入变化情况，如哪些产品或哪些城市的收入变化最大等。

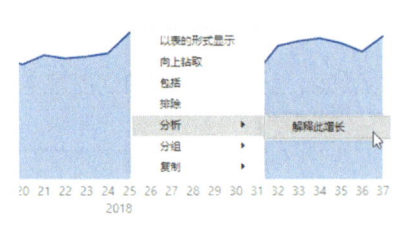

图 3-24　选择"解释此增长"命令

图 3-25　假日因素导致收入增长

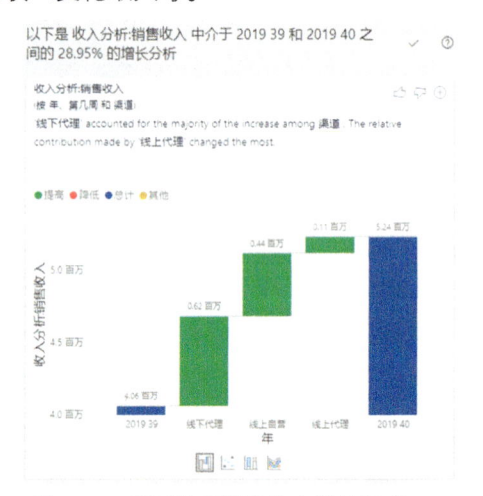

图 3-26　线下代理渠道收入增长最多

3.2.6　创建收入周分布图和周权重矩阵

收入的趋势分析中最重要的就是要找到销售收入的周期规律，零售行业（特别是传统零售）的销售收入一般会表现出较强的周分布规律，即周末的收入高于工作日的收入，通过计算一段时期内星期一至星期日平均每天的销售收入占周平均总销售收入的比例，可以得到每天销售收入的周权重指数（周权重指数的概念来源于黄成明所著的《数据化管理》）。周权重指数的计算在 Excel 中的操作略为复杂，但在 Power BI 中容易用 DAX 表达式计算出来。

1．编写度量值

1）计算各星期几平均收入

假日或调休会改变销售收入的周分布规律，因此，在计算各星期几平均收入前需要剔除假日或调休等特殊日销售收入，DAX 表达式如下：

```
收入分析:各星期几平均收入.剔除假日 =
VAR CurNormalDate=FILTER('D日期表','D日期表'[状态]="正常")
//只选取日期表中状态为"正常"的日期
RETURN
AVERAGEX(CurNormalDate,[收入分析:销售收入])
//将日期按星期一至星期日排列，即返回各星期几平均收入
```

2）计算各星期几平均收入占周平均收入的百分比

```
收入分析:销售收入周百分比 =
DIVIDE(
    [收入分析:各星期几平均收入.剔除假日],
    SUMX(ALL('D日期表'[周]),[收入分析:各星期几平均收入.剔除假日])
    //将星期一至星期日的平均收入相加
)
```

3）计算权重指数

将上面计算的各星期几平均收入占周平均收入的百分比乘以 7 得到权重指数后，更容易理解（如星期日平均收入占周收入的比重为 20%，其含义是星期日折合成周平均销售水平的天数是 20%×7 天=1.4 天），DAX 表达式如下：

```
收入分析:销售收入周权重 = 7*[收入分析:销售收入周百分比]
```

《数据化管理》中提到的日权重指数的算法是用星期几平均销售收入除以最低的日销售收入，DAX 表达式如下：

```
DIVIDE(
    [收入分析:各星期几平均收入.剔除假日],
MINX(All('D日期表'[周]),[收入分析:各星期几平均收入.剔除假日])
//计算星期一至星期日的最低平均收入
)
```

两种算法的计算结果不同，但不影响收入周权重指数对销售收入的分析和预测。

2．创建日平均收入周变化图

插入"折线图"视觉对象，将其"轴"字段设置为"D日期表"的"周"列，"值"

字段设置为度量值"收入分析:各星期几平均收入.剔除假日",由此可以得到所选期间各星期几平均收入变化图,如图 3-27 所示,可以看出周末销售收入明显高于工作日。

3．创建收入周分布规律图

插入"簇状柱形图"视觉对象,将其"轴"字段设置为"D 日期表"的"周"列,"值"字段设置为度量值"收入分析:销售收入周百分比",然后将"格式"-"数据标签"属性设置为"开",效果如图 3-28 所示。

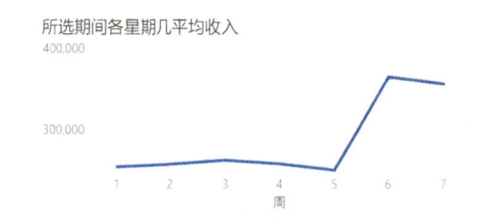

图 3-27　所选期间各星期几平均收入变化图　　图 3-28　销售收入周分布规律

4．创建各月周权重矩阵

（1）插入"矩阵"视觉对象,将其"行"字段设置为"D 日期表"的"年月"列,"列"字段设置为"D 日期表"的"周"列,"值"字段设置为度量值"收入分析:销售收入周权重"。

（2）设置矩阵值字段背景色。在矩阵值字段"收入分析:销售收入周权重"上右击,在弹出的菜单中选择"条件格式"→"背景色"命令,按照如图 3-29 所示的方式设置。

图 3-29　设置矩阵背景色

设置背景色,可以直观地看出权重指数的大小变化及分布情况,效果如图 3-30 所示。

各月周权重

年月	1	2	3	4	5	6	7
201908	0.89	0.89	0.92	0.88	0.88	1.29	1.24
201909	0.90	0.88	0.93	0.89	0.89	1.21	1.31
201910	0.85	0.89	0.92	0.90	0.91	1.27	1.26
201911	0.87	0.91	0.92	0.89	0.87	1.28	1.27
201912	0.92	0.92	0.92	0.74	0.90	1.28	1.32
202001	0.90	0.87	0.88	0.90	0.87	1.30	1.28
总计	0.90	0.88	0.91	0.88	0.88	1.27	1.28

图 3-30　各月周权重指数

最后，将本节创建的视觉对象进行合理的排序和组合（本节组合不同时间维度下的图表使用了书签功能，设置方法可参考第 7 章的内容），收入趋势分析报表至此创建完成了。

3.3　创建产品维度分析报表

公司产品竞争力与收入息息相关，通过产品维度进行分析可以知道哪些产品对公司收入贡献大，以及哪些产品应该是公司未来重点发展的等，有关产品分析的方法很多，如分类分析、关联分析、组合分析等，本节利用虚拟公司的销售数据使用 ABC 分类分析法创建产品销售收入分析报表，页面效果如图 3-31 所示。

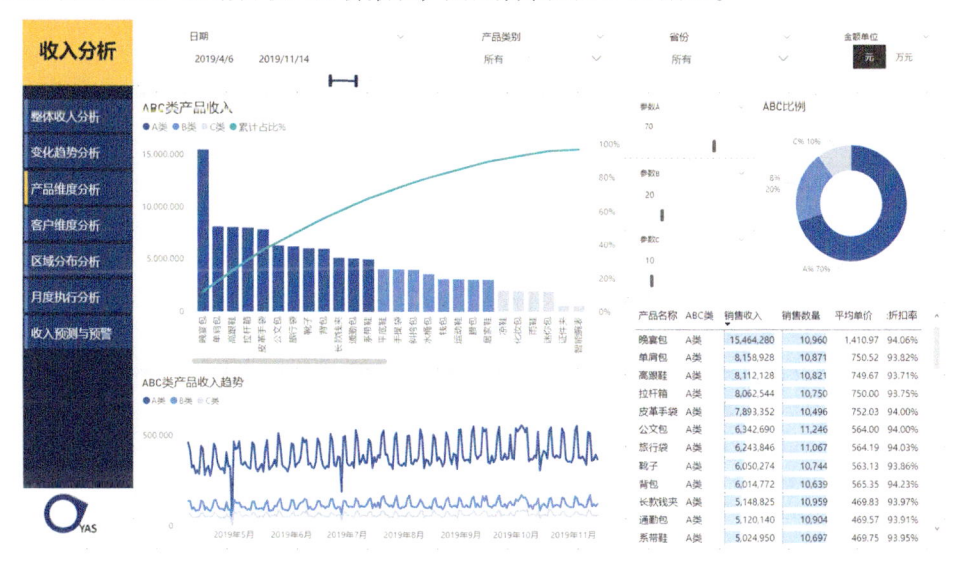

图 3-31　产品维度分析页面

ABC 分类分析法，也叫主次因素分析法，即根据分析对象的经济特征将其划分为 A 类、B 类、C 类，重要程度依次减弱，一般而言，重要程度 A 类占 70% 左右、B 类占 20% 左右、C 类占 10% 左右。简单来说，使用 ABC 分类分析法分析产品的销售收入就是要找到哪些是 A 类产品（占公司 70% 左右的收入）、哪些是 B 类产品（占公司 20% 左右的收入）、哪些是 C 类产品（占公司 10% 左右的收入），通常，A 类产品数量少，C 类产品数量多。

3.3.1　创建 ABC 类产品收入排列图

排列图即帕累托图法，它是找到影响经济指标主要因素的一种简单而有效的图表方法。使用排列图可以直观地将 A 类产品、B 类产品和 C 类产品的收入情况呈现出来。

1. 设置筛选条件

（1）将"整体收入分析"页面复制一份，重命名为"产品收入分析"，保留"日期"筛选器、"产品类别"筛选器和"省"筛选器。

（2）为了让报表使用人能够自由选择 A 类产品、B 类产品和 C 类产品的分类标准，需要新建 3 个参数。选择"建模"→"新建参数"命令，按照如图 3-32 所示的方式新建参数 A、参数 B 和参数 C，其中参数 B 和参数 C 的"默认值"分别设置为"20"和"10"。

图 3-32　设置模拟参数

（3）根据 ABC 分类分析法的原理，A 类产品、B 类产品和 C 类产品所占的比重相加应该等于 100%，由于目前 Power BI 的参数不能设定约束关系，彼此是相互独立的，因此这里使用一种折中的做法，即根据用户选定的参数重新计算 A 类产品、B 类产品和 C 类产品所占的比重，DAX 表达式如下：

收入分析:A% = DIVIDE([参数A 值],[参数A 值]+[参数B 值]+[参数C 值])

收入分析:B% = DIVIDE([参数B 值],[参数A 值]+[参数B 值]+[参数C 值])

收入分析:C% = DIVIDE([参数C 值],[参数A 值]+[参数B 值]+[参数C 值])

（4）为了让报表使用人实时了解当前 ABC 分类分析法参数设定的百分比情况，需要将 A 类产品、B 类产品和 C 类产品的百分比呈现出来。插入"环形图"视觉对象，将其"值"字段设置为度量值"收入分析:A%"、"收入分析:B%"和"收入分析:C%"。

2. 编写 ABC 分类分析法的度量值

在 Excel 中，使用 ABC 分类分析法分析产品收入的操作步骤如下：首先计算出各产品的收入；然后将各产品的收入降序排列，并计算降序排列后各产品的累计收入；最后计算各产品累计收入百分比。虽然计算过程并不复杂，但欠缺动态性，手动操作步骤多，如果要查看某省份或某两年产品的分类情况，又需要重新操作一次，存在大量重复劳动的可能性，效率不高。而使用 DAX 表达式解决则十分灵活，并且 DAX 表达式也比较容易理解，具体如下：

```
收入分析:累计收入.产品 =
VAR curSales=[收入分析:销售收入]        //取得当前产品收入
RETURN
CALCULATE(
    [收入分析:销售收入],
    FILTER(
        ALL('D产品表'[产品名称]),
        [收入分析:销售收入]>=curSales
        //扫描产品表，筛选出产品收入大于或等于当前产品收入的产品
    )
)


收入分析:累计收入%.产品 =
VAR totalSalses=CALCULATE([收入分析:销售收入],ALL('D产品表'[产品名称]))
RETURN
DIVIDE([收入分析:累计收入.产品],totalSalses) //计算累计收入百分比
```

```
收入分析:销售收入 A =
CALCULATE (
    [收入分析:销售收入],
    FILTER(
        VALUES('D 产品表'[产品名称]),
        [收入分析:累计收入%.产品]<=[收入分析:A%] //通过累计收入百分比，筛选出 A 类产品
    )
) //计算 A 类产品的收入

收入分析:销售收入 B =
CALCULATE (
    [收入分析:销售收入],
    FILTER(
        VALUES('D 产品表'[产品名称]),
        [收入分析:累计收入%.产品]<=[收入分析:A%]+[收入分析:B%]
        &&[收入分析:累计收入%.产品]>[收入分析:A%] //通过累计收入百分比，筛选出 B 类产品
    )
) //计算 B 类产品的收入

收入分析:销售收入 C =
    CALCULATE (
    [收入分析:销售收入],
    FILTER(
        VALUES('D 产品表'[产品名称]),
        [收入分析:累计收入%.产品]>[收入分析:A%]+[收入分析:B%]
        //通过累计收入百分比，筛选出 C 类产品
    )
) //计算 C 类产品的收入
```

3. 设置排列图

插入"折线和堆积柱形图"视觉对象，将其"共享轴"字段设置为"D 产品表"的"产品名称"列，将"列值"字段设置为度量值"收入分析:销售收入 A"、"收入分析:销售收入 B"和"收入分析:销售收入 C"，同时将其分别命名为"A 类"、"B 类"和"C 类"，将"行值"字段设置为度量值"收入分析:累计收入%.产品"，并将其重命名为"累计占比%"，如图 3-33 所示。最后将排序方式设置为"以升序排序"→"累计占比%"，如图 3-34 所示。

设置完成后，ABC 类产品收入排列图如图 3-35 所示。

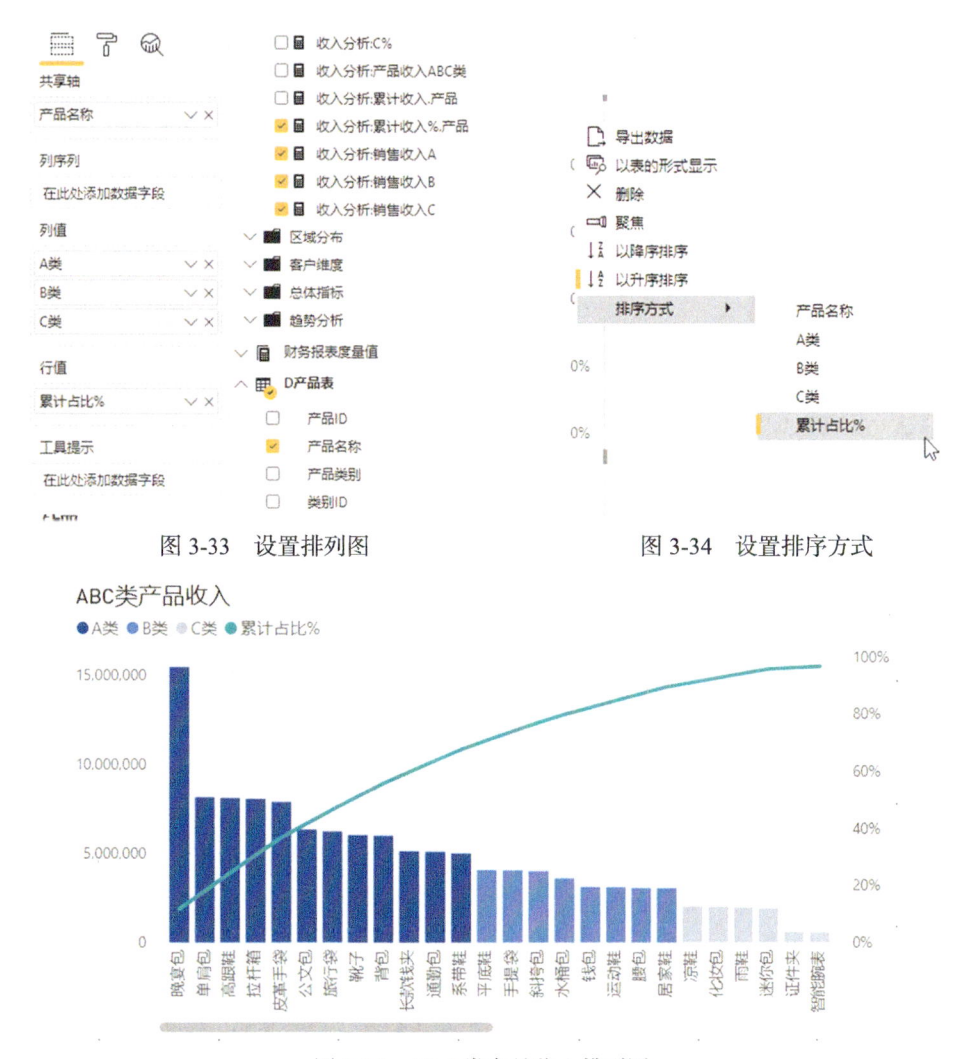

图 3-33 设置排列图　　　　　　　　图 3-34 设置排序方式

图 3-35　ABC 类产品收入排列图

3.3.2　创建 ABC 类产品收入变化图

如果想知道 ABC 类产品收入随着时间的变化情况，可以以时间为 X 轴，将 ABC 类产品的收入呈现出来，设置方法如下。

插入"折线图"视觉对象，将其"轴"字段设置为"D 日期表"的"Date"列，"值"字段设置为度量值"收入分析:销售收入 A"、"收入分析:销售收入 B"和"收入分析:销售收入 C"。ABC 类产品收入变化如图 3-36 所示。

ABC类产品收入趋势

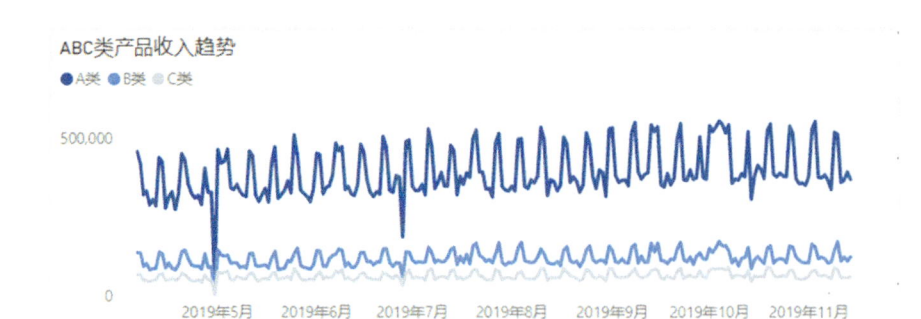

图 3-36　ABC 类产品收入变化

3.3.3　创建 ABC 类产品收入明细表

排列图虽然比较直观地呈现了 ABC 类产品的收入情况，但如果还想对各类产品的详细信息进行进一步对比，就需要创建一个明细表呈现这些信息。

1．编写度量值

针对明细表，需要单独编写一个用于判断当前 ABC 类产品的度量值，DAX 表达式如下：

```
收入分析:产品收入 ABC 类 =
SWITCH(TRUE,
[收入分析:累计收入%.产品]<=[收入分析:A%],"A 类",
[收入分析:累计收入%.产品]>[收入分析:A%]
&&[收入分析:累计收入%.产品]<=[收入分析:A%]+[收入分析:B%],"B 类",
"C 类"
)
```

2．设置明细表

（1）插入"表"视觉对象，依次将"D 产品表"的"产品名称"列和度量值"收入分析:产品收入 ABC 类"、"收入分析:销售收入"、"收入分析:销售数量"、"收入分析:平均单价"及"收入分析:折扣率"添加到表的"值"字段。

（2）将"收入分析:销售收入"和"收入分析:销售数量"等设置为数据条或背景色的条件格式。ABC 类产品收入明细表如图 3-37 所示。

产品名称	ABC类	销售收入	销售数量	平均单价	折扣率
晚宴包	A类	9,588,824	10,960	874.89	94.08%
单肩包	A类	2,727,168	10,871	250.87	93.81%
高跟鞋	A类	2,720,272	10,821	251.39	93.78%
拉杆箱	A类	2,677,312	10,750	249.05	93.79%
皮革手袋	A类	2,634,360	10,496	250.99	93.98%
公文包	A类	2,105,754	11,246	187.24	93.94%
旅行袋	A类	2,091,570	11,067	188.99	94.06%
背包	A类	2,023,158	10,639	190.16	94.19%

图 3-37　ABC 类产品收入明细表

3.4 创建客户维度分析报表

客户分析是市场营销分析的重点,根据客户信息和数据,分析客户特征,了解客户需求,从而有针对性地制定相应的营销策略,推动公司营业收入不断增长。本节使用虚拟公司销售订单中的会员销售记录创建一页会员 RFM 分析报表,页面效果如图 3-38 所示。

图 3-38 客户维度分析页面

RFM 模型是衡量客户价值和客户创利能力的重要工具与手段,广泛应用于各行业中,该模型通过一个客户最近购买时间(R)、购买频次(F)和购买金额(M)这 3 个指标来描述客户的价值。如果对最近购买时间(R)、购买频次(F)和购买金额(M)这 3 个指标进行打分,那么最近购买时间(R)大于或等于平均值记为 0,小于平均值记为 1,购买频次(F)和购买金额(M)大于或等于平均值记为 1,小于平均值记为 0,这时可以将客户分为 8(2×2×2)类,具体如下。

- 重要价值客户(111):最近购买时间(R)较近,购买频次(F)和购买金额(M)均在平均水平以上。
- 重要发展客户(101):最近购买时间(R)较近,购买金额(M)较大,但购买频次(F)较少。
- 重要保持客户(011):购买频次(F)和购买金额(M)均在平均水平以上,但最近购买时间(R)较远。

- 重要挽留客户（001）：购买金额（M）较大，但购买频次（F）不高且最近购买时间（R）较远，流失风险较大。
- 一般价值客户（110）：最近购买时间（R）较近，购买频次（F）较高，但购买金额（M）较少。
- 一般发展客户（100）：最近购买时间（R）较近，但购买金额（M）和购买频次（F）在平均水平之下。
- 一般保持客户（010）：购买频次（F）较高，但最近购买时间（R）较远且购买金额（M）较小。
- 一般挽留客户（000）：最近购买时间（R）较远，购买频次（F）和购买金额（M）均在平均水平之下。

从以上分类可以看出，RFM 模型实际上就是客户分类方法，通过分类打分，找出不同价值类型的客户，从而为资源配置提供依据。这与 ABC 分类分析法分清主次、抓主要矛盾的总体思想基本一致。RFM 模型的计算并不复杂，用 Excel 也能创建，但是使用 Excel 操作步骤较多，对于零售客户，需要处理大量的数据记录，Excel 难以胜任，下面介绍 RFM 模型在 Power BI 中的实现过程。

3.4.1 创建 RFM 分布图

RFM 分布图呈现了公司会员客户最近购买时间（R）、购买频次（F）和购买金额（M）这 3 个指标的分布情况，通过 RFM 分布图可以从整体上把握公司会员客户的特征。

1. 设置筛选条件

（1）将"整体收入分析"页面复制一份，重命名为"客户维度分析"，保留"日期"切片器、"产品类别"切片器和"省"切片器。

（2）由于 RFM 模型是基于客户分析的，销售订单中那些非会员销售记录由于缺少客户信息，不应纳入本次分析数据处理，因此需要将这些非会员购买记录排除。展开"筛选器"窗口，将"F 销售订单"的"是否会员"列添加到此页面的筛选器中，并勾选"会员"复选框，如图 3-39 所示。

图 3-39 设置页面级筛选器

2. 创建会员 RFM 分类辅助表

由于视觉对象的图例只能来源于表中的列，因此还需要构造一个辅助表，将客户 RFM 分类与度量值的计算结果关联起来。

在功能区中选择"建模"→"新建表"命令，然后在编辑栏中输入如图 3-40 所示的 DAX 表达式，创建会员 RFM 分类辅助表。

```
1  会员RFM分类表 =
2  DATATABLE(
3      "RFM评分",STRING,
4      "客户分类",STRING,
5      "客户排序",INTEGER,
6      {
7          {"111","重要价值客户",1},
8          {"101","重要发展客户",2},
9          {"011","重要保持客户",3},
10         {"001","重要挽留客户",4},
11         {"110","一般价值客户",5},
12         {"100","一般发展客户",6},
13         {"010","一般保持客户",7},
14         {"000","一般挽留客户",8}
15     }
16 )
```

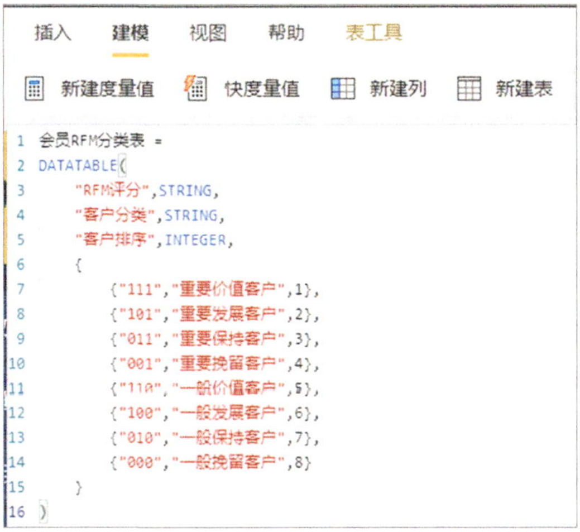

图 3-40　创建会员 RFM 分类辅助表

3．编写度量值

1）与购买时间有关的度量值

最近一次购买时间的 DAX 表达式如下：

```
收入分析:R =
VAR endDate=CALCULATE(LASTDATE('D日期表'[Date]))//获得当前"日期"切片器的最大日期
VAR lastBuydate=MAX('F销售订单表'[订单时间])
//获得当前日期时间段内的最后一次购买时间
RETURN DATEDIFF(lastBuydate,endDate,DAY)          //计算时间差
```

最近一次购买时间平均值的 DAX 表达式如下：

```
收入分析:R平均 = AVERAGEX(ALL('D客户表'),[收入分析:R])
```

根据最近一次购买时间与其平均值大小计算 R 评分，DAX 表达式如下：

```
收入分析:R评分 =
IF(
    ISBLANK([收入分析:R]),BLANK(),
    IF([收入分析:R]<=[收入分析:R平均],1,0)
)
```

2）与购买频次有关的度量值

购买频次的 DAX 表达式如下：

```
收入分析:F = [收入分析:订单数]
```

购买频次平均值的 DAX 表达式如下：

```
收入分析:F 平均 = AVERAGEX(ALL('D 客户表'),[收入分析:F])
```

根据购买频次与其平均值大小计算 F 评分，DAX 表达式如下：

```
收入分析:F 评分 =
IF(
    ISBLANK([收入分析:F]),BLANK(),
    IF([收入分析:F]>=[收入分析:F 平均],1,0)
)
```

3）与购买金额有关的度量值

购买金额的 DAX 表达式如下：

```
收入分析:M = [收入分析:销售收入]
```

购买金额平均值的 DAX 表达式如下：

```
收入分析:M 平均 = AVERAGEX(ALL('D 客户表'),[收入分析:M])
```

根据购买金额与其平均值大小计算 M 评分，DAX 表达式如下：

```
收入分析:M 评分 =
IF(
    ISBLANK([收入分析:M]),BLANK(),
    IF([收入分析:M]>=[收入分析:M 平均],1,0)
)
```

4）将购买金额与会员 RFM 分类辅助表关联

```
收入分析:RFM.购买金额 =
VAR x=SELECTEDVALUE('会员 RFM 分类表'[RFM 评分])
RETURN
CALCULATE([收入分析:销售收入],FILTER('D 客户表',[收入分析:RFM 评分]=x))
```

其中，收入分析:RFM 评分 = [收入分析:R 评分]&[收入分析:F 评分]&[收入分析:M 评分]

4．设置 RFM 分布图

RFM 模型中有 3 个指标，当需要呈现 3 个指标之间的关系时一般首选气泡图，具体步骤如下。

（1）插入"散点图"视觉对象，将其"详细信息"字段设置为"客户表"的"客户ID"列。"图例"字段设置为"会员 RFM 分类表"的"客户分类"列。"X 轴"字段设置为度量值"收入分析:R"，并将其重命名为"最近购买时间 R"。"Y 轴"字段设置为度量值"收入分析:RFM.购买金额"，并将其重命名为"购买金额 M"。"大小"字段设置为度量值"收入分析:F"，并将其重命名为"购买频次 F"，如图 3-41 所示。

（2）由于散点数量多，大部分重叠，因此可以将圆点"大小"调小，如图 3-42 所示，设置为"−28"。

图 3-41　设置散点图字段　　　　　　图 3-42　设置散点大小

（3）将"格式"→"图例"命令的"位置"设置为"右"。操作完成后，会员 RFM 分布图如图 3-43 所示。

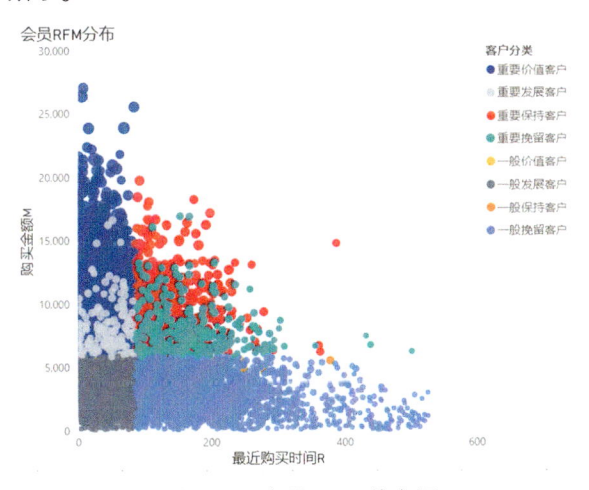

图 3-43　会员 RFM 分布图

3.4.2　创建 RFM 客户数量树状图

RFM 分布图虽然将最近购买时间（R）、购买频次（F）和购买金额（M）这 3 个指标很好地呈现出来了，但是圆点重叠较多，难以分辨各类型客户数量的分布情况，因此，作为补充信息，可以用树状图呈现各类型客户数量。

1．编写度量值

与 RFM 分布图类似，需要编写一个度量值将客户数量与 RFM 分类辅助表关联起来，DAX 表达式如下：

收入分析:RFM.客户数量 =
CALCULATE(
    DISTINCTCOUNT('F销售订单表'[客户ID]),//提取销售订单表中的非重复客户ID
    FILTER(
        'D客户表',
        [收入分析:RFM评分]=SELECTEDVALUE('会员RFM分类表'[RFM评分])
)
)

2. 设置树状图

（1）插入"树状图"视觉对象，将其"组"字段设置为"会员RFM分类表"的"客户分类"列，"值"字段设置为度量值"收入分析:RFM.客户数量"，"工具提示"字段设置为度量值"收入分析:RFM.购买金额"（使用"工具提示"字段，当鼠标指针移至树状图特定的RFM客户类型时，也会显示出该类型客户的购买金额），如图3-44所示。

图3-44　设置客户数量树状图

（2）在选中"树状图"视觉对象的状态下，选择"格式"→"数据颜色"→"高级控件"命令，在弹出的"数据颜色"窗口中，将"格式模式"设置为"色阶"，如图3-45所示。

图3-45　将"格式模式"设置为"色阶"

3.4.3 创建 RFM 平均值卡片图

本节根据最近购买时间（R）、购买频次（F）和购买金额（M）这 3 个指标的平均值对客户进行分类，因此有必要将这 3 个指标的平均值单独展示出来，让报表使用人可以比较容易地看到分类标准。

插入 3 个"卡片图"视觉对象，将其"值"字段分别设置为度量值"收入分析:R 平均"、"收入分析:F 平均"和"收入分析:M 平均"，并将其显示名称更改为合适的名称，如图 3-46 所示。

85.06　　　　4.32　　　　2,158.61
平均最近购买时间R　平均购买频次F　平均购买金额M

图 3-46　RFM 平均值卡片图

3.4.4 创建 RFM 明细表

RFM 明细表可以将每个会员客户的最近购买时间（R）、购买频次（F）和购买金额（M），以及客户分类都呈现出来，可以依据 RFM 明细表为每个客户配置相应的营销资源。

1．编写度量值

明细表只需要再单独编写一个针对每个客户计算出其客户类型的度量值就可以，DAX 表达式如下：

```
收入分析:RFM 类型 =
CALCULATE(
    VALUES('会员 RFM 分类表'[客户分类]),
    FILTER(
        '会员 RFM 分类表',
        '会员 RFM 分类表'[RFM 评分]=[收入分析:RFM 评分]
    )
)
```

2．设置明细表

（1）插入"表"视觉对象，依次将"客户表"的"客户 ID"列、"客户姓名"列和"性别"列，以及度量值"收入分析:RFM 类型"、"收入分析:R"、"收入分析:F"和"收入分析:M"添加至表的"值"字段，如图 3-47 所示。

（2）将明细表中的"收入分析:R"、"收入分析:F"和"收入分析:M"这 3 个度量值设置数据条显示格式。在表值字段区域，用鼠标右键单击要设置的表字段，在弹出的菜单中选择"条件格式"→"数据条"命令，如图 3-48 所示，然后选择合适的颜色进行设置即可。

图 3-47　设置明细表的"值"字段

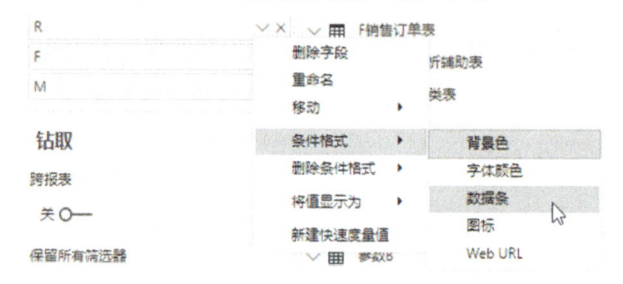

图 3-48　设置明细表字段条件格式

3.5　创建区域维度分析报表

收入区域维度分析就是分析收入在地理空间位置上的分布及其变化情况，通过收入的区域分析，可以快速了解收入的区域分布特点，挖掘潜在的区域市场，从而针对不同的区域市场制定不同的销售策略和资源投入计划。本节使用虚拟公司的销售数据创建区域维度分析报表，重点突出收入的区域分布特征。

3.5.1　创建各省份收入分布地图

如果呈现时间变化趋势最适合的图表是折线图，那么呈现空间地理分布最适合的图表一定是地图。在 Excel 2016 之前的版本，Excel 默认的图表中并没有地图，只能借助插件或通过 VBA 操控形状间接创建地图。Excel 2019 默认的图表中增加了地图，降低了使用 Excel 绘制地图的门槛。由于地图显示数据的精度较低，因此多数应用场景通过地图显示的地理分布特征，圈定进一步分析的区域，而 Power BI 图表的交互功能正好满足这一需求。

与其他视觉对象相比，在 Power BI 中创建地图视觉对象也比较复杂，这是因为不同于其他视觉对象仅提供指标数据即可，地图视觉对象还需要地图数据信息。在 Power BI 默认的可视化对象面板中，有 4 种关于地图的可视化视觉对象。

（1）地图：该视觉对象的地图数据信息来源于 bing 地图，用圆点表示度量值的大小，但 bing 地图主要是显示交通、地点的地图，用于导航很好，但用于显示各地的指标大小关系，地图上的元素太多，视觉体验不太好。

（2）着色地图：和"地图"视觉对象一样，地图数据信息同样来源于 bing 地图，二者存在相同的缺点。

（3）ArcGIS Maps for Power BI：该视觉对象的地图数据信息是 ESRI 公司提供的，功能较多，使用体验较前两个地图视觉对象有所改善，但是设置比较复杂。

（4）形状地图：该视觉对象最大的特点就是界面清爽，通过颜色深浅表示度量值大小，没有不相关的地图元素。不同于前面 3 个视觉对象，该视觉对象的地图数据信息没有专门的提供商，形状地图仅自带少数几个国家的地图数据（默认显示美国地图），若要创建中国相关的地图，则需要自己导入 TopoJSON 格式的地图数据文件。

若在可视化对象面板中没有找到形状地图，则可以按如下方式启用该视觉对象：依次单击"文件"→"选项和设置"→"选项"按钮，在弹出的窗口中选择"预览功能"菜单，然后勾选"形状映射视觉对象"复选框，如图 3-49 所示。设置完成后，重启 Power BI 即可。

图 3-49　启用形状地图

下面使用"形状地图"视觉对象创建各省份收入分布地图。

1．设置筛选条件

将"整体收入分析"页面复制一份，重命名为"区域维度分析"，保留"日期"切片器、"产品类别"切片器等。由于地图可以充当省份的筛选，因此可以将原来的"省"切片器更换为"渠道"切片器，即将"省"切片器的字段替换为"F 销售订单表"的"渠道"列。

2．获取 TopoJSON 格式的地图数据文件

TopoJSON 格式的地图数据并不常见，GeoJSON 格式或 Shapefiles 格式的地图数据更流行，因此可以先获取 GeoJSON 格式或 Shapefiles 格式的地图数据，然后将其转换为 TopoJSON 格式的地图数据。

（1）获取 GeoJSON 格式的地图数据。有很多途径可以获取 GeoJSON 格式的地图数据，这里以阿里云提供的地图数据为例，在搜索引擎中搜索"aliyun 地图选择器"，找到并打开 DATAV.GeoAtlas 页面，按照如图 3-50 所示的方式下载 GeoJSON 格式的地图数据。

图 3-50　使用阿里云地图选择器获得全国地图数据

（2）将 GeoJSON 格式的地图数据转换为 TopoJSON 格式。使用浏览器查找并打开 mapshaper 网页，将 GeoJSON 格式的地图数据文件上传至该网页后，单击右上角的"Export"按钮，在弹出的"Export menu"窗口中选择"TopoJSON"格式导出，如图 3-51 所示。

3．设置形状地图

（1）插入"形状地图"视觉对象，将其"位置"字段设置为"D 城市表"的"省"列，"色彩饱和度"字段设置为度量值"收入分析:销售收入"。

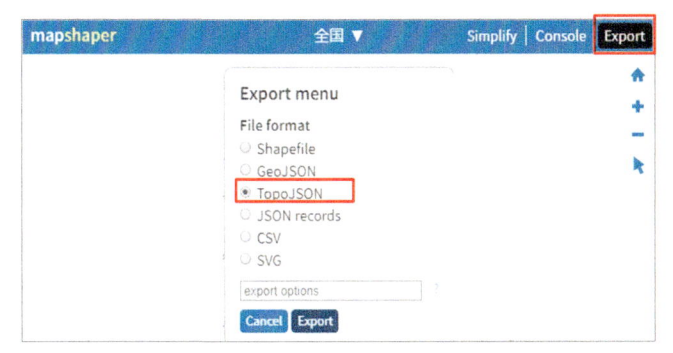

图 3-51　使用 mapshaper 网页转换地图数据格式

（2）添加中国形状地图。在形状地图的"格式"→"形状"菜单中，单击"添加地图"按钮，如图 3-52 所示，选择 TopoJSON 格式的地图数据文件所在的路径完成加载。

图 3-52　单击"添加地图"按钮

4．创建工具提示页面

通过以上步骤，各省份收入分布地图已经呈现出来，但只能查看到省级。由于目前的形状地图并不支持下钻功能，如果要进一步查看地市情况，就需要再创建一个形状地图视觉对象，同时导入各省市两级的 TopoJSON 格式的地图数据来实现。经测试，目前形状地图处理省市两级的 TopoJSON 格式的数据解析速度比较缓慢，体验并不佳。因此，作为替代方案，本节利用报表页的"工具提示"功能来实现当鼠标指针移到地图上的特定省份时，显示该省份主要地市收入的情况。

（1）新建一个页面，将其命名为"地市收入-提示"，然后在该页面中插入"簇状条形图"视觉对象，并将其"轴"字段设置为"D 城市表"的"城市名称"列，"值"字段设置为度量值"收入分析:销售收入"。

（2）将簇状条形图设置为"以降序排序"，排序方式设置为度量值"收入分析:销售收入"。然后展开"筛选器"窗口，筛选显示销售收入前 5 名的地市，如图 3-53 所示，最后将其标题更改为"各地市收入（前5名）"。

（3）开启页面工具提示功能，并调整页面大小。在"格式"→"页面信息"属性面板中，将"工具提示"设置为"开"，如图3-54所示，然后将"格式"→"页面大小"属性面板中的"类型"设置为"工具提示"，如图3-55所示。

（4）切换至"区域维度分析"页面，选中"形状地图"视觉对象，然后展开其"格式"→"工具提示"属性面板，按照如图3-56所示的方式设置相关参数。

设置完成后，形状地图的工具提示便会引用"地市收入-提示"页面，如当鼠标指针移至广东省时，会自动显示广东省销售收入前5名的地市，如图3-57所示。

图 3-53　设定显示销售收入前 5 名的地市

图 3-54　开启页面工具提示功能

图 3-55　设置工具提示页面类型

图 3-56　设置地图工具提示

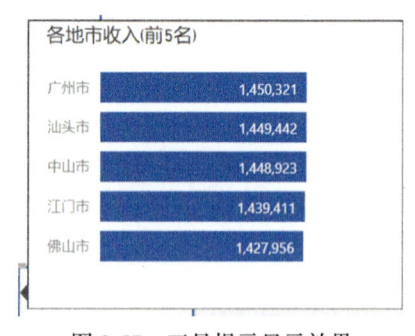

图 3-57　工具提示显示效果

3.5.2 创建当前省份收入指标卡片图

由于收入分布地图将默认显示指标金额的工具提示更改为显示地市指标报表页面的工具提示，当前省份收入的具体金额不再显示，为了弥补这个缺陷，可以在空白处增加卡片图，为地图显示补充信息。

1. 编写度量值

为了清楚地提示报表使用人当前选择的省份，需要编写一个动态标题，DAX 表达式如下：

```
收入分析：区域分布选择标题 =
IF(
    ISFILTERED('D 城市表'[城市名称]),
    VALUES('D 城市表'[城市名称]),
    SELECTEDVALUE('D 城市表'[省],"全国")
) & "销售收入"
```

2. 设置卡片图

插入"卡片图"视觉对象，将其字段设置为度量值"收入分析:销售收入"，"依据为字段"设置为度量值"收入分析:区域分布选择标题"，如图 3-58 所示。为了显示当前的同比增长率，可以再插入一个"卡片图"视觉对象，将其字段设置为度量值"收入分析:同期差异"。设置完成后的效果如图 3-59 所示。

图 3-58 设定卡片图标题文本　　　图 3-59 使用卡片图补充显示信息

3.5.3 创建各省份收入与增长率关联图

收入分布地图显示了各省份收入绝对值的分布情况，有些省份目前的收入绝对值虽然较低，但增长率较高，未来的发展潜力可能较大。因此，可以创建一个各省份收入与增长率关联图，用于探寻哪些省份有发展潜力。

（1）插入"散点图"视觉对象，将其"详细信息"字段设置为"D 城市表"的"省"列，"X 轴"字段设置为度量值"收入分析:收入同期差异%"，并将其重命名为"收入同比增长率"，"Y 轴"字段设置为度量值"收入分析:销售收入"，"大小"字段设置为度量值"收入分析:收入同期差异"，并将其重命名为"同比增长额"，如图 3-60 所示。

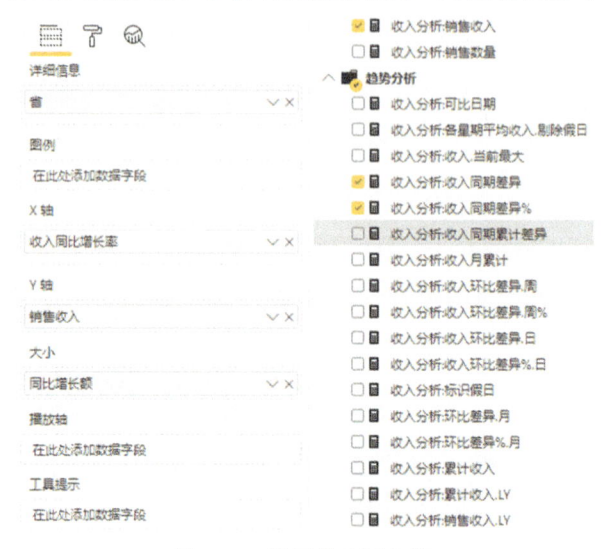

图 3-60　设置散点图字段

（2）设定数据颜色。展开散点图的"格式"→"数据颜色"属性面板，如图 3-61 所示，然后将其"格式模式"设置为"色阶"，"依据为字段"设置为度量值"收入分析:收入同期差异"，即度量值越大，颜色越深，从而突出收入同比增长贡献较大的省份。

图 3-61　设置散点图的数据颜色

（3）设定平均值线。展开散点图的"分析"→"平均值线"属性面板，单击"添加"按钮，分别在 X 轴（收入同比增长率）和 Y 轴（销售收入）增加 1 条平均值线，如图 3-62 所示。

提示：可以用鼠标双击平均值线名称进入编辑状态，然后重命名。

经过以上步骤，得到的各省份收入与增长率关联图如图 3-63 所示。

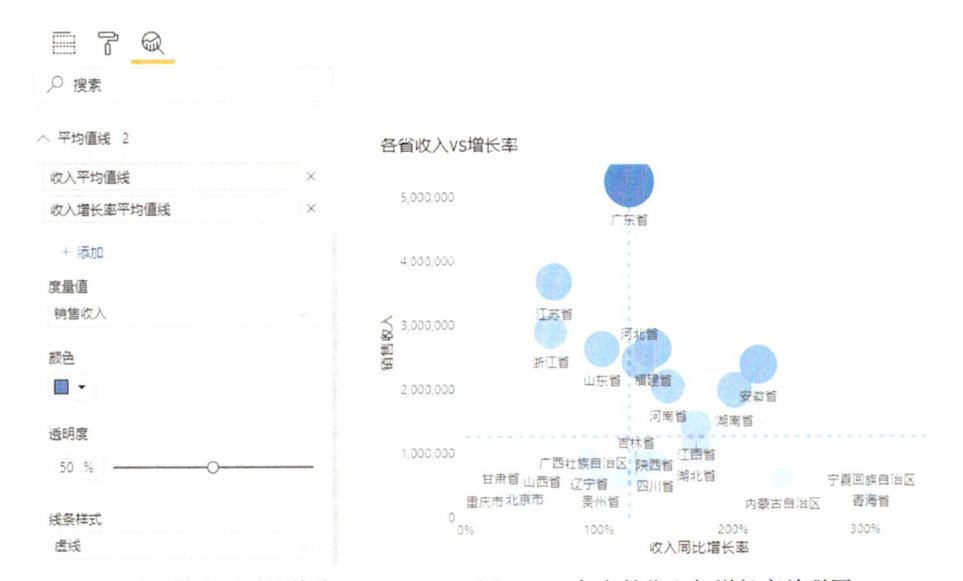

图 3-62　设置散点图平均值线　　　图 3-63　各省份收入与增长率关联图

3.5.4　创建各省市收入相关指标明细表

报表使用人在查看各省市收入分布情况时，有时可能需要详细了解某个城市与收入相关的系列指标，因此，可以创建一个明细表详细罗列各省市与收入相关的指标。

（1）插入"矩阵"视觉对象。将其"行"字段设置为"D 城市表"的"省"列和"城市名称"列，"值"字段设置为度量值"收入分析:销售收入"、"收入分析:销售数量"、"收入分析:订单数"、"收入分析:平均单价"、"收入分析:连带率"和"收入分析:客单价"，如图 3-64 所示。

（2）设置"值"字段的条件格式。为了提高明细表"值"字段的辨识度，可以按照如图 3-65 所示的方式将"值"字段设置为"数据条"显示。

按上述步骤设置完成后，明细矩阵的效果如图 3-66 所示。

图 3-64　设置明细表各字段

图 3-65　选择"条件格式"→
　　　　　"数据条"命令

图 3-66　明细矩阵的效果

3.6　创建月度收入预算执行分析报表

　　收入预算执行分析就是通过对实际收入的完成情况和预算目标进行比较,找出执行差异及其产生原因,并总结经验教训等。收入预算执行分析也是评价预算期间工作优劣的方法,是企业绩效评价的重要组成部分。收入预算执行分析的难点主要在于寻找预实差异,一般来说,只要找到差异点及形成差异的主要责任单位,差异形成原因也就不难找到。由于 Excel 并不支持钻取操作,使用 Excel 进行收入预算执行分析寻找差异十分麻烦,基本上靠肉眼识别,Excel 只能辅助计算,并不能从根本上节省眼力和脑力。

第 3 章
创建多维收入分析报表

本节利用虚拟公司 2019 年的预算数据，使用 Power BI 创建 1 页收入预算执行分析报表，该报表能让报表使用人快速度定位到差异点，其页面整体效果如图 3-67 所示。

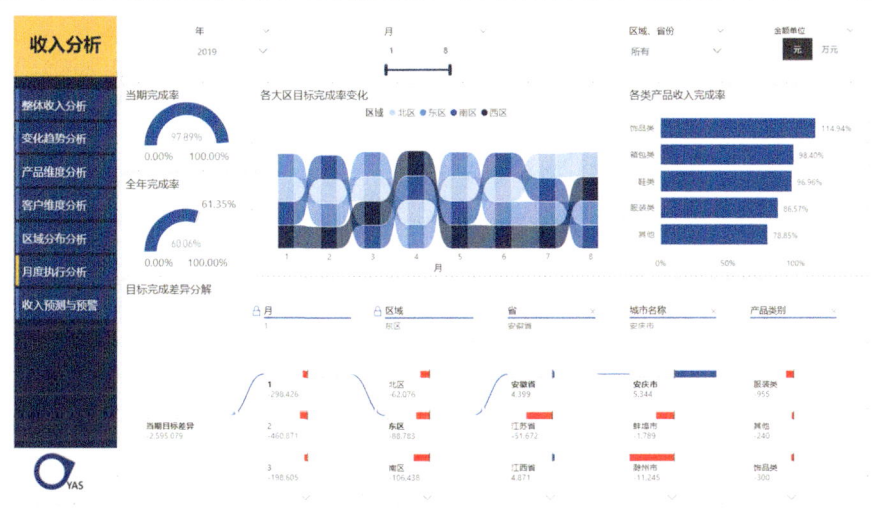

图 3-67　预算执行分析页面

3.6.1　导入预算数据

（1）导入 2019 年预算收入数据。在功能区中选择"主页"→"从 Microsoft Excel 工作簿中导入数据"命令，在弹出的"打开"窗口中选择"2019 年收入预算.xlsx"文件所在的路径，然后在"导航器"窗口中选择"销售收入"工作表，并单击"转换数据"按钮，如图 3-68 所示。

图 3-68　导入收入预算数据

（2）获取标题行。进入 Power Query 编辑器后，在功能区中选择"主页"→"删除行"→"删除最前面几行"命令，将第一行删除；然后选择"将一行用作标题"命令，如图 3-69 所示。

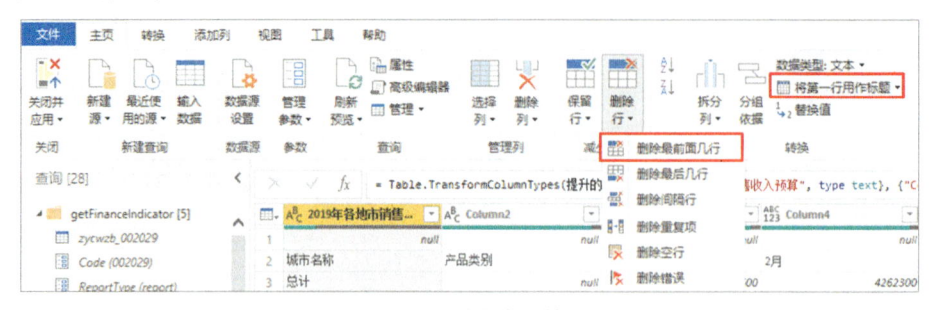

图 3-69　取得标题行

（3）处理 NULL 值。由于预算数据源表中存在合并单元格，导入 Power Query 后，原合并单元格区域只有第一个单元格有数据，其他为空，需要将这些空单元格的信息补全。用鼠标右键单击"城市名称"列，选择"填充"→"向下"命令（见图 3-70）即可完成对 NULL 值的处理。

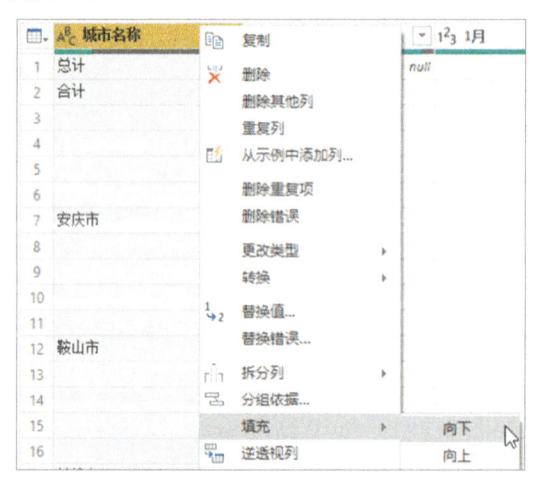

图 3-70　处理合并单元格的 NULL 值

（4）逆透视列。由于预算数据是二维表，不便于计算机处理，因此需要转换成一维表。选中"城市名称"列和"产品类别"列，然后单击鼠标右键，选择"逆透视其他列"命令（见图 3-71），将新生成的"属性"列和"值"列分别重命名为"月"列和"预算收入"列。

（5）增加"年"列。为了让模型能够识别预算数据的年份信息，还需要增加"年"

列。在功能区中选择"添加列"→"自定义列"命令，然后在弹出的窗口中录入公式，如图 3-72 所示。

图 3-71 逆透视其他列

图 3-72 增加"年"列

（6）删除"总计"行或"小计"行。由于"城市名称"列和"月"列中存在总计数据和合计数据，需要删除，单击"城市名称"列和"月"列右上角的下拉箭头，然后取消选择下拉列表中的"总计"选项和"合计"选项。

（7）整理"月"列。用鼠标右键单击"月"列，在弹出的菜单中选择"替换值"命令，然后在弹出的窗口中设置查找和替换内容，将"月"替换为空（见图 3-73），替换操作完成后，将"月"列的数据类型更改为"小数"。

（8）建立关系。选择"主页"→"关闭并应用"命令，退出 Power Query 编辑器，然后切换至"模型"视图,将新导入的预算数据表重命名为"F预算销售收入",最后将模型中的"D城市表"与"F预算销售收入"通过"城市名称"列建立一对多关系。

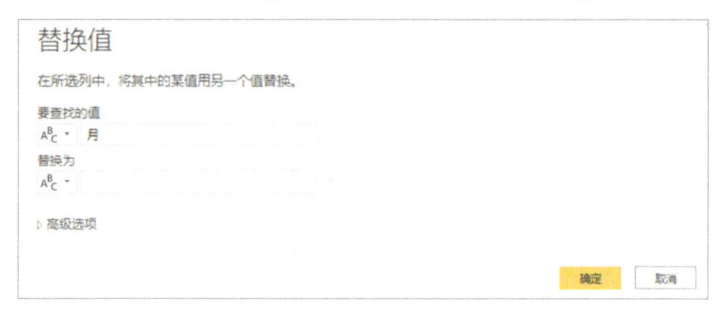

图 3-73　将"月"替换为空

3.6.2　创建收入完成率仪表

收入完成率是收入执行分析中首要关注的指标,应该首先考虑将该指标突出显示出来。可视化视觉对象可以选择"卡片图"、"KPI"和"仪表"等,本节利用"仪表"视觉对象展现收入完成率。

1. 设置筛选条件

(1)将"整体收入分析"页面复制一份,重命名为"收入执行分析",删除其他无关视觉对象,仅保留"金额单位"切片器和"省"切片器。

(2)增加"年"切片器和"月"切片器。插入视觉对象切片器,将其字段设置为"D日期表"的"年"列,并将切片器类型更改为"下拉"样式,如图 3-74 所示;再插入一个视觉对象切片器,将其字段设置为"D日期表"的"月"列,并将切片器类型更改为"介于"样式。

图 3-74　设置切片器样式

2. 编写度量值

1)本期收入完成率

计算当前所选月份收入相对于当前所选月份目标收入的完成比例,DAX 表达式如下:

收入分析:预算收入.基本 =
DIVIDE(SUM('F预算销售收入'[预算收入]),MAX('金额单位表' [倍数]))

收入分析:预算收入.本期 =
CALCULATE(
    [收入分析:预算收入.基本],
    TREATAS(VALUES('D产品表'[产品类别]),'F预算销售收入'[产品类别]),
    TREATAS(VALUES('D日期表'[年]),'F预算销售收入'[年]),
    TREATAS(VALUES('D日期表'[月]),'F预算销售收入'[月])
)//使用TREATAS函数将"F预算销售收入"与维度表建立关系

收入分析:收入完成率.本期 = DIVIDE([收入分析:销售收入],[收入分析:预算收入.本期])

2）本期收入年完成率

计算当前所选月份收入相对于年度目标总收入完成的比例，DAX 表达式如下：

收入分析:收入完成率.年累计 =
DIVIDE(
    [收入分析:销售收入],
    CALCULATE([收入分析:预算收入.本期],ALL('D日期表'[月]))
)

3）本期收入年目标完成率

计算当前所选月份目标收入相对于年度目标总收入的比例，DAX 表达式如下：

收入分析:收入完成率.年目标 =
DIVIDE(
    [收入分析:预算收入.本期],
    CALCULATE([收入分析:预算收入.本期],ALL('D日期表'[月]))
)

3．设置仪表

（1）插入"仪表"视觉对象，将其"值"字段设置为度量值"收入分析:收入完成率.本期"，并将标题命名为"当期完成率"。

（2）再插入一个"仪表"视觉对象，将其"值"字段设置为度量值"收入分析:收入完成率.年累计"，"目标值"字段设置为度量值"收入分析:收入完成率.年目标"，并将标题命名为"全年完成率"。设置完成后的效果如图 3-75 所示。

图 3-75　收入完成率仪表

3.6.3　创建各大区收入完成率变化图

业务区域分布较广的公司，往往会将业务区域划分为几个大区并设置相应的管理部门进行管理,通过大区的收入完成率变化图,可以看出收入执行率在各大区的责任落实情况,从而促使各收入责任单位不断提高收入完成率。

(1)插入"功能区图表"视觉对象,将其"轴"字段设置为"D日期表"的"月"列,"图例"字段设置为"D城市表"的"区域"列,"值"字段设置为度量值"收入分析:收入完成率.本期"。

(2)将标题名称更改为"各大区目标完成率变化",设置完成后的效果如图3-76所示。

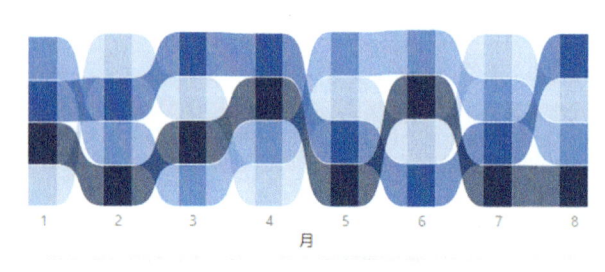

图3-76 各大区目标完成率变化

提示:功能区图表始终根据值的大小自上而下排列,因此很容易看出各大区收入完成率排名的变化情况。

3.6.4 创建各类产品收入完成率排名图

由于预算数据是分城市、分产品类别的,可以再按产品类别维度生成一个完成率情况图,用来展示各类产品收入完成率,它能与各大区目标完成率变化图构成交叉筛选,从而显示出不同类别产品在各大区的收入完成率变化,以及某大区某月收入各类产品的完成率情况。

(1)插入"簇状条形图"视觉对象,将其"轴"字段设置为"D产品表"的"产品类别"列,"值"字段设置为度量值"收入分析:收入完成率.本期"。

(2)展开簇状条形图的"格式"→"数据标签"属性面板,并将"数据标签"设置为"开",操作完成后的效果如图3-77所示。

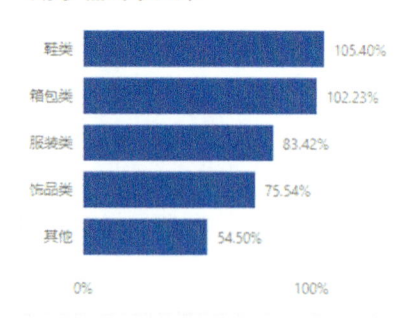

图3-77 各类产品收入完成率

3.6.5 创建目标执行差异分解图

正如前面提到的，收入预算执行分析的难点主要在于寻找预实差异，实际工作中常常花费大量时间寻找差异，肉眼查找效率不高。但是，使用 Power BI 分解树可以将预实差异层层分解，快速定位差异点。

1．编写度量值

预实差异的 DAX 表达式如下：

收入分析:收入完成差异.当期 = [收入分析:销售收入] – [收入分析:预算收入.本期]

2．设置分解树

（1）插入"分解树"视觉对象，将其"分析"字段设置为度量值"收入分析:收入完成差异.当期"（同时将其重命名为"当期目标差异"），"解释依据"字段设置为"D日期表"的"月"列，以及"D城市表"的"区域"列、"省"列、"城市名称"列和"D产品表"的"产品类别"列，如图 3-78 所示。

（2）设置数据条。展开分解树的"格式"→"数据条"属性面板，设置的参数如图 3-79 所示。

图 3-78　分解树字段设置　　　图 3-79　数据条属性设置

设置完成后，可以在分解树中对差异进行分解，如图 3-80 所示，在分解树中可以看出 1 月—5 月均为负差异，其中 2 月的差异最大，而由 2 月的差异构成可以看出浙江省台州市与金华市的差异较大。

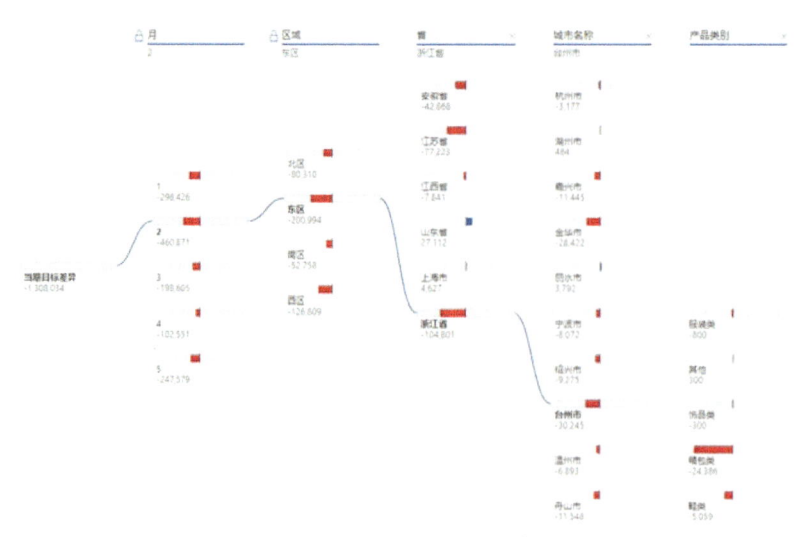

图 3-80 预实差异分解树

3.7 创建收入预测与预警报表

3.6 节创建的收入预算执行分析报表可以让报表使用人按月查看收入的完成情况，但这是对历史数据的分析，存在滞后性，在大多数情况下是用来评价过去的经营业绩的。但是，公司经营管理者可能更希望了解接下来会是什么情况，这是因为公司的经营决策总是面向未来的，对历史数据的总结分析是为了更好地指导公司未来的经营决策。

本节将基于收入的周规律和季节性规律，利用 Power BI 创建当月每日收入的动态预测分析报表模型，其页面效果如图 3-81 所示。

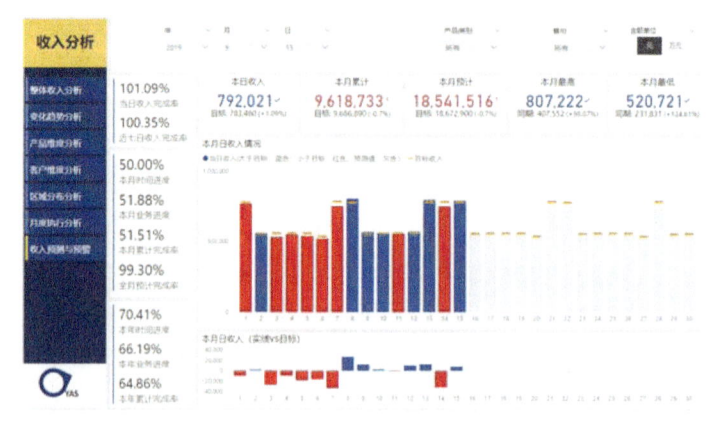

图 3-81 收入预测与预警页面

3.7.1 创建日收入预测情况图表

在 Power BI 中，针对时间序列的折线图具有预测功能，但是基于统计意义上的预测，对业务的指导意义并不大。本节的预测方法以 3.2 节计算出来的周分布规律为基础，同时考虑特殊节假日、季节性等因素进行综合预测。

1. 设置筛选条件

（1）将"整体收入分析"页面复制一份，重命名为"收入预测"，删除其他无关的视觉对象，仅保留"金额单位"切片器和"省"切片器。

（2）新增 2 个"下拉"样式的切片器，将其字段分别设置为"D 日期表"的"年"列和"月"列。

（3）创建预测基准日辅助表。在功能区中选择"建模"→"新建表"命令，然后在编辑栏中输入：

预测基准时间 = SELECTCOLUMNS('D日期表',"年月",'D日期表'[年月],"日",'D日期表'[日])
//这里使用 SELECTCOLUMNS 函数选择日期表的"年月"列和"日"列

（4）再新增 1 个"下拉"样式的切片器，将其字段设置为刚刚创建的"预测基准时间"表的"日"列。

（5）过滤非法日期。目前，通过"年"切片器、"月"切片器和"日"切片器可以选定任意一个日期，但是"日"切片器与"年"切片器和"月"切片器并没有关联起来，可能会组合产生一些非法日期，如"2 月 30 日"，因此，"日"切片器需要根据当前"年"切片器和"月"切片器进行动态调整，方法如下。

- 新建度量值：

```
收入分析:预测基准月.日筛选 =
CALCULATE (
    COUNTROWS ('D日期表'),
    TREATAS (
        VALUES ('预测基准时间'[年月]),
        'D日期表'[年月]
    )
)
```

- 选中"日"切片器，展开"筛选器"窗口，将度量值"收入分析:预测基准月.日筛选"应用到其视觉对象筛选器，并将筛选条件设置为"大于 0"，如图 3-82 所示。

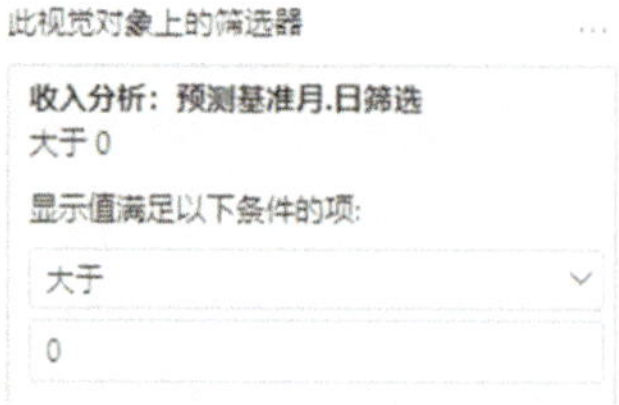

图3-82 设置"日"切片器筛选条件

2．编写度量值

1）计算预测基准日

收入分析:预测基准日 =
DATE(MAX('D日期表'[年]),MAX('D日期表'[月]),MAX('预测基准时间'[日]))

2）计算本月预算收入

可以直接利用上面创建的度量值：

收入分析:预算目标.本月 = [收入分析:预算收入.本期]

3）周权重预测

收入分析:销售收入周权重.预测 =
VAR CurWeekday=MAX('D日期表'[周])　//取得当前星期几
VAR LastTwoMonth=　　//当前所选月份的最近第2个月
CALCULATETABLE('D日期表',PARALLELPERIOD('D日期表'[Date],-2,MONTH))
VAR LastOneMonth=　　//当前所选月份的最近第1个月
CALCULATETABLE('D日期表',PARALLELPERIOD('D日期表'[Date],-1,MONTH))
VAR LastYearMonth=　　//当前所选月份的上年同期月份
CALCULATETABLE('D日期表',PARALLELPERIOD('D日期表'[Date],-12,MONTH))
VAR ForcastWeightNormal=　　//在非节假日、非调班情况下的周权重预测
CALCULATE(
　　AVERAGEX(
　　　　VALUES('D日期表'[年月]),
　　　　CALCULATE(
　　　　　　[收入分析:销售收入周权重],
　　　　　　'D日期表'[周]=CurWeekday
　　　　)
　　),
　　UNION(LastOneMonth,LastTwoMonth,LastYearMonth)
　//取最近2个月及上年同期周权重数据（兼顾近期变化因素和季节性因素），计算其平均周权重指数
)

VAR ForcastWeightWeekday=　　//返回工作日的平均周权重

```
CALCULATE(
    AVERAGEX(
        VALUES('D日期表'[年月]),
        CALCULATE(
            [收入分析:销售收入周权重],
            'D日期表'[周]<6
        )
    ),
    UNION(LastOneMonth,LastTwoMonth,LastYearMonth)
)

VAR ForcastWeightWeekend=          //返回非工作日的平均周权重
CALCULATE(
    AVERAGEX(
        VALUES('D日期表'[年月]),
        CALCULATE(
            [收入分析:销售收入周权重],
            'D日期表'[周]>5
        )
    ),
    UNION(LastOneMonth,LastTwoMonth,LastYearMonth)
)

RETURN
SWITCH(TRUE,
    MAX('D日期表'[状态])="正常",ForcastWeightNormal,
    MAX('D日期表'[状态])="假日",ForcastWeightWeekend,     //假日用周末代替
    MAX('D日期表'[状态])="调班",ForcastWeightWeekday     //调班用工作日代替
)
```

4）计算每日目标值

收入分析:收入.预算目标.每日 =
//按每日权重指数占全月每日权重指数之和的比例分解月预算目标
```
VAR thisMonthWeight=      //当月权重预测之和
SUMX(PARALLELPERIOD('D日期表'[Date],0,MONTH),[收入分析:销售收入周权重.预测])
RETURN
[收入分析:销售收入周权重.预测]/thisMonthWeight*[收入分析:预算目标.本月]
```

5）计算每日预测值

收入分析:收入预测.每日 =
```
VAR baseDate=[收入分析:预测基准日]
VAR thisMonthWeightBeforebaseDate=      //基准日之前的当月周权重预测之和
```

```
SUMX(
    FILTER(
        PARALLELPERIOD('D日期表'[Date],0,MONTH),
        'D日期表'[Date]<=baseDate
    ),
    [收入分析:销售收入周权重.预测]
)
VAR thisMonthSalesAC=                //基准日之前的当月实际收入
CALCULATE(
    [收入分析:销售收入],
    FILTER(
        PARALLELPERIOD('D日期表'[Date],0,MONTH),
        'D日期表'[Date]<=baseDate
    )
)
VAR salesPC=                         //利用周权重对基准日之后的收入进行预测
thisMonthsalesAC/thisMonthWeightBeforebaseDate*[收入分析:销售收入周权重.预测]
RETURN
IF(MAX('D日期表'[Date])>baseDate,SalesPC,[收入分析:销售收入])
//基准日之后返回预测收入,否则返回实际收入
```

6）计算每日目标执行差异

收入分析:收入目标差异.每日 = [收入分析:收入预测.每日]-[收入分析:收入.预算目标.每日]

7）数据颜色标识

可以利用度量值将不同状态的收入显示不同的颜色，以达到提示或警示作用，如用灰色表示预测数据，红色表示实际收入小于目标收入，蓝色表示实际收入大于或等于目标收入，DAX 表达式如下：

```
收入分析:预测标识颜色 =
SWITCH(TRUE,
    MAX('D日期表'[日])>MAX('预测基准时间'[日]),0,
    MAX('D日期表'[日])<=MAX('预测基准时间'[日])
        &&[收入分析:销售收入]>[收入分析:收入.预算目标.每日],1,
    2
)
```

3. 设置每日收入预测图

（1）插入"折线与簇状柱形图"视觉对象，将其"共享轴"字段设置为"日期表"中的"日"列，"行值"字段设置为度量值"收入分析:收入.预算目标.每日"，"列值"字段设置为度量值"收入分析:收入预测.每日"。

（2）设置 X 轴的类型。展开"格式"→"X 轴"属性面板，将"类型"设置为"类别"。

（3）设置数据颜色。展开"格式"→"数据颜色"属性面板，单击"默认颜色"选项下方的"fx"按钮，在弹出"默认颜色"对话框中，将"格式模式"设置为"规则"，"依据为字段"设置为度量值"收入分析:预测标识颜色"，设置的参数如图 3-83 所示。

图 3-83　设置数据颜色

（4）设置形状。为了使目标值与预测总体显示效果和谐，可以将折线隐藏，只显示标记形状。展开"格式"→"形状"属性面板，将"笔画宽度"设置为"0"，"标记形状"设置为"-"，并适当调整"标记大小"选项，如图 3-84[①]所示。

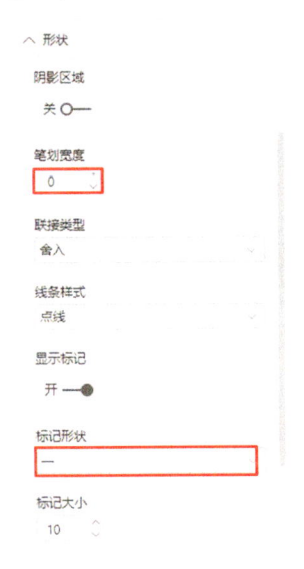

图 3-84　设置"形状"属性面板

---

① 图中"笔划宽度"和"联接类型"的正确写法应为"笔画宽度"和"连接类型"。

（5）插入"簇状柱形图"视觉对象，将其"轴"字段设置为"日期表"的"日"列，"值"字段设置为度量值"收入分析:收入目标差异.每日"，然后按照步骤（2）设置 X 轴的类型。

（6）展开"格式"→"数据颜色"属性面板，再次按照步骤（3）的方式对簇状柱形图的数据颜色进行设定。操作完成后，重新命名图表标题。日收入预测情况如图 3-85 所示。

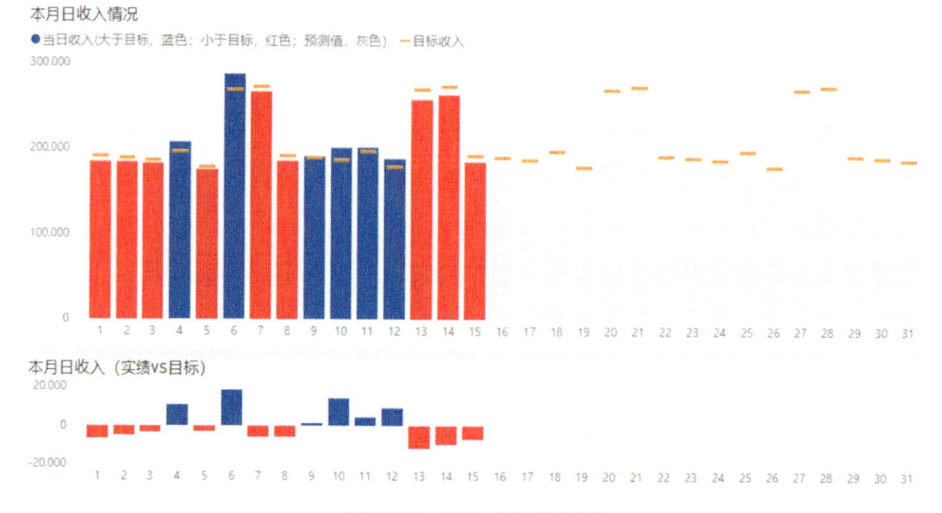

图 3-85　日收入预测情况

3.7.2　创建目标动态完成率多行卡

日收入预测情况图表虽然清晰地呈现了当月每日历史收入的目标完成情况及当月未来每日收入的预测情况，但缺少全月收入总体完成情况及全年完成情况的相关信息，因此，有必要创建动态的月度及年度完成率等指标，让报表使用人可以从总体上把握当前收入的完成情况。

1．编写度量值

1）本日收入目标

收入分析:收入.预算目标.本日 =
```
VAR baseDate=[收入分析：预测基准日]
RETURN
CALCULATE([收入分析:收入.预算目标.每日],'D日期表'[Date]=baseDate)
```

2）本日收入完成率

收入分析:收入完成率.本日 =

```
VAR baseDate=[收入分析:预测基准日]
VAR selectDatesales=CALCULATE([收入分析:销售收入],'D日期表'[Date]=baseDate)
RETURN
DIVIDE(selectDatesales,[收入分析:收入.预算目标.本日])
```

3）近7日收入完成率

```
收入分析:收入.预算目标.近七日 =
VAR baseDate=[收入分析:预测基准日]
VAR this7daysWeight=       //近7日周权重之和
SUMX(DATESINPERIOD('D日期表'[Date],baseDate,-7,DAY),[收入分析:销售收入周权重.预测])
VAR thismonthWeight=       //当月周权重之和
SUMX(PARALLELPERIOD('D日期表'[Date],0,MONTH),[收入分析:销售收入周权重.预测])
RETURN
this7daysWeight/thismonthWeight*[收入分析:预算目标.本月]


收入分析:收入完成率.近七日 =
VAR baseDate=[收入分析:预测基准日]
VAR selectDatesales7days=
CALCULATE([收入分析:销售收入],DATESINPERIOD('D日期表'[Date],baseDate,-7,DAY))
RETURN
DIVIDE(selectDatesales7days,[收入分析:收入.预算目标.近七日])
```

4）本月时间进度

```
收入分析:时间进度.本月 =
DIVIDE(MAX('预测基准时间'[日]),COUNTROWS('D日期表'))
```

5）本月业务进度

考虑收入的周分布及节假日等因素，由此推算出业务进度：

```
收入分析:业务进度.本月 =
VAR thisMonthWeightBeforebaseDate=
SUMX(
    FILTER(
    'D日期表',
    'D日期表'[Date]<=[收入分析:预测基准日]
    ),
    [收入分析:销售收入周权重.预测]
)
VAR thisMonthWeight=SUMX('D日期表',[收入分析:销售收入周权重.预测])
RETURN
DIVIDE(thisMonthWeightBeforebaseDate,thisMonthWeight)
```

6）当月累计实现收入

```
收入分析:收入.当月累计AC =
VAR baseDate=[收入分析：预测基准日]
RETURN
TOTALMTD([收入分析:销售收入],'D日期表'[Date],'D日期表'[Date]<=baseDate)
```

7）收入月度累计完成率

```
收入分析:收入完成率.本月累计 =
DIVIDE([收入分析:收入.当月累计AC],[收入分析:预算目标.本月])
```

8）当月收入预计完成率

```
收入分析:收入完成率.本月预计 =
DIVIDE(
    SUMX('D日期表',[收入分析:收入预测.每日]),
    [收入分析:预算目标.本月]
)
```

9）年累计实现收入

```
收入分析:收入.年累计AC =
VAR baseDate=[收入分析：预测基准日]
RETURN
CALCULATE(
    [收入分析:销售收入],
    FILTER(
        ALL('D日期表'),
        'D日期表'[Date]<=baseDate&&'D日期表'[年]=YEAR(baseDate)
    )
)
```

10）本年预算目标

```
收入分析:预算目标.本年 = CALCULATE( [收入分析:预算收入.本期],ALL('D日期表'[月]))
```

11）收入年累计完成率

```
收入分析:收入完成率.本年累计 = DIVIDE([收入分析:收入.年累计AC],[收入分析:预算目标.本年])
```

12）本年时间进度

```
收入分析:时间进度.本年 =
DIVIDE(
    DATEDIFF(DATE(YEAR([收入分析:预测基准日]),1,1),[收入分析:预测基准日],DAY),
    CALCULATE(COUNTROWS('D日期表'),ALL('D日期表'[月]))
)
```

13）本年业务进度

```
收入分析:业务进度.本年 =
VAR baseDate= [收入分析:预测基准日]
```

```
VAR thisyearAimBeforebaseDate =
SUMX(
    FILTER(
        ALL('D 日期表'),
        'D 日期表'[Date]<=baseDate
        &&'D 日期表'[Date]>=DATE(YEAR(baseDate),1,1)
    ),
    [收入分析:收入.预算目标.每日]
)
RETURN
DIVIDE(thisyearAimBeforebaseDate,[收入分析:预算目标.本年])
```

2．设置多行卡

插入 3 个"多行卡"视觉对象，将第一个"多行卡"视觉对象的字段分别设置为度量值"收入分析:收入完成率.当日"、"收入分析:收入完成率.近七日"；将第二个"多行卡"视觉对象的字段设置为度量值"收入分析:时间进度.本月"、"收入分析:业务进度.本月"、"收入分析:收入完成率.本月累计"、"收入分析:收入完成率.本月预计"；将第三个"多行卡"视觉对象的字段设置为度量值"收入分析:业务进度.本年"、"收入分析:业务进度.本年"、"收入分析:收入完成率.本年累计"。

3.7.3　创建收入完成情况预警 KPI

通过计算本日收入与目标收入的差异、全月预计收入与全月目标收入的差异，以及是否突破同期最高收入和最低收入等指标信息，并以特定的方式突出显示出来可以起到警示作用。

1．编写度量值

针对预警 KPI 还需要编写以下度量值。

1）本日销售收入

```
收入分析:销售收入.本日 =
VAR baseDate=[收入分析:预测基准日]
RETURN
CALCULATE([收入分析:销售收入],'D 日期表'[Date]=baseDate)
```

2）本月累计预算目标

```
收入分析:预算目标.本月累计 =
VAR baseDate=[收入分析:预测基准日]
RETURN
SUMX(
```

```
    FILTER(
        ALL('D日期表'),'D日期表'[Date]<=baseDate
        &&'D日期表'[Date]>=DATE(YEAR(baseDate),MONTH(baseDate),1)
    ),
    [收入分析:收入.预算目标.每日]
)
```

3）本月预计收入

```
收入分析:收入预测.本月 = SUMX(ALL('D日期表'[日]),[收入分析:收入预测.每日])
```

4）本月当前最高收入

```
收入分析:最高收入.本月 =
VAR baseDate=[收入分析:预测基准日]
RETURN
MAXX(
    FILTER(
        ALL('D日期表'),'D日期表'[Date]<=baseDate
        &&'D日期表'[Date]>=DATE(YEAR(baseDate),MONTH(baseDate),1)
    ),
    [收入分析:销售收入]
)
```

5）上年同月最高收入

```
收入分析:最高收入.上年同月 =
CALCULATE(
MAXX(SAMEPERIODLASTYEAR('D日期表'[Date]),[收入分析:销售收入]),ALL('D日期表'[日])
)
```

6）本月当前最低收入

```
收入分析:最低收入.本月 =
VAR baseDate=[收入分析:预测基准日]
RETURN
MINX(
    FILTER(
        ALL('D日期表'),'D日期表'[Date]<=baseDate
        &&'D日期表'[Date]>=DATE(YEAR(baseDate),MONTH(baseDate),1)
    ),
    [收入分析:销售收入]
)
```

7）上年同月最低收入

```
收入分析:最低收入.上年同月 =
CALCULATE(
MIXX(SAMEPERIODLASTYEAR('D日期表'[Date]),[收入分析:销售收入]),ALL('D日期表'[日])
)
```

2. 设置 KPI 视觉对象

（1）插入 5 个 KPI 视觉对象，将其"走向轴"字段均设置为"D 日期表"的"日"列，然后切换至"格式"属性面板，将"走向轴"设置为"关"，最后将"标题文本"分别设置为"本日收入"、"本月累计"、"本月预计"、"本月最高"和"本月最低"。

（2）将这 5 个 KPI 视觉对象的"指标"字段分别设置为度量值"收入分析:销售收入.本日"、"收入分析:收入.当月累计 AC"、"收入分析:收入预测.本月"、"收入分析:最高收入.本月"和"收入分析:最低收入.本月"，"目标值"字段分别设置为度量值"收入分析:收入.预算目标.本日"、"收入分析:收入.预算目标.本月累计"、"收入分析:预算目标.本月"、"收入分析:最高收入.上年同月"和"收入分析:最低收入.上年同月"，设置完成后的效果如图 3-86 所示。

本日收入	本月累计	本月预计	本月最高	本月最低
792,021 ✓	9,618,733 !	18,541,516 ✓	807,222 ✓	520,721 ✓
目标: 783,460 (+1.09%)	目标: 9,686,890 (-0.7%)	目标: 18,672,900 (-0.7%)	同期: 407,552 (+98.07%)	同期: 231,831 (+124.61%)

图 3-86 收入预警 KPI

提示：KPI 视觉对象目标（对比）值的标签默认为"目标"，可以在"格式"→"目标"属性面板中更改"标签"值。

第 4 章

创建库存分析报表

存货是指公司在日常生产经营过程中持有以备出售，或者将要消耗的材料或物料等。对于零售公司而言，存货主要指那些待售的商品，它是可以直接给公司带来收入的资产。存货管理水平会直接影响公司的运营效益，存货数量不宜过多，否则就会占用公司较多的流动资金，资金成本、存储管理成本、滞销减值风险也会较高；存货数量也不宜过少，否则就会影响公司正常的销售收入，可能会造成缺货。因此，存货管理的目标是寻找一个最佳的库存水平，实现公司收益最大化。对库存进行跟踪分析是发现现阶段库存是否正常，以及是否偏离库存管理目标的重要方法。大多数会计人员对库存的分析是在月末借助Excel 进行的，其受限于 Excel 的运行效率，不仅难以对库存进行动态跟踪分析，还很难及时发现存货管理问题。本章通过 Power BI 利用虚拟公司每月的库存数据创建动态库存分析报表。

第4章 创建库存分析报表

4.1 创建库存趋势分析报表

库存趋势分析主要是在总体上把握公司的库存变化规律和发展趋势，通过趋势分析可以发现库存变化是否与公司的营业规律一致，以及库存是否出现异常波动等。库存趋势分析主要涉及两个主要指标，即库存数量和库存金额。从价值属性来看，库存金额的重要性大于库存数量，本节主要采用库存金额指标创建库存趋势分析报表，其页面效果如图 4-1 所示。

图 4-1　库存趋势分析页面

4.1.1　数据导入与关系建立

虚拟公司有 4 个仓库，每月月初由公司统一采购商品，并将采购的商品运送至 4 个仓库中，目前，虚拟公司提供的数据并没有直接的库存数据，只有一张商品采购入库表。因此，要创建动态库存报表，需要利用销售订单表和商品采购入库表生成库存数据表。

1．导入商品采购入库表

在功能区中选择"主页"→"从 Microsoft Excel 工作簿导入数据"命令，在弹出的窗口中选择"商品采购入库表"文件所在的路径，单击"打开"按钮，在弹出的窗口中选择"商品采购入库表"工作表，然后导入，如图 4-2 所示。最后单击"加载"按钮即可完成导入，并将其重命名为"F 商品采购入库表"。

图 4-2 导入商品采购入库表

2. 计算库存数量

由于没有直接的库存数据，因此需要利用目前已经导入的商品采购入库表和销售订单表计算库存数量。库存数量的计算比较简单，直接使用累计采购数量减去累计销售数量就可以得到库存数量，但库存金额的计算比较复杂，因为库存金额与选择的存货计价方法有关，假设该虚拟公司采用全月一次加权平均法计算库存金额，为了便于理解，下面先介绍如何在 Excel 中实现。

如图 4-3 所示，Excel 表格展示了 4 个月的库存数量和库存金额的计算。1 月的期初库存为 0，因此期末库存单价就是本月采购入库的单价 12 元。2 月存在期初库存（即 1 月的期末库存），期末库存数量=期初数量 2+本月采购入库数量 4-销售出库数量 5=1（或累计采购入库数量 12-累计销售出库数量 11），当月加权平均单价=（期初库存金额 24.00+本月采购入库金额 52.00）/（期初库存数量 2+本月采购入库数量 4）=12.67。同理，3 月的加权平均单价=（期初库存金额 12.67+本月采购入库金额 150.00）/（期初库存数量 1+本月采购入库数量 10）=14.79。

月份	期初库存			采购入库			销售出库			期末库存		
	数量	单价	金额	数量	单价	金额	数量	单价	金额	数量	单价	金额
1				8	12.00	96.00	6	12.00	72.00	2	12.00	24.00
2	2	12.00	24.00	4	13.00	52.00	5	12.67	63.35	1	12.67	12.67
3	1	12.67	12.67	10	15.00	150.00	6	14.79	88.74	5	14.79	73.95
4	5	14.79	73.95	7	17.00	119.00	7	16.08	112.56	5	16.08	80.40

图 4-3 用 Excel 计算库存示例

上述计算逻辑在 Excel 中很容易实现，而且也不难理解，但是由于 Power BI 是基于整列运算的，因此实现在 Excel 中引用本列上一行的值计算本行的值比较复杂。相对于 DAX 表达式而言，Power Query 中的 M 表达式支持递归运算，使用 M 表达式计算库存单价相对容易，因此，本章对库存单价的计算使用 M 表达式来实现，具体步骤如下。

（1）生成月度销售出库表。"F 销售订单表"记录了每天的销售出库信息，由于存货计价采用全月一次加权平均法，只需要月度出库记录，因此需要将日销售订单表转换为月度销售出库表。

- 在 Power Query 编辑器左侧的"查询"窗口中，右击"F 销售订单表"，在弹出的菜单中选择"引用"命令，并将新生成的查询重命名为"月度销售出库"。
- 选中"订单时间"列、"产品 ID"列和"数量"列后，在功能区中选择"主页"→"删除列"→"删除其他列"命令，如图 4-4 所示。

图 4-4　删除其他列

- 选中"订单时间"列，然后在功能区中单击"添加列"→"日期"下拉按钮，依次选择"年"命令和"月"命令，插入"年"列和"月份"列，如图 4-5 所示。

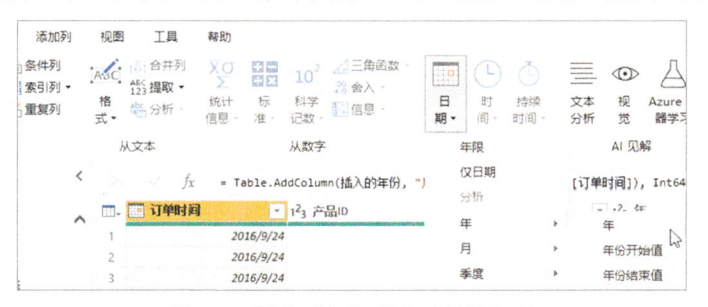

图 4-5　插入"年"列和"月份"列

- 在功能区中单击"转换"→"分组依据"按钮，然后按照如图 4-6 所示设置分组参数，设置完成后即可生成月度销售出库表。

（2）生成月度采购入库表。和月度销售出库表一样，需要生成与之对应的月度入库表，虽然每月只有一次采购入库，但由于有 4 个仓库，并且是统一采购，因此存货计价应将 4 个仓库的库存合并计算，其步骤与生成月度销售出库表类似。

- 在 Power Query 编辑器左侧的"查询"窗口中，右击"F 商品采购入库表"，在弹出的菜单中选择"引用"命令，并将新生成的查询重命名为"F 月度存货变动信息表"。

- 选中"入库日期"列，参照月度销售出库表生成"月份"列和"年"列的方法，插入"月份"列和"年"列。
- 在功能区中单击"转换"→"分组依据"按钮，然后按照如图 4-7 所示设置分组参数。

图 4-6　设置月度销售出库表的分组参数

图 4-7　设置月度采购入库表的分组参数

（3）合并查询。将新生成的"F月度存货变动信息表"与"月度销售出库"合并，将出库记录和入库记录合并生成一张表，以便后续计算库存单价。

- 选中"F月度存货变动信息表"，单击功能区中的"主页"→"合并查询"按钮，按照如图 4-8①所示设置合并参数。

图 4-8 设置合并参数

注意：将"连接种类"设置为"完全外部"，这是因为某月某种商品可能只有入库记录，没有出库记录，也可能只有出库记录，而没有入库记录；另外，由于这里匹配列有 3 列，在选择匹配列时，需要注意两个表的选定列的顺序要一致，即在"F月度存货变动信息表"中依次单击"年"列、"月份"列和"产品ID"列，在"月度销售出库"中依次单击"年"列、"月份"列和"产品ID"列。

- 如图 4-9 所示，将月度销售出库表中的列展开。
- 由于将"连接种类"设置成"完全外部"，因此需要手动生成 3 列，将合并前 2 个表中的匹配列包含进来。在功能区中单击"添加列"→"条件列"按钮，输入相关参数，生成"年.合并"列，如图 4-10 所示。按照同样的方法，新增"月份.合并"列和"产品 ID.合并"列。

---

① 图中"联接种类"的正确写法应为"连接种类"。

图 4-9　展开月度销售出库表中的列

图 4-10　添加条件列

（4）计算存货单价。

- 保留 "F 月度存货变动信息表"中的"采购入库数量"列、"采购入库单价"列、"采购入库金额"列、"月度销售出库.销售出库数量"列、"年.合并"列、"月份.合并"列和"产品 ID.合并"列,将其他列删除,然后将"月度销售出库.销售出库数量"列重命名为"销售出库数量"列。
- 将"年.合并"列与"月份.合并"列按升序排序,然后选中"采购入库数量"列、"采购入库单价"列、"采购入库金额"列和"销售出库数量"列,在功能区中单击"转换"→"替换值"按钮,将"null"替换为"0"。
- 在功能区中单击"视图"→"高级编辑器"按钮,打开"高级编辑器"窗口,将"替换的值"步骤后面自动生成的 M 代码删除,并在"替换的值"步骤末尾增加 ",",输入如图 4-11 所示的 M 代码后,单击"完成"按钮。

提示:FX 为计算期末存货数量的自定义函数,该函数有 2 个参数,T 为要计算的表,index 为行索引,当表 T 按时间排序后,行索引实际上也是时间序列。GX 为计算当期存货单位成本的自定义函数,其参数与 FX 相同。

```
FX = (T,index)=>
if index=0 then T{index}[采购入库数量]-T{index}[销售出库数量]
```
//当index=0时为第一行，期末存货数量等于当前采购入库数量减去销售出库数量
```
    else T{index}[采购入库数量]-T{index}[销售出库数量]+
@FX(T,index-1)
```
　　　//当index不为0时，期末存货数量等于当前采购入库数量减去销售出库数量加上期初存货数量（即上期期末index-1期存货数量）
```
GX = (T,index)=>
if index=0 then T{index}[采购入库单价]
```
//当index=0时为第一行，由于没有期初存货，因此期末存货单价等于当前采购入库单价
```
    else (T{index}[采购入库金额]+@GX(T,index-1)*T{index-1}[期末库存数量])/(T{index}[采购入库数量]+T{index-1}[期末库存数量])
```
　　　//当index不为0时，期末存货单价等于当前采购入库金额与期初库存金额（index-1期库存单价*期末库存数量）之和，除以当前采购入库数量与期初库存数量（index-1期库存数量）之和。

图4-11　使用M代码计算库存单价

　　使用Table.Group，在"替换的值"步骤后，以"产品ID.合并"列为基础，分组调用FX、GX自定义函数计算存货数量和单价，分组后每行（每个产品ID）返回一张表，

该表是在"替换的值"步骤后新增了 3 列，分别为"索引"列、"期末库存数量"列和"当期存货平均单位成本"列。

- 展开"分组表"列。将新生成的"分组表"列展开（不要勾选"使用原始列名作为前缀"复选框，如图 4-12 所示）。
- 在功能区中单击"添加列"→"自定义列"按钮，然后在弹出的"自定义列"窗口中输入自定义列公式"=[年.合并]*100+[月份.合并]"，并将该自定义列命名为"年月"。
- 更改数据类型。为后续创建的模型输入正确的数据类型，可以在 Power Query 编辑器中选中本查询生成的所有列，然后将其更改为"小数"。
- 在功能区中单击"主页"→"关闭并应用"按钮，退出 Power Query 编辑器，相关查询表将加载至模型中。

图 4-12　展开"分组表"列

3. 建立关系

切换至"模型"视图，在窗口下方单击"+"按钮，新建布局，并将其命名为"库存分析"，然后在右侧的"字段"窗口中将"D 产品表"、"D 日期表"、"D 城市表"、"F 月度存货变动信息表"、"F 商品采购入库表"和"F 销售订单表"用鼠标拖至画布中。

将"D 产品表"与"F 月度存货变动信息表"、"F 商品采购入库表"和"F 销售订单表"通过"产品 ID"列建立一对多关系；将"D 日期表"通过"Date"列分别与"F 商品采购入库表"的"入库日期"列和"F 销售订单表"的"订单时间"列建立一对多关系；将"D 城市表"通过"城市 ID"列与"F 销售订单表"建立一对多关系。设置完成后，最终的库存分析关系模型如图 4-13 所示。

第 4 章
创建库存分析报表

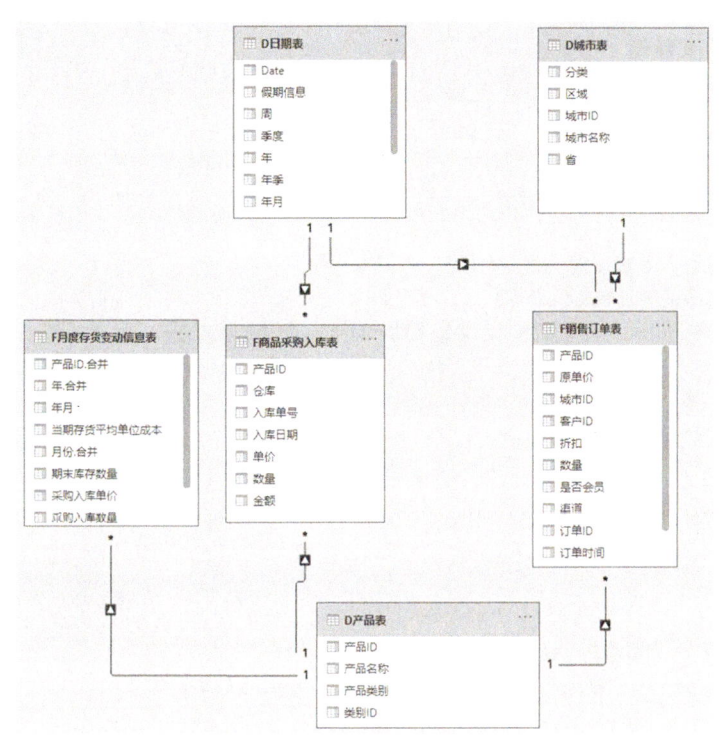

图 4-13 库存分析关系模型

4.1.2 创建库存金额与销售收入的变化趋势图

在一般情况下，销售与库存高度相关，销售收入增长，库存也会随之增长，如果销售收入的变化趋势与库存的变化趋势发生背离，则很可能是一种异常情况，除非是人为调整销售或供货策略导致的。例如，销售收入增长，库存不断下降，意味着缺货风险加大，未来销售收入增长可能会减缓；销售收入下降，库存不断增长，库存滞销风险就会加大。

1. 设置筛选条件

新建一页，命名为"库存分析-趋势分析"，然后将"D 日期表"的"Date"列、"D 城市表"的"区域"列、"D 产品表"的"产品类别"列及"金额单位表"的"单位"列用视觉对象切片器展示出来。设置的视觉对象切片器如图 4-14 所示。

图 4-14 设置的视觉对象切片器

2. 编写度量值

1）入库数量

```
库存分析:入库数量 =
CALCULATE(
    SUM('F商品采购入库表'[数量]),
    TREATAS(
        VALUES('D城市表'[区域]),
        'F商品采购入库表'[仓库]
    ) //使用TREATAS函数将"F商品采购入库表"与"D城市表"通过"仓库/区域"建立虚拟关系
)
```

2）库存数量

计算截止日的库存数量，可以使用累计入库数量减去累计销售出库数量得到：

```
库存分析:库存数量 =
VAR endDate=MAX('D日期表'[Date])
RETURN
CALCULATE(
    [库存分析:入库数量]-[收入分析:销售数量],
    FILTER(ALL('D日期表'),'D日期表'[Date]<=endDate)
)
```

3）平均单位成本

在Power Query编辑器中，已经通过M代码计算了平均单位成本，再使用简单的DAX表达式就能构造单位成本的度量值。但需要注意的是，由于"F月度存货变动信息表"是基于"F销售订单表"和"F商品采购入库表"生成的，如果某一产品在某月既没有采购入库记录也没有销售出库记录，那么就会返回空值，因此，需要借助LASTNONBLANKVALUE函数返回最近一次库存变动后的单价成本，DAX表达式如下：

```
库存分析:平均单位成本 =
VAR enDate=MAX('D日期表'[Date])
RETURN
CALCULATE(
    LASTNONBLANKVALUE(
        'D日期表'[年月],
        CALCULATE(
            DIVIDE(
                SUM('F月度存货变动信息表'[当期存货平均单位成本]),
                MAX('金额单位表'[倍数])
            ) //转换成元或万元显示
        ),
        TREATAS(VALUES('D日期表'[年月]),'F月度存货变动信息表'[年月])
    ) //与"D日期表"的"年月"列关联
)
```

```
),//使用 LASTNONBLANKVALUE 函数返回最近一次有库存变化（采购或销售）记录的单位成本
    FILTER(ALL('D 日期表'),'D 日期表'[Date]<=enDate)
)//控制 LASTNONBLANKVALUE 函数日期查找范围：当前日期及以前
```

4）库存金额

```
库存分析:库存金额 = SUMX('D 产品表',[库存分析:库存数量]*[库存分析:平均单位成本])
```

3. 设置趋势图

（1）插入"折线和簇状柱形图"视觉对象，将其"共享轴"字段设置为"D 日期表"的"年"列和"月"列，"列值"字段设置为度量值"库存分析:库存金额"，"行值"字段设置为度量值"收入分析:销售收入"。

（2）单击该视觉对象右上方的"展开层次结构中的所有下移级别"按钮，并将排序方式设置为"年 月"，按升序排序。

（3）关闭"X 轴"→"连接标签"属性。在该视觉对象的"格式"属性面板中，将"X 轴"→"连接标签"属性关闭。设置完成后的效果如图 4-15 所示。

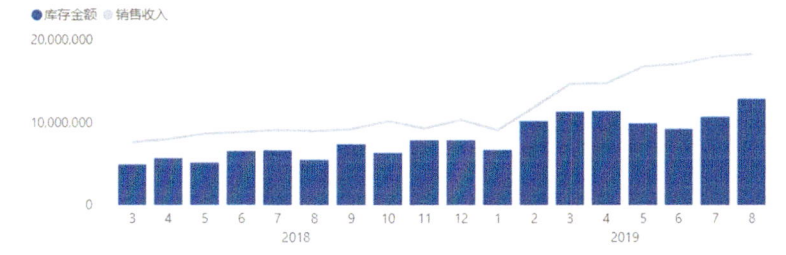

图 4-15　库存金额与销售收入的变化趋势图

4.1.3　创建入库金额与出库金额的变化趋势图

类似于库存金额与销售收入的关系，在一定时间内，入库金额与出库金额应当保持动态平衡，通过分析入库金额与出库金额的变化趋势，可以了解公司的采购计划是否合理，是否能动态满足公司的业务需求，以及是否需要变更采购策略等。

1. 编写度量值

1）入库金额

```
库存分析:入库金额 =
CALCULATE(
    DIVIDE(SUM('F 商品采购入库表'[金额]),MAX('金额单位表'[倍数])),
    TREATAS(VALUES('D 城市表'[区域]),'F 商品采购入库表'[仓库])
)
```

2）销售成本（出库金额）

```
库存分析:销售成本(出库金额) =
SUMX(
    GENERATE(
        VALUES('D产品表'[产品ID]),
        VALUES('D日期表'[年月])
    ),//由于各月的单位成本可能不同,因此使用GENERATE函数生成"产品ID"与"年月"所有组合
    [收入分析:销售数量]*[库存分析:平均单位成本]
)
```

2．设置趋势图

（1）插入"簇状柱形图"视觉对象，将其"轴"字段设置为"D日期表"的"年"列、"月"列，"值"字段设置为度量值"库存分析:入库金额"和"库存分析:销售成本（出库金额）"。

（2）单击该视觉对象右上方的"展开层次结构中的所有下移级别"按钮，并将排序方式设置为"年 月"，按升序排序。

（3）关闭"X轴"→"连接标签"属性。在该视觉对象的"格式"属性面板中，将"X轴"→"连接标签"属性关闭。设置完成后的效果如图4-16所示。

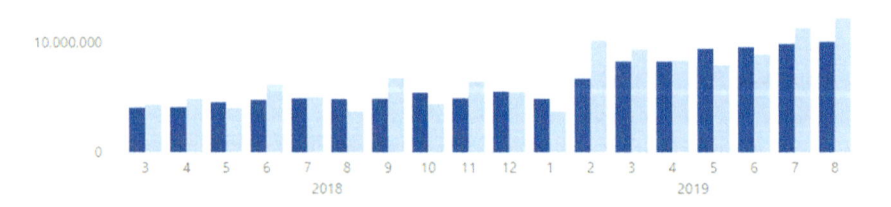

图4-16 出库金额与入库金额的变化趋势图

4.1.4 创建各区库存金额的变化趋势图

由于虚拟公司设有4个仓库，可以将库存金额在各仓库的分布情况及变化趋势呈现出来，让报表使用人可以从总体上把握各仓库的库存金额情况。

（1）插入"功能区图表"视觉对象，将其"轴"字段设置为"D日期表"的"年"列、"月"列，"值"字段设置为度量值"库存分析:库存金额"，"图例"字段设置为"D城市表"的"区域"列。

（2）单击该视觉对象右上方的"展开层次结构中的所有下移级别"按钮，并将排

序方式设置为"年 月",按升序排序。

(3)关闭"X轴"→"连接标签"属性。在该视觉对象的"格式"属性面板中,将"X轴"→"连接标签"属性关闭。设置完成后的效果如图4-17所示。

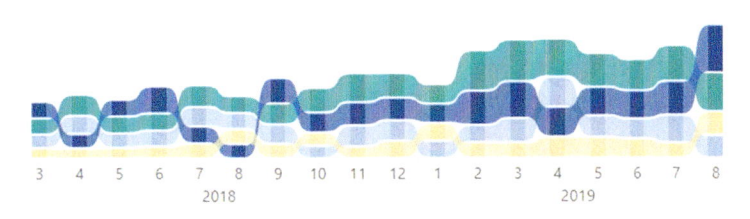

图4-17 各区库存金额的变化趋势图

4.1.5 创建存货周转天数的变化趋势图

存货周转天数是指企业从取得商品到销售为止所经历的天数,周转天数越少,说明公司库存商品变现速度越快,占用资金时间也就越短,存货管理工作的效率越高。存货周转天数也是财务人员进行财务分析时常用于反映公司运营效率的一个指标,该指标一般使用一定时期内销售成本与平均存货之间的比例关系计算得到,由于财务报表中的成本项目是一个综合科目(可能包括其他非存货成本),并且财务报表的最小编制期间是一个月(一个月内每天变化可能较大),因此直接用财务报表项目的数据计算该指标的结果并不准确。使用Power BI,从业务数据出发,存货周转天数的计算更加准确、及时。

1. 编写度量值

1)存货周转率(次)

存货周转率,即销售成本除以平均库存金额,如果使用DAX表达式,则可以采用日库存金额来计算该指标,从而避免库存日波动较大的影响,这样计算结果更加准确:

```
库存分析:存货周转率(次) = 
DIVIDE(
    [库存分析:销售成本(出库金额)],
    AVERAGEX(
        'D日期表',[库存分析:库存金额]
    )//计算平均日库存金额
)
```

2)存货周转天数

```
库存分析:存货周转天数 = 
DIVIDE(
```

```
COUNTROWS('D日期表'),     //计算总天数
[库存分析:存货周转率(次)]
)
```

2. 设置趋势图

（1）插入"分区图"视觉对象，将其"轴"字段设置为"D日期表"的"年"列、"月"列，"值"字段设置为度量值"库存分析:存货周转天数"。

（2）单击该视觉对象右上方的"展开层次结构中的所有下移级别"按钮，并将排序方式设置为"年 月"，按升序排序。

（3）关闭"X轴"→"连接标签"属性。在该视觉对象的"格式"属性面板中，将"X轴"→"连接标签"属性关闭。设置完成后的效果如图4-18所示。

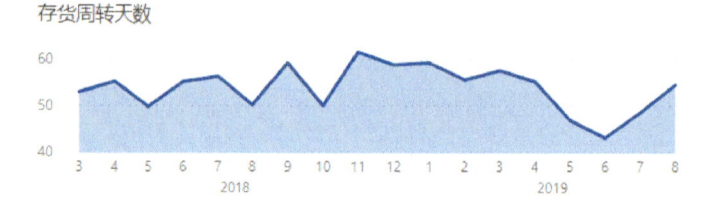

图4-18 存货周转天数的变化趋势图

4.1.6 创建月度库存变动明细表

可以使用矩阵将每月各产品的入库数量及金额、出库数量及金额和库存数量及金额等指标展示出来，它是趋势图的补充，可以向报表使用人提供库存变动信息。

插入"矩阵"视觉对象，将其"行"字段设置为"D日期表"的"年月"列和"D产品表"的"产品名称"列，"值"字段设置为度量值"库存分析:入库数量"、"库存分析:入库金额"、"收入分析:销售数量"、"库存分析:销售成本（出库金额）"、"库存分析:库存数量"和"库存分析:库存金额"，然后设置合适的颜色、样式及"值"字段数据条格式，效果如图4-19所示。

年月	入库数量	入库金额	出库数量	出库金额	库存数量	库存金额
⊟ 201803	18,200	4,396,809	16,577	4,110,548	23,439	4,960,636
Polo衫	36	4,104	32	4,006	331	41,441
T恤	20	2,900	43	6,893	273	43,765
半裙	22	3,256	43	5,686	271	35,835
背包	309	57,474	609	119,678	329	64,599
总计	494,569	124,365,499	464,239	116,157,896	52,146	12,882,079

图4-19 库存变动明细表

4.2 创建库存结构分析报表

库存结构是指库存由哪些类别、哪些规格的商品组成。科学合理地安排库存结构，对公司的销售增长和运营效率十分重要。库存结构分析是指分析期末库存中各类商品的占比，在了解库存商品结构的基础上，判断有无脱销或积压的商品。本节主要采用库存金额和库存数量这 2 个指标对库存结构进行分析。库存结构分析页面如图 4-20 所示。

图 4-20　库存结构分析页面

4.2.1　创建期末库存金额结构图

库存金额结构图，即用图表将各类商品的库存金额呈现出来，让报表使用人对库存金额在各类商品中的分布情况有一个总体把握。结构图一般使用环形图或饼图来展示，但是如果要展示的商品类别较多，那么使用树状图是最佳选择。

1．设置筛选条件

复制 "库存分析-趋势分析" 页面，并将复制生成的页面重命名为 "库存分析-结构分析"，删除与该页面无关的视觉对象，仅保留视觉对象切片器。

2．设置结构图

（1）插入 "树状图" 视觉对象，将其 "组" 字段设置为 "D 产品表" 的 "产品类别" 列，"详细信息" 字段设置为 "D 产品表" 的 "产品名称" 列，"值" 字段设置为度量值 "库存分析:库存金额"。

（2）在该视觉对象的"格式"属性面板中，将"数据标签"→"显示单位"属性设置为"无"。设置完成后的效果如图 4-21 所示。

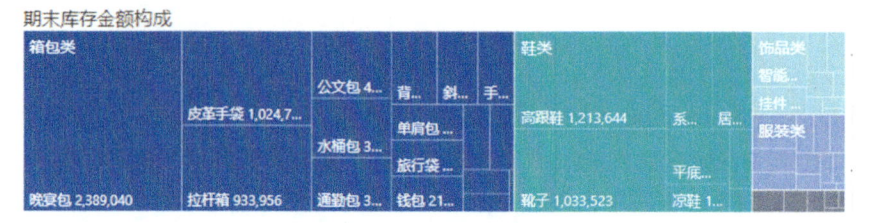

图 4-21　期末库存金额构成

4.2.2　创建各月库存金额结构图

期末库存金额结构图大概呈现了某一时点的库存金额在各库存商品上的分布情况，但是无法提供库存金额结构在不同时间的变化情况，为了弥补这一缺陷，可以增加一个维度，使用堆积柱形图呈现结构变化，具体步骤如下。

（1）插入"堆积柱形图"视觉对象，将其"轴"字段设置为"D 日期表"的"年"列、"月"列，"值"字段设置为度量值"库存分析:库存金额"，"图例"字段设置为"D 产品表"的"产品类别"列。

（2）单击该视觉对象右上方的"展开层次结构中的所有下移级别"按钮，并将排序方式设置为"年 月"，按升序排序。

（3）关闭"X 轴"→"连接标签"属性。在该视觉对象的"格式"属性面板中，将"X 轴"→"连接标签"属性关闭。设置完成后的效果如图 4-22 所示。

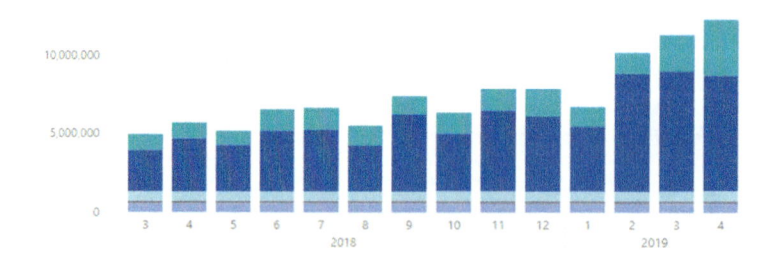

图 4-22　各月库存金额结构

4.2.3　创建库销对比分析图

库存结构分析的一个重要目的就是判断目前的库存结构是否合理，是否与公司的经营目标一致。前面的结构图虽然给出了具体的金额结构，但不能直接确定现有的结构是否合理，判断库存结构是否合理的一个重要依据就是与销售情况进行比较，原则上销售数量大的商品，库存应该相对较多，反之亦然。下面使用库存数量占比与销售数量占比这2个指标来分析库存结构是否合理。

1．编写度量值

1）库存数量占比

```
库存分析:库存数量占比 =
DIVIDE(
    [库存分析:库存数量],
    CALCULATE([库存分析:库存数量],ALL('D产品表'))   //所有商品的库存数量
)
```

2）销售数量占比

```
库存分析:销售数量占比 =
DIVIDE(
    [收入分析:销售数量],
    CALCULATE([收入分析:销售数量],ALL('D产品表'))   //所有商品的销售数量
)
```

3）库销数量占比差异

库销数量占比差异是指销售数量占比与库存数量占比之差。库销数量占比差异大于0表示销售数量大于库存数量，可以适当增加库存；反之，则要适当减少库存，以防存货积压。该指标的DAX表示式如下：

```
库存分析:库销数量占比偏差 = [库存分析:销售数量占比]-[库存分析:库存数量占比]
```

2．设置对比分析图

（1）插入"散点图"视觉对象，将其"详细信息"字段设置为"D产品表"的"产品类型"列和"产品名称"列，以及"D城市表"的"区域"列，"X轴"字段设置为度量值"库存分析:库存数量占比"，"Y轴"字段设置为度量值"库存分析:销售数量占比"。

（2）开启类别标签。在该视觉对象的"格式"属性面板中，将"类别标签"属性设置为"开"。

（3）设置数据颜色。展开该视觉对象的"格式"→"数据颜色"属性面板，单击"默认颜色"下方的"*fx*"按钮（见图4-23），然后在弹出的窗口中，将"格式模式"设置为"规则"，"依据为字段"设置为度量值"库存分析.库销数量占比偏差"，然后将"规则"设置为数字小于0则为红色，如图4-24所示。

（4）设置形状大小。展开该视觉对象的"格式"→"形状"属性面板后，可以选择

合适的"标记形状",设置合适的"大小"。

图 4-23　单击"*fx*"按钮　　　　　图 4-24　设置数据颜色

设置完成后,该视觉对象在默认情况下显示了各类别商品销售数量占比与库存数量占比的关系,并将库存数量占比大于销售数量占比的商品类别用红色显示,提醒减少该类商品的库存,效果如图 4-25 所示。

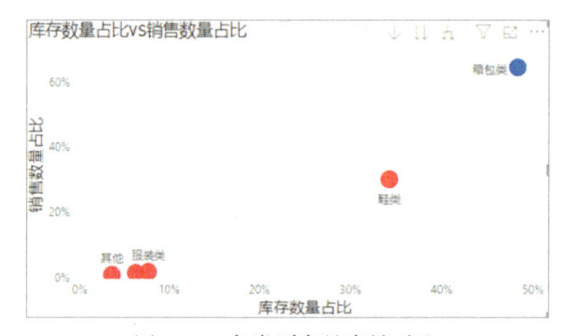

图 4-25　各类别商品库销对比

由于"详细字段"设置了 3 个,因此该视觉对象支持向下钻取,单击该视觉对象右上方的"↓"按钮,启用"向下钻取"功能后,单击任一数据点即可查看下一级项目数据的具体构成情况。例如,单击"箱包类"数据点可以看到箱包类商品的库销对比情况(见图 4-26)。

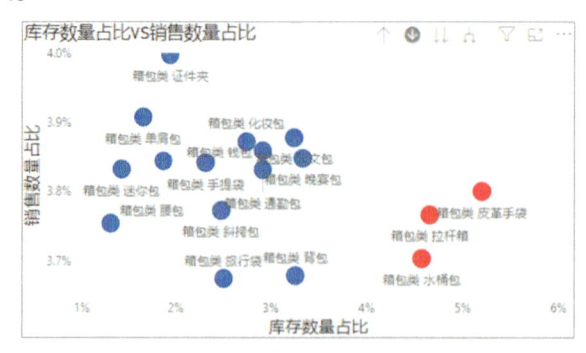

图 4-26　箱包类商品的库销对比情况

4.2.4 创建库存数量（金额）排名图表

为了让报表使用人更直观地了解库存商品的库存数量或库存金额排名情况，抓住主要矛盾，有必要使用排名图表将各类库存商品的数量及库存金额呈现出来，操作步骤如下。

（1）插入"簇状条形图"视觉对象，将其"轴"字段设置为"D 产品表"的"产品名称"列，"值"字段设置为度量值"库存分析:库存数量"。

（2）设置数据颜色。可以将库存数量占比大于销售数量占比的商品类别用红色显示，设置方法可参考 4.2.3 节中散点图数据颜色的设置。

（3）设置显示前 10 名商品。由于商品种类较多，为了突出重点，可以设置只显示排名为前 10 名的商品。展开右侧的"筛选器"窗口，按照如图 4-27 所示设置该视觉对象的筛选器参数。

（4）开启数据标签。将该视觉对象的"格式"→"数据标签"属性设置为"开"，"数据标签"→"显示单位"属性设置为"无"。

（5）将该视觉对象复制一份，然后将其筛选器中的度量值和"值"字段更改为"库存分析:库存金额"。设置完成后的效果如图 4-28 所示。

图 4-27　设置显示排名为前 10 名的项目

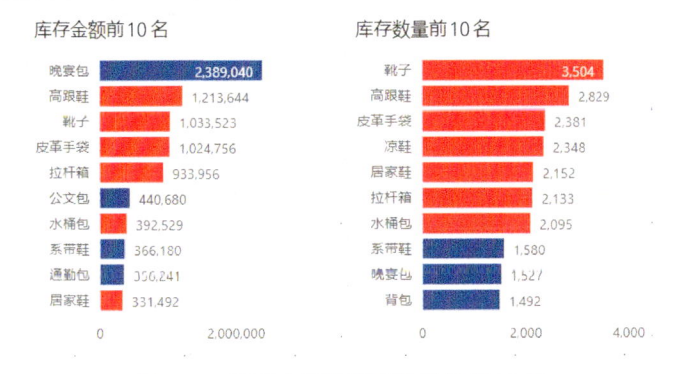

图 4-28　库存金额和库存数量的前 10 名

4.3　创建库龄分析报表

库龄是某个时间点某类库存商品在仓库中的存放时间的加权平均值，一般而言，库存周转率越高,库龄就越低,但是二者又不完全相同,如平均库存相同,但入库时间存在差异,库龄计算结果就可能存在较大差异。因此,相对于库存周转率而言,库龄是一个更精确的存货管理指标。库龄分析是发现库存积压,找出滞销商品,降低无效库存,以及减少资金占用的重要手段。此外,库龄分析也是计提存货跌价损失的重要依据。

库龄的计算原理比较简单,其计算公式为库龄=$\sum$(某批商品剩余入库数量×某批商品入库时间/期末统计时点库存数量)。例如,假设期初库存为0,1月10日入库数量为5,1月20日入库数量为10,1月30日入库数量为8,月末(1月31日)库存数量为15,依据"先进先出"的原则(需要注意的是,库龄计算的先进先出是指依据库存数量倒挤,并不是指存货的计价方式先进先出法),从最近一次入库时间开始倒推满15为止,即8(1月30日)+7(1月20日)=15,故库龄=8/15×1+7/15×11≈5.66(天)。

从上面的示例可以看出,虽然计算原理简单,但如果用 Excel 计算还是比较困难的。如果使用 Power BI 不仅计算库龄比较容易,还能将库龄的计算结果动态地呈现出来,其分析页面如图 4-29 所示。

图 4-29 库龄分析页面

4.3.1 创建库龄总体分析图表

库龄分析的首要任务是从总体上了解商品的库龄分布情况,如库龄为 0~30 天和 30~60 天的商品各占用多少资金,要计提多少跌价准备等。因此,库龄的总体分析至少要包括库龄分类、预计减值损失率、库存金额、预计减值损失等信息。

1．设置筛选条件

复制"库存分析-趋势分析"页面,并将复制生成的页面重命名为"库存分析-库龄分析",删除与该页面无关的视觉对象,仅保留视觉对象切片器。

2．录入辅助表

在功能区中单击"主页"→"输入数据"按钮,参照如图 4-30 所示的内容录入相关数据,并将该新建表命名为"库龄分类辅助表",最后单击"加载"按钮完成加载。

分类序号	库龄分类	最小值	最大值	预计减值损失率
1	0-30天	0	30	0
2	30-60天	30	60	0.01
3	60-90天	60	90	0.05
4	90天以上	90	99999	0.1

图 4-30 库龄分类辅助表

3．编写度量值

1)平均库龄天数

库龄分析的难点在于如何计算库龄,因此编写平均库龄天数这个度量值是本节的核心内容,其 DAX 表达式如下:

```
库存分析:平均库龄天数 =
VAR CumulativeSell =[库存分析:累计销售数量]  //期末累计销售数量
VAR CumulativeBuy = [库存分析:累计入库数量]  //期末累计入库数量
VAR curStock=[库存分析:库存数量]
VAR curDate=MAX('D日期表'[Date])
VAR FilterTable =
    FILTER(
        ALL('D日期表'[Date]),
        [库存分析:累计入库数量]>CumulativeSell
        &&'D日期表'[Date]<=curDate
    ) //筛选出当前日期之前累计入库数量大于期末累计销售数量的日期序列
VAR FIFOTable=
    ADDCOLUMNS(
        FilterTable,
        "剩余数量",//计算期末剩余数量在每批入库时间上的分布
        VAR theGap=[库存分析:累计入库数量]-CumulativeSell
        //计算所筛选出的日期序列中累计入库数量与期末累计销售数量的差额
        RETURN
        MIN(theGap,[库存分析:入库数量]),
```

```
        //如果某日差额小于当日入库数量,则该差额就是当日销售后的剩余数量,之后再入
库,差额将会大于当日入库,且当日入库会全部形成期末库存,故取差额与入库数量两者最小值
        "天数",DATEDIFF('D日期表'[Date],curdate,DAY)
        //计算每批次入库距离期末的天数
    )
RETURN
SUMX(FIFOTable,[剩余数量]/curStock*[天数])
//迭代计算加权平均库龄
```

其中期末累计销售数量的 **DAX** 表达式:

```
库存分析:累计销售数量=
VAR curdate=MAX('D日期表'[Date])
RETURN
CALCULATE(
    [收入分析:销售数量],FILTER(ALL('D日期表'),'D日期表'[Date]<=curdate)
)
```

其中期末累计入库数量的 **DAX** 表达式:

```
库存分析:累计入库数量 =
VAR  curdate=MAX('D日期表'[Date])
RETURN
CALCULATE(
    [库存分析:入库数量],FILTER(ALL('D日期表'),'D日期表'[Date]<=curdate)
)
```

2)按库龄分类计算库存金额.

```
库存分析:库存金额.按库龄 =
CALCULATE(
    [库存分析:库存金额],
    FILTER(
        'D产品表',
        [库存分析:平均库龄天数]>=MIN('库龄分类辅助表'[最小值])
        &&[库存分析:平均库龄天数]<MAX('库龄分类辅助表'[最大值])
    )
)
+0  //当库存金额为空时,强制转换成 0 显示
```

3)预计存货减值损失

```
库存分析:存货预计减值损失 =
SUMX('库龄分类辅助表','库龄分类辅助表'[预计减值损失率]*[库存分析:库存金额.按库龄])
```

4.设置分析图表

插入"表"视觉对象,然后将其"值"字段设置为"库龄分类辅助表"的"库龄分类"列和"预计减值损失率"列,以及度量值"库存分析:库存金额.按库龄"和"库存

分析:存货预计减值损失"。设置完成后的库龄分类分析表如图 4-31 所示。

库龄分类	预计减值损失率	库存金额	预计减值损失
0-30天	0.00%	0	0
30-60天	1.00%	11,426,425	114,264
60-90天	5.00%	1,180,052	59,003
90天以上	10.00%	275,602	27,560
总计		12,882,079	200,827

图 4-31　库龄分类分析表

4.3.2　创建库龄分布趋势图

库龄分布趋势图可以将库龄的分布情况按月呈现出来，它可以动态反映库龄的变化情况，如随着时间的推移，库龄较大的金额是越来越小，还是越来越大等。库龄分布趋势图的创建十分简单，不需要另外编写度量值，使用 4.3.1 节创建的度量值即可，操作步骤如下。

（1）插入"分区图"视觉对象，将其"轴"字段设置为"D 日期表"的"年"列、"月"列，"值"字段设置为度量值"库存分析:库存金额.按库龄"，"图例"字段设置为"库龄分类辅助表"的"库龄分类"列。

（2）单击该视觉对象右上方的"展开层次结构中的所有下移级别"按钮，并将排序方式设置为"年 月"，按升序排序。

（3）关闭"X 轴"→"连接标签"属性。在该视觉对象的"格式"属性面板中，将"X 轴"→"连接标签"属性关闭。设置完成后的效果如图 4-32 所示。

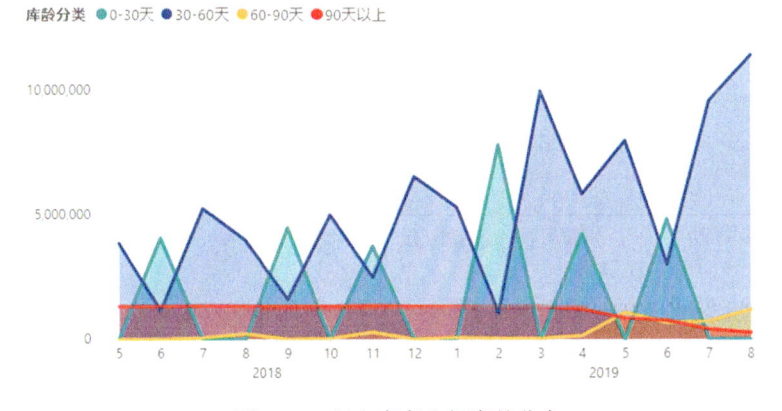

图 4-32　月末库存金额库龄分布

4.3.3 创建各商品库龄与库存金额分布图

库龄较长的商品一般是重点关注对象，但有时库龄较长的商品较多，根据重要性原则，应当首先关注那些价值较高的商品，库存管理的方向也就是把那些价值较高的商品的库龄缩短，减少存货资金占用，并降低滞销减值风险。

（1）插入"散点图"视觉对象，将其"详细信息"字段设置为"D 产品表"的"产品名称"列，"X 轴"字段设置为度量值"库存分析:平均库龄天数"，"Y 轴"字段设置为度量值"库存分析:库存金额"。

（2）开启类别标签。在该视觉对象的"格式"属性面板中，将"类别标签"属性设置为"开"。

（3）设置平均值线。在该视觉对象的"分析"属性面板中，将度量值"库存分析:平均库龄天数"和"库存分析:库存金额"添加到"平均值线"，同时将其显示名称分别重命名为"平均库龄"和"平均库存金额"如图 4-33 所示。

通过以上设置，期末库龄与库存金额分布图创建完成，其效果如图 4-34 所示。

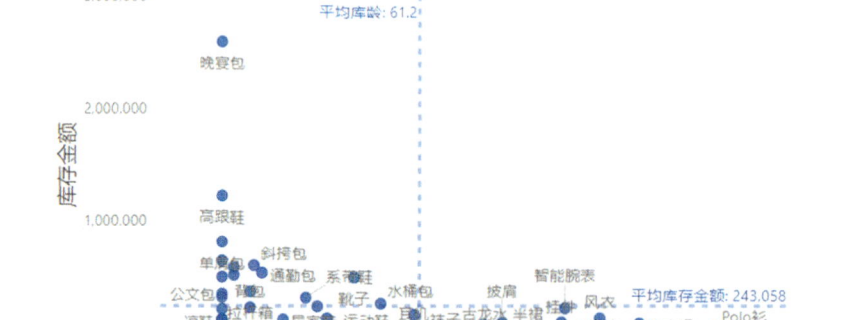

图 4-33 设置"平均值线"

图 4-34 期末库龄与库存金额分布图

4.3.4 创建各商品库龄分布明细表

为了方便报表使用人直接查看某种商品的库龄分布情况，可以创建一个明细表将各类商品的库龄分布呈现出来，操作步骤如下。

（1）插入"矩阵"视觉对象，将其"行"字段设置为"D产品表"的"产品名称"列，"列"字段设置为"库龄分类辅助表"的"库龄分类"列，"值"字段设置为度量值"库存分析:库存金额.按库龄"。

（2）关闭"行小计"和"列小计"属性。由于在总体分析图表中有各类库龄的库存金额汇总数，因此不用在明细表中重复显示。在该视觉对象的"格式"属性面板中，将"小计"属性中的"行小计"和"列小计"设置为"关"。

（3）选择合适的矩阵样式，并将"值"字段设置为"条件格式"→"数据条"显示，效果如图4-35所示。

产品名称	0-30天	30-60天	60-90天	90天以上
Polo衫	0	0	0	38,665
T恤	0	0	0	38,123
半裙	0	0	28,005	0
背包	0	229,387	0	0
单肩包	0	814,282	0	0
耳机	0	0	20,540	0
风衣	0	0	132,504	0
高跟鞋	0	1,225,107	0	0
公文包	0	501,669	0	0

图4-35 商品库龄分布明细表

第 5 章

创建应收账款分析报表

应收账款是公司赊销产品产生的,它是企业的债权,能否收回存在不确定性,不能收回的应收账款就是公司的利润损失。一般来说,零售业主要采用现销模式,很少产生应收账款。但是,随着竞争日趋激烈,为了扩大销售区域并占领市场,零售业也会采用赊销的方法,假设本书案例中的虚拟公司为了占领市场对销售代理商给予了一定的商业信用,从而产生对销售代理商的应收账款。

与存货一样,应收账款也是资产负债表中的项目,使用 Excel 对应收账款进行分析通常是在月末或某个时点进行的,很难对应收账款进行动态分析,因此,很难及时发现应收账款的异常变化。本章使用 Power BI 利用虚拟公司的应收表和实收表台账数据创建动态应收账款分析报表。

第5章 创建应收账款分析报表

5.1 创建应收账款余额分析报表

不同于资产负债表项目中的应收账款，应收账款余额是没有考虑坏账准备前的金额，因此直接分析应收账款余额能排除因计提坏账准备带来的干扰，更能真实地反映应收账款的变化。本节针对应收账款余额及其变化趋势进行分析，主要围绕"应收账款期末余额等于期初余额加上本期新增应收账款减去本期收回应收账款"这个关系，使用 Power BI 创建动态报表，揭示应收账款余额的变化规律，其页面效果如图 5-1 所示。

图 5-1 应收账款余额分析页面

5.1.1 数据导入与关系建立

虚拟公司的应收账款台账有 2 张表，即应收表和实收表。其中，应收表包括发票编号、开票日期、到期日、金额、单位名称等信息，实收表则记录了每张销售发票的收款日期、金额等信息，需要注意的是，在特殊情况下存在一张销售发票分多次回款的情形。

1. 导入"应收表"和"实收表"

在功能区中选择"主页"→"从 Microsoft Excel 工作簿导入数据"命令，在弹出的窗口中选择"应收账款信息表"文件所在的路径，单击"打开"按钮，然后在弹出的"导航器"窗口中选中"应收表"和"实收表"，如图 5-2 所示。单击"加载"按钮即可完成导入，然后将其重命名为"F应收表"和"F实收表"。

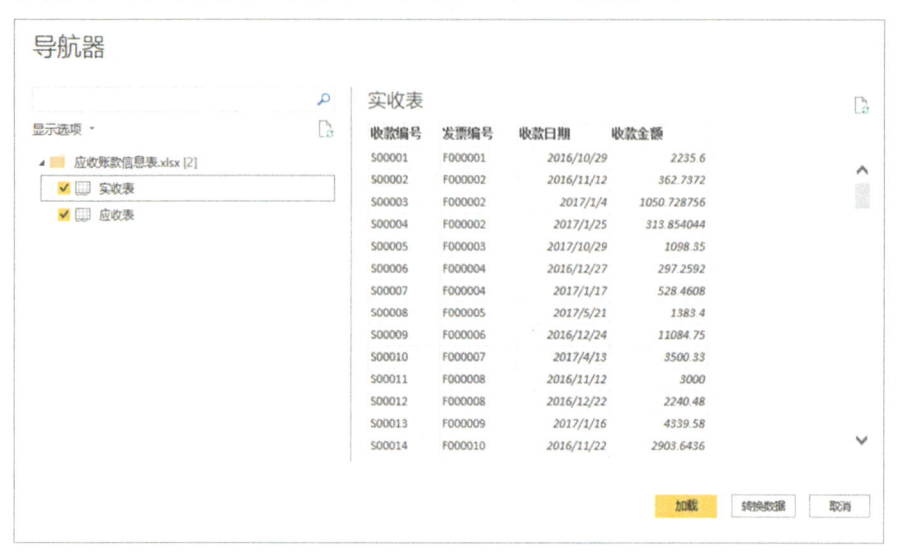

图 5-2 导入"应收表"和"实收表"

2．创建关系

导入"应收表"和"实收表"后，会自动使用"发票编号"列建立关系。但是在某个时间段内，实收表记录的收款发票并不一定是该时间段内应收表中的发票，因此不能直接将实收表和应收表通过发票编号建立关系，需要提取这2张表共同的维度，生成维度表后再创建关系，操作步骤如下。

（1）生成发票编号相关维度表。在功能区中选择"建模"→"新建表"命令，在编辑栏中输入以下DAX表达式：

D发票编号 = ALL('F应收表'[发票编号],'F应收表'[单位],'F应收表'[到期日],'F应收表'[责任人])

操作完成后即可生成"D发票编号"这张表。

（2）创建表间关系。切换至模型视图，在窗口下方单击"+"按钮，新建布局，并将其命名为"应收账款"，然后在右侧"字段"窗口中将"D发票编号"、"D日期表"、"F应收表"和"F实收表"用鼠标拖至画布中。然后将"D日期表"通过"Date"列分别与"F应收表"的"开票日期"列和"F实收表"的"收款日期"列建立一对多关系；将"D发票编号"通过"发票编号"列分别与"F实收表"和"F应收表"建立一对多关系。设置完成后的应收账款分析关系模型如图5-3所示。

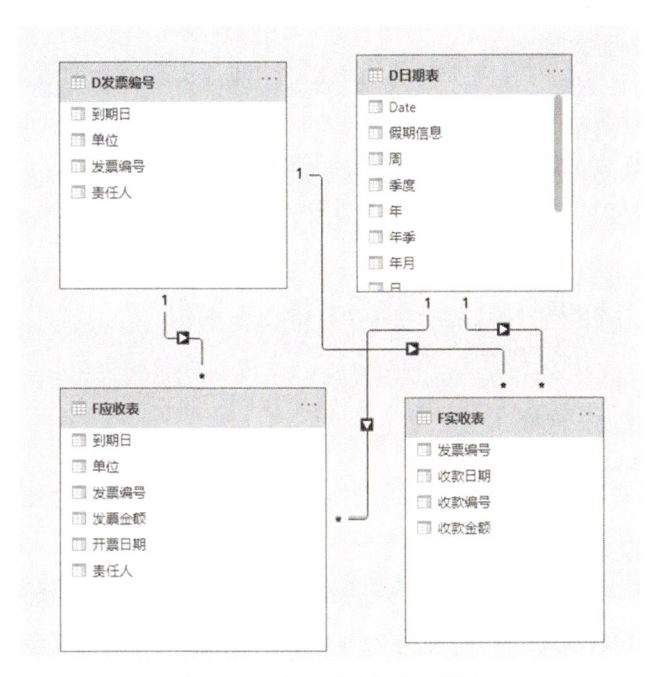

图 5-3　应收账款分析关系模型

5.1.2　创建应收账款余额主要指标图

应收账款余额主要指标直接反映应收账款余额的变化。该指标包括本期新增应收账款（即本期应收账款借方发生额）、本期应收账款回收额（即本期应收账款贷方发生额）、应收账款期初余额、应收账款期末余额这4个指标，指标图的创建步骤如下。

1．设置筛选条件

新建一页，命名为"应收账款余额变化分析"，然后将"D日期表"的"Date"列及"金额单位表"的"单位"列用视觉对象切片器展示出来，如图5-4所示。

图 5-4　应收账款分析页面切片器

2．编写度量值

1）本期新增应收账款

应收账款分析:发生额.本期 = DIVIDE(SUM('F应收表'[发票金额]),MAX('金额单位表'[倍数]))

2）本期应收账款回收额

应收账款分析:回收额.本期 = DIVIDE(SUM('F实收表'[收款金额]),MAX('金额单位表'[倍数]))

3）应收账款期初余额

应收账款分析:余额.期初 =
VAR openningDate=FIRSTDATE('D日期表'[Date])
RETURN
CALCULATE(
    [应收账款分析:发生额.本期]-[应收账款分析:回收额.本期],
    'D日期表'[Date]<openningDate
)

4）应收账款期末余额

应收账款分析:余额.期末 =
[应收账款分析:余额.期初]+[应收账款分析:发生额.本期]-[应收账款分析:回收额.本期]

3．设置指标图

插入 4 个"卡片图"视觉对象，然后将这 4 个视觉对象的字段依次设置为度量值"应收账款分析:余额.期初"、"应收账款分析:发生额.本期"、"应收账款分析:回收额.本期"和"应收账款分析:余额.期末"，并将显示名称更改为合适的名称。设置完成后的效果如图 5-5 所示。

1,377,494	19,406,375	15,397,067	5,386,802
期初余额	本期新增	本期回收	期末余额

图 5-5　应收账款余额指标图

5.1.3　创建应收账款余额趋势图

应收账款余额趋势图主要反映应收账款余额随时间的动态变化。应收账款余额趋势图尽管只涉及期末余额这一个指标，但使用 Excel 制作应收账款余额趋势图并不容易，需要逐一处理实收表中的发票编号、收款时间与应收表中的发票编号、开票时间等的关系，编写 Excel 公式十分复杂，运算效率也不高，但使用 Power BI 生成该图表则比较容易，操作步骤如下。

（1）插入"分区图"视觉对象（也可以用"折线图"），然后将其"轴"字段设置为"D日期表"的"Date"列，"值"字段设置为度量值"应收账款分析:余额.期末"。

（2）展开该视觉对象的"格式"→"Y 轴"属性面板，然后将"显示单位"设置为"无"。设置完成后的效果如图 5-6 所示。

图 5-6　应收账款余额变化趋势

5.1.4　创建新增应收账款与销售收入趋势图

分析应收账款不能单独看应收账款余额的变化，还需要同时与销售收入的变化结合起来分析，这是因为应收账款的增加与销售收入的增加存在较大的关联，在一般情况下，放宽信用条件，增加赊销比例，销售收入会出现一定的增长，同时应收账款的增长也会加速，收入质量则会下降。因此，有必要创建新增应收账款与销售收入的趋势图来动态分析应收账款的增加是否异常，操作步骤如下。

（1）插入"分区图"视觉对象（也可以用"折线图"），然后将其"轴"字段设置为"D 日期表"的"Date"列，"值"字段设置为度量值"应收账款分析:发生额.本期"和"收入分析:销售收入"。

（2）展开该视觉对象的"格式"→"Y 轴"属性面板，然后将"显示单位"设置为"无"。设置完成后的效果如图 5-7 所示。

图 5-7　新增应收账款与销售收入变化趋势

5.1.5　创建应收账款余额排名图

根据重要性原则，应重点关注期末应收账款余额较大的公司，可以将应收账款余额前 10 名的公司从大到小排列，以提醒报表使用人着重关注这 10 家公司的回款情况，操作步骤如下。

（1）插入"簇状条形图"视觉对象，将其"轴"字段设置为"D 发票编号"的"单位"列，"值"字段设置为度量值"应收账款分析:余额.期末"。

（2）设置显示前 10 名的公司。展开右侧的"筛选器"窗口，按照如图 5-8 所示设置该视觉对象的筛选器参数。

图 5-8　设置显示前 10 名的单位

（3）开启数据标签。将该视觉对象的"格式"→"数据标签"属性设置为"开"，"数据标签"→"显示单位"属性设置为"无"。设置完成后的效果如图 5-9 所示。

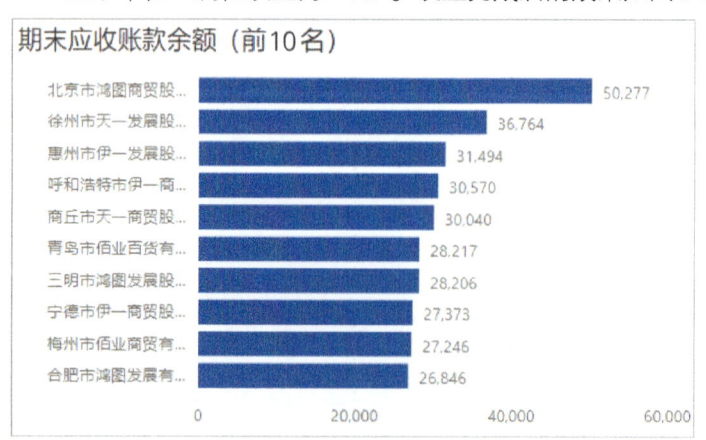

图 5-9　期末应收账款余额（前 10 名）

5.1.6　创建应收账款余额变动明细表

为了方便报表使用人直接查询每家公司应收账款余额的变动情况，可以创建一个明细表将每家公司的应收账款余额变动情况呈现出来,操作步骤如下。

(1)插入"矩阵"视觉对象,将其"行"字段设置为"D 发票编号"的"单位"列,"值"字段设置为度量值"应收账款分析:余额.期初"、"应收账款分析:发生额.本期"、"应收账款分析:回收额.本期"和"应收账款分析:余额.期末"。

(2)关闭"行小计"和"列小计"属性。由于主要指标汇总数已经通过卡片图显示,因此不必在明细表中重复显示。在该视觉对象的"格式"属性面板中,将"小计"属性中的"行小计"和"列小计"设置为"关"。

(3)选择合适的矩阵样式,并将"值"字段设置为"条件格式"→"背景色"("格式模式"设置为"色阶")。设置完成的效果如图 5-10 所示。

应收账款余额明细表				
单位	期初余额	本期新增	本期回收	期末余额
廊坊市鸿图百货股份公司		54,012	49,306	4,706
北京市鸿图商贸股份公司		50,277		50,277
衡阳市鸿图百货有限公司		50,116	25,713	24,404
扬州市大地发展有限公司		45,567	26,081	19,487
呼和浩特市伊一商贸有限公司		45,237	14,667	30,570
株洲市天一商贸有限公司		45,126	37,569	7,557
惠州市伊一发展股份公司		44,240	12,746	31,494
贵阳市伊一发展有限公司		41,616	41,616	0
淮安市大地商贸股份公司		39,251	18,079	21,173
成都市大地发展有限公司		38,943	38,943	0

图 5-10　应收账款余额明细表

5.2　创建应收账款账龄分析报表

应收账款账龄是指已到收款截止日但没有收回的应收账款的时间长度。账龄既是衡量应收账款收回风险大小的一个关键指标,也是分析应收账款的一个重要信息,账龄越长,应收账款回收风险越高,发生坏账损失的风险越大,财务成本也越高。账龄分析是指通过对应收账款账龄合理分段,计算各账龄段内的应收账款,寻找高龄应收款产生的原因,为应收账款的管理提供参考。

本节在 5.1 节的基础上,使用 DAX 表达式计算账龄,创建动态账龄分析报表,其页面效果如图 5-11 所示。

图 5-11　账龄分析页面

5.2.1　创建应收账款账龄分布图

应收账款账龄分布图呈现各账龄段内应收账款的金额，因此，创建应收账款账龄分布图需要先将账龄分段，然后编写度量值计算每个账龄段内应收账款的金额，操作步骤如下。

1. 创建账龄分段辅助表

（1）输入数据。在功能区中单击"主页"→"输入数据"按钮，参照图 5-12 录入相关数据，并将该新建表命名为"应收账款账龄辅助表"，最后单击"加载"按钮完成加载。

（2）设置账龄分类排序。切换至"数据"视图，在右侧的"字段"窗口中选择"应收账款账龄辅助表"的"分类"列，然后在功能区中选择"列工具"→"按列排序"命令，在弹出的下拉菜单中选择"账龄排序"命令，如图 5-13 所示。

	账龄排序	分类	最小值	最大值	预计坏账损失率
1	0	未到期	0	0	0
2	1	1-30天	1	30	0.01
3	2	31-90天	31	90	0.05
4	3	91-270天	91	270	0.1
5	4	271天以上	271	999999	0.15

图 5-12　创建账龄辅助表　　　　　图 5-13　设置账龄分类排序

2．设置筛选条件

新建一页，命名为"应收账款账龄分析"，然后将"D 日期表"的"Date"列及"金额单位表"的"单位"列用视觉对象切片器展示出来。其中，"日期"切片器的样式设置为"之前"，并将字段重命名为"截止日期"，如图 5-14 所示。

图 5-14　设置"日期"切片器的样式

3．编写度量值

1）应收账款账龄

```
应收账款分析:账龄 =
VAR EndDate=MAX('D 日期表'[Date])
VAR DueDate=MAX('F 应收表'[到期日])
VAR days=DATEDIFF(DueDate,EndDate,DAY)
RETURN
IF([应收账款分析:余额.期末]<>0,IF(days>0,days,0))
```

2）各账龄段内应收账款的金额

```
应收账款分析:余额.分账龄 =
VAR x=MAX('D 日期表'[Date])//取得截止日期
VAR y=
CALCULATE(
    CALCULATE(
        [应收账款分析:余额.期末],
        FILTER(
            'D 发票编号',
            [应收账款分析:账龄]>=MIN('应收账款账龄辅助表'[最小值])
            &&[应收账款分析:账龄]<=MAX('应收账款账龄辅助表'[最大值])
        )
    ),
    FILTER(ALL('D 日期表'[Date]),'D 日期表'[Date]<=x)
    //嵌套 CALCULATE 函数并加入日期表的筛选条件，这是为了保证在时间序列上的计算结果正确
)
RETURN
IF(y<>0,y,BLANK())
```

4．设置分布图

（1）插入"簇状柱形图"视觉对象，然后将其"轴"字段设置为"应收账款账龄辅

助表"的"分类"列,"值"字段设置为度量值"应收账款分析:余额.分账龄"。

(2)开启数据标签。将该视觉对象的"格式"→"数据标签"属性设置为"开","数据标签"→"显示单位"属性设置为"无"。设置完成后的效果如图 5-15 所示。

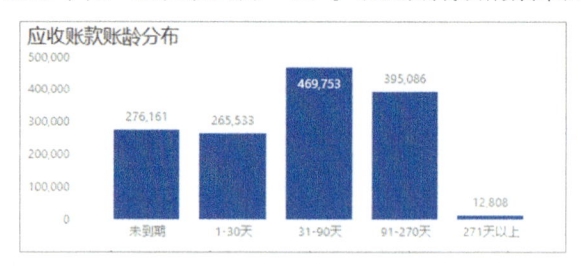

图 5-15　应收账款账龄分布

5.2.2　创建预计坏账损失账龄分布图

预计坏账损失账龄分布图,即依据应收账款的账龄分布,并结合不同账龄段的预计坏账损失率,计算各账龄段内的预计坏账损失金额。前面已经完成了应收账款账龄分布图的创建,在此基础上创建预计坏账损失账龄分布图就比较容易。

1. 编写度量值

预计坏账损失的计算十分简单,使用 SUMX 函数即可,DAX 表达式如下:

```
应收账款分析:预计坏账损失 =
SUMX (
    '应收账款账龄辅助表',
    [应收账款分析:余额.分账龄] * '应收账款账龄辅助表'[预计坏账损失率]
)
```

2. 设置分布图

图表视觉对象的设置方法与 5.2.1 节中应收账款账龄分布图的设置基本一致,将"值"字段更改为度量值"应收账款分析:预计坏账损失"即可,设置完成后的效果如图 5-16 所示。

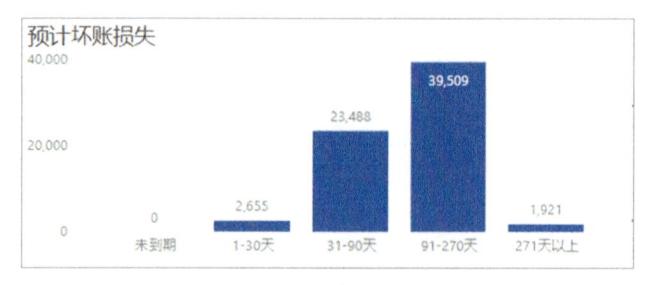

图 5-16　预计坏账损失

5.2.3 创建账龄总体指标图

虽然账龄分布图和坏账损失分布图清晰地呈现了与账龄相关的指标情况，但是缺少与账龄有关的总体指标。为了让报表使用人更加直观地从总体上获取账龄信息，有必要再创建一个与账龄相关的总体指标图。

1．编写度量值

除了应收账款余额总额和预计坏账损失总额，还需要一个衡量账龄长短的总体指标，即平均账龄，DAX 表达式如下：

```
应收账款分析:平均账龄 =
VAR x=[应收账款分析:余额.期末]
RETURN
SUMX('D发票编号',[应收账款分析·账龄]*[应收账款分析:余额.期末]/x)
//将账龄按期末余额计算加权平均值
```

2．设置指标图

插入"多行卡"视觉对象，然后将其"字段"设置为度量值"应收账款分析:余额.期末"、"应收账款分析:预计坏账损失"和"应收账款分析:平均账龄"，并将显示名称更改为合适的名称。设置完成后的效果如图 5-17 所示。

1,419,340	67,573	67.70
应收账款余额	预计坏账损失	平均账龄(天)

图 5-17　账龄总体指标图

5.2.4 创建账龄分布趋势图

账龄分布趋势图是指账龄分布在时间维度上的变化情况，不仅可以动态反映各账龄段的分布特征，还能够比较直观地反映随着时间的推移应收账款的回收风险是增加了还是减小了，以及应收账款的管理工作是否达到预期效果等。

（1）插入"分区图"视觉对象，然后将其"轴"字段设置为"D 日期表"的"Date"列，"图例"字段设置为"应收账款账龄辅助表"的"分类"列，"值"字段设置为度量值"应收账款分析:余额.分账龄"。

（2）展开该视觉对象的"格式"，"Y 轴"属性面板，然后将"显示单位"设置为"无"。设置完成后的效果如图 5-18 所示。

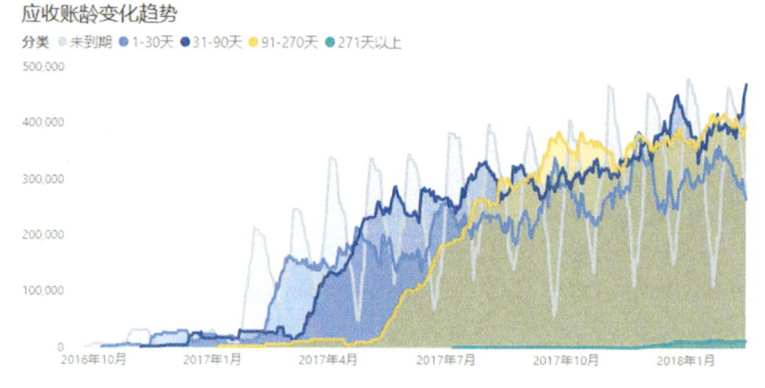

图 5-18　应收账龄变化趋势

5.2.5　创建账龄分类明细表

为了方便报表使用人直接查询每家公司应收账款账龄的分布情况，可以创建一个明细表将每家公司的应收账款账龄分布呈现出来，操作步骤如下。

（1）插入"矩阵"视觉对象，将其"行"字段设置为"D 发票编号"的"单位"列、"发票编号"列及"到期日"列，"列"字段设置为"应收账款账龄辅助表"的"分类"列，"值"字段设置为度量值"应收账款分析:余额.分账龄"。

（2）关闭"渐变布局"属性。展开该视觉对象的"格式"→"行标题"属性面板，然后将"渐变布局"属性设置为"关"。

（3）关闭"行小计"和"列小计"属性。由于主要指标汇总数已经通过卡片图显示，因此不用在明细表中重复显示。在该视觉对象的"格式"属性面板中，将"小计"属性中的"行小计"和"列小计"设置为"关"。

（4）选择合适的矩阵样式，并将"值"字段设置为"条件格式"→"背景色"显示。设置完成后的效果如图 5-19 所示。

单位	发票编号	到期日	未到期	1-30天	31-90天	91-270天	271天以上
海口市伊一发展股份公司	F000392	2017年8月25日					10,327
海口市伊一商贸有限公司	F000452	2017年9月12日					5,751
邯郸市大地百货股份公司	F000766	2018年2月6日		5,915			
杭州市天一发展股份公司	F000453	2017年9月27日				7,880	
	F000767	2018年2月25日	4,532				
杭州市伊一百货股份公司	F000633	2017年12月22日			4,452		
杭州市伊一商贸股份公司	F000273	2017年6月16日				2,791	
合肥市佰业商贸股份公司	F000634	2017年12月16日			3,872		

图 5-19　账龄分类明细表

5.3 创建应收账款回收分析报表

应收账款回收分析是了解一段时间内应收账款的回收情况,以及检验应收账款回收管理的责任是否有效落实的重要工具。应收账款回收率是分析应收账款回收的一个重要指标,与应收账款周转率相比,该指标仅引用与应收账款有关的数据,数据来源单一,干扰性小,可操纵空间不大,能有效地反映应收账款的回收情况。

本节主要使用回收率这个关键指标,利用 Power BI 创建应收账款动态回收分析报表,其页面效果如图 5-20 所示。

图 5-20 应收账款回收分析页面

5.3.1 创建应收账款回收总体指标图

应收账款回收总体指标图反映了应收账款本期的总体回收金额、总体回收率,以及还有多少应收账款待回收,报表使用人可以从总体上了解应收账款的回收情况。

1. 设置筛选条件

新建一页,命名为"应收账款回收分析",然后将"D 日期表"的"Date"列及"金额单位表"的"单位"列用视觉对象切片器展示出来,其中"日期"切片器样式设置为"介于"。

2. 编写度量值

本节新增加应收账款回收率指标,其 DAX 表达式如下:
应收账款分析:回收率 =
DIVIDE(

[应收账款分析:回收额.本期],
[应收账款分析:余额.期初]+[应收账款分析:发生额.本期]
)

3．设置指标图

插入 3 个"卡片图"视觉对象，然后将其"字段"依次设置为度量值"应收账款分析:回收额.本期"、"应收账款分析:回收率"和"应收账款分析:余额.期末"，并将显示名称更改为合适的名称，设置完成后的效果如图 5-21 所示。

7,239,300　　70.00%　　3,102,629
本期回收　　　回收率　　　期末余额

图 5-21　应收账款回收总体指标图

5.3.2　创建应收账款回收趋势图

应收账款回收趋势图是反映应收账款回收额及回收率随时间变化的图表，它可以提醒报表使用人关注回收金额及回收率波动异常的时间区间，分析其变化原因，从而制定相应的收账款回收计划和信用政策。

（1）插入"折线和簇状柱形图"视觉对象，将其"共享轴"字段设置为"D 日期表"的"年"列和"月"列，"列值"字段设置为度量值"应收账款分析:回收额.本期"，"行值"字段设置为度量值"应收账款分析:回收率"。

（2）单击该视觉对象右上方的"展开层次结构中的所有下移级别"按钮，然后单击右上角的"更多选项"按钮，选择"以升序排序"命令，并将排序方式设置为"年 月"。

（3）关闭"X 轴"→"连接标签"属性。在该视觉对象的"格式"属性面板中，将"X 轴"→"连接标签"属性设置为"关"。设置完成后的效果如图 5-22 所示。

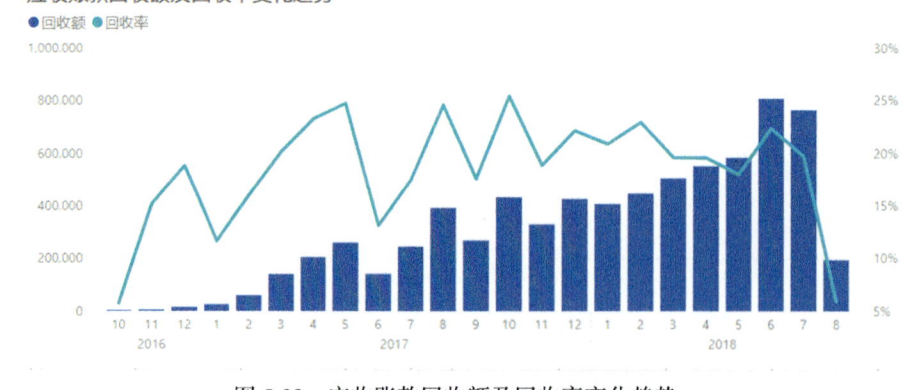

图 5-22　应收账款回收额及回收率变化趋势

5.3.3 创建应收账款回收排名图

应收账款回收管理工作十分重要，需要将回收任务落实到具体的责任人，应收账款回收排名图可以反映应收账款回收责任的落实情况。下面创建应收账款回收额（绝对数）和应收账款回收率（相对数）前 5 名排名图。

（1）插入"簇状条形图"视觉对象，然后将其"轴"字段设置为"D 发票编号"的"责任人"列，"值"字段设置为度量值"应收账款分析:回收额.本期"。

（2）设置显示前 5 名。展开右侧的"筛选器"窗口，按照如图 5-23 所示设置该视觉对象的筛选器参数。

（3）参照前两步，再插入一个"簇状条形图"视觉对象，将度量值更换为"应收账款分析:回收率"，生成前 5 名应收账款回收率排名图。

设置完成后的效果如图 5-24 所示。

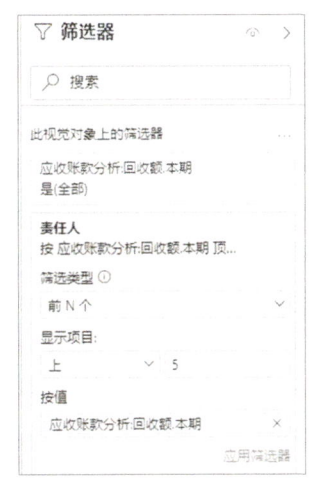

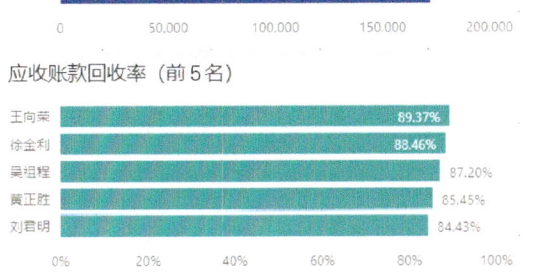

图 5-23　设置前 5 名应收账款回收额　　图 5-24　应收账款回收排名图

5.3.4　创建应收账款回收明细表

应收账款回收明细表可以反映每个责任人的应收账款的回款单位、回款金额和回款日期等明细情况，供报表使用人查询或导出回款的明细数据。应收账款回收明细表的创建步骤如下。

（1）插入"矩阵"视觉对象，将其"行"字段依次设置为"D 发票编号"的"责任人"列、"单位"列、"发票编号"列及"到期日"列和"F 实收表"的"收款日期"列，"值"字段设置为度量值"应收账款分析:回收额.本期"。

（2）单击该视觉对象右上方的"展开层次结构中的所有下移级别"按钮，然后将其"格式"→"行标题"的"渐变布局"和"+/-图标"属性设置为"关"。

（3）关闭"行小计"和"列小计"属性。在该视觉对象的"格式"→"小计"属性面板中，将"行小计"属性设置为"关"。

（4）选择合适的矩阵样式，并将"值"字段设置为"条件格式"→"数据条"显示。设置完成后的效果如图 5-25 所示。

责任人	单位	发票编号	到期日	收款日期	应收账款回收额
李张巧	鞍山市大地商贸股份公司	F001387	2018年7月12日	2018年7月12日	13,888
	无锡市天一商贸有限公司	F000667	2017年12月25日	2017年12月25日	6,768
				2018年3月11日	3,748
				2018年4月15日	2,018
	宜春市伊一百货有限公司	F001497	2018年7月9日	2018年7月9日	11,318
	南通市鸿图发展有限公司	F000287	2017年6月15日	2017年8月1日	10,438
	天津市伊一百货股份公司	F000603	2017年11月14日	2017年11月14日	7,503
				2018年1月15日	2,636
	石家庄市龙图发展有限公司	F000657	2017年12月25日	2018年6月21日	9,510

图 5-25　应收账款回收明细表

第 6 章

创建基于管理利润表的分析报表

利润表是反映公司在一定期间内经营成果的报表，利润表项目往往是大多数公司财务分析的重点，需要深入研究和分析。但是，常规的利润表（如第 2 章财务报表中的利润表）并不能满足公司内部经营管理和分析需求，大部分公司会依据公司自身所处的行业的特点和管理需求对利润表项目重新分类与设定，即创建管理利润表。管理利润表的项目与日常会计核算的会计科目类似，也存在二级和三级明细项目，但是项目分类和口径与财务报表项目会存在差异。不同于会计核算科目相对稳定，管理利润表的项目可能会依据管理要求时常变化和调整。

管理利润表项目数据应用范围较广，既可以用于对毛利、成本费用、利润等项目的分析，也可以用于本量利、绩效考核、投资决策等专项分析。如果通过 Excel 开展相关分析，就需要针对不同的分析需求和应用场景编写各种取数公式，表格及公式的复用性较差，后期维护成本较高。本章使用 Power BI 创建管理利润表模型，并将其应用于毛利、成本费用项目分析，以及本量利、绩效考核、投资决策等专项分析，在一定程度上可以实现分析数据呈现的自动化。

6.1 创建管理利润表分析报表

创建管理利润表，生成各项目的明细数据，是开展后续分析的基础。由于管理利润表项目对会计核算科目进行了重分类，无法直接通过会计核算信息生成管理利润表，因此财务分析人员在设计管理利润表时，还需要建立管理利润表项目与财务会计核算科目的映射对照关系，然后通过该对照关系进行计算汇总，从而形成管理利润表。本节使用 Power BI 处理利润表项目与财务会计核算科目的映射对照关系，并创建管理利润表分析报表，其页面效果如图 6-1 所示。

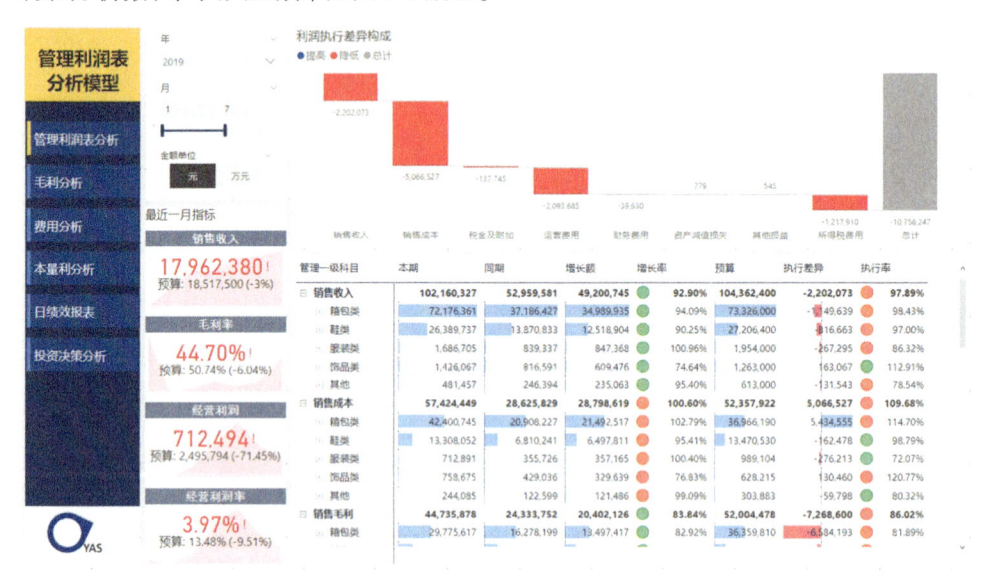

图 6-1 管理利润表分析页面

6.1.1 数据导入与关系建立

在明确创建管理利润表需求之后，接下来的工作就是将相关的信息数据整合在一起，主要涉及映射表、预算数据表、利润表模板等相关数据表格的导入及其关系的建立。

1. 导入映射表

（1）在功能区中选择"主页"→"从 Microsoft Excel 工作簿导入数据"命令，在弹出的窗口中选择"管理科目与核算科目映射表"文件所在的路径，单击"打开"按

第 6 章 创建基于管理利润表的分析报表

钮，然后在弹出的窗口中选择要导入的工作表，如图 6-2 所示，最后单击"转换数据"按钮进入 Power Query 编辑器。

图 6-2 导入管理科目与核算科目映射表

（2）表格转换。在对表格进行转换前，需要先了解"管理科目与核算科目映射表"的结构及特点，如图 6-3 所示。

图 6-3 管理科目与核算科目映射表

该表是一张手动维护的 Excel 表格，记录了管理科目与核算科目的映射匹配关系，可以根据管理需求灵活调整。为了方便人眼识别，该表对相同的信息使用合并单元格进行处理。需要注意的是，合并单元格的本质是第一个单元格有数，其他单元格为空。因此，为了方便后续建模，导入 Power Query 编辑器后还需要将这些空单元格的信息补全。转换步骤如下。

- 将 Power Query 自动增加"提升的标题"和"更改的类型"步骤删除，返回"导航"步骤，然后将"管理科目全称"列（Column1）移至"管理三级科目"列（Column4）之后，如图 6-4 所示。
- 在功能区中选择"转换"→"转置"命令，将表格转置，然后选中所有列，并在功能区中选择"转换"→"填充"→"向下"命令，如图 6-5 所示。

智能管理会计：
从 Excel 到 Power BI 的业务与财务分析

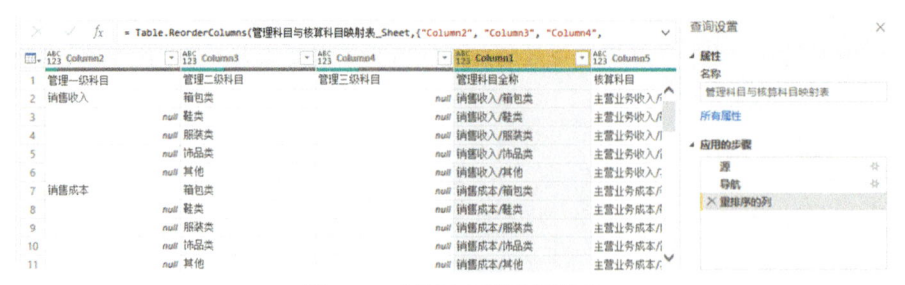

图 6-4　对映射表列重新排序

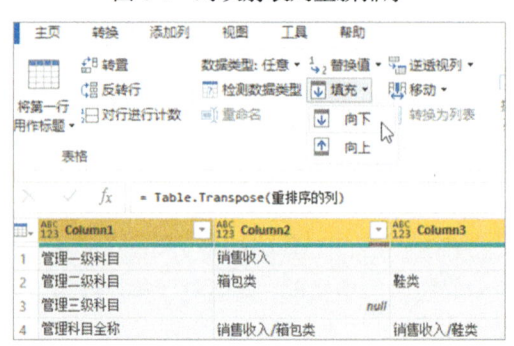

图 6-5　选择"转换"→"填充"→"向下"命令

- 将表格再次转置后，对所有列再次重复使用"填充"→"向下"命令，至此，所有空单元格的信息均得以补充。
- 在功能区中单击"转换"→"将第一行用作标题"按钮，将表格的标题恢复，最后将本查询名更改为"D 管理科目与核算科目映射表"。

2．导入实际数

由于实际收入和实际成本可以分别从业务数据表（系统）中（销售订单表、出入库表等）取得，因此导入与费用相关的核算数据即可，与费用相关的核算数据一般来源于财务系统，可以选取与日记账、明细账或科目余额表相关的数据表导入，不同数据提供的信息详细程度不同，如日记账可以提供比明细账更详细的信息。下面以部门辅助科目余额表为例，导入费用的实际发生数据。

（1）在功能区中选择"主页"→"从 Microsoft Excel 工作簿导入数据"命令，在弹出的窗口中选择"部门辅助核算表"文件所在的路径，单击"打开"按钮，然后在弹出的窗口中任意选择一张工作表（假定选择工作表"2016 年 9 月"）导入，如图 6-6 所示，最后单击"转换数据"按钮进入 Power Query 编辑器。

（2）在 Power Query 编辑器中，将 Power Query 自动生成的步骤"导航"、"提升的标题"和"更改的类型"删除，即回到第一个步骤"源"。

图 6-6 任选一张工作表导入

（3）仅保留"Name"列和"Date"列，将其他列（"Item"列、"Kind"列和"Hidden"列）删除。

（4）展开"Date"列。单击"Date"列右侧的"展开"按钮，在弹出的窗口中取消勾选"使用原始列名作为前缀"复选框，然后单击"确定"按钮将所有列展开，如图 6-7 所示。

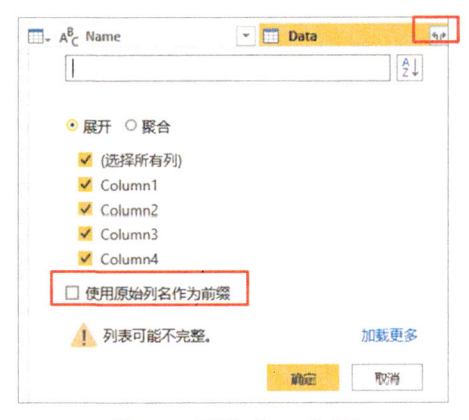

图 6-7 展开"Date"列

（5）在功能区中单击"转换"→"将第一行用作标题"按钮，完成列标题的创建；然后将"2016 年 9 月"列的数据类型设定为"日期"，并将列名重命名为"日期"；最后将"科目编码"列、"科目名称"列、"部门辅助核算[部门 ID]"列和"金额"列的数据类型分别设定为"整数"、"文本"、"文本"和"小数"。

（6）选中所有列，然后在功能区的"主页"选项卡中选择"删除行"→"删除错误"命令，将数据类型转换出错的行删除。最后将本查询重命名为"F 部门辅助核算表"。

3. 导入预算数

在第 3 章中，对收入预算进行分析时，已经导入了 2019 年收入预算数据，接下来仍然以 2019 年预算为例，导入 2019 年销售成本预算和 2019 年费用及其他预算。

（1）导入销售成本预算数据。由于销售成本预算数据与销售收入预算数据样式相同，因此销售成本预算数据的导入方法与收入预算数据的导入方法基本一致，其导入步骤可参照第 3 章中 2019 年收入预算数据的导入步骤，导入完成后命名为"F 预算销售成本"。

（2）导入费用及其他预算。费用及其他预算表与收入及成本预算表一样，也是一张二维表，需要进行逆透视操作。此外，还需要注意预算科目与映射表的对应关系。导入步骤如下。

- 在功能区中选择"主页"→"从 Microsoft Excel 工作簿导入数据"命令，在弹出的窗口中选择"2019 年费用及其他预算"文件所在的路径，单击"打开"按钮，然后在弹出的窗口中选择要导入的工作表，并单击"转换数据"按钮进入 Power Query 编辑器。
- 处理管理二级科目所在列中的空单元格。在功能区中选择"转换"→"转置"命令，将表格转置，然后选中所有列，并在功能区中选择"转换"→"填充"→"向下"命令，填充完成后，再次使用"转换"→"转置"命令，将表格转置。
- 在功能区中单击"转换"→"将第一行用作标题"按钮，完成列标题的创建。
- 选中"部门"列、"管理一级科目"列和"管理二级科目"列后，单击鼠标右键，在弹出的菜单中选择"逆透视其他列"命令，如图 6-8 所示。

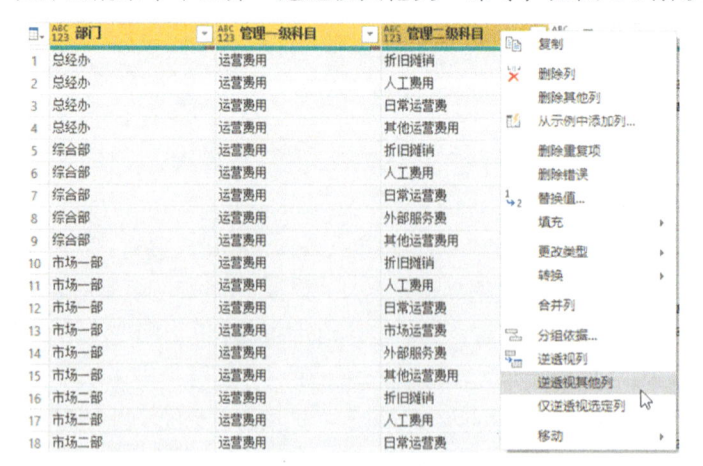

图 6-8 逆透视其他列

- 将逆透视生成的"属性"列和"值"列分别重命名为"月"与"预算金额"。为了后续与日期表关联，选中"月"列，然后选择"主页"→"替换值"命令，将"月"替换为空，如图 6-9 所示。

图 6-9　将"月"替换为空

- 新增"年"列。选择"添加列"→"自定义列"命令，在弹出的窗口中输入新列名"年"，自定义的列公式为"=2019"。
- 将"月"列、"预算金额"列和"年"列的数据类型更改为"小数"。然后选择"主页"→"删除行"→"删除错误"命令，将数据类型转换出错的行删除。最后将本查询重命名为"F 费用及其他预算"。

4．导入管理利润表模板

管理利润表模板为辅助表，由于管理利润表的结构比较复杂，为了呈现特定格式，需要使用辅助表及辅助列来辅助数据呈现。本案例的管理利润表模板中除了管理利润表的科目名称和科目长度，还有一级科目、二级科目、三级科目及其相应的科目方向、科目序号等信息。导入操作步骤如下。

- 选择"主页"→"从 Microsoft Excel 工作簿导入数据"命令，在弹出的窗口中选择"管理利润表模板"文件所在的路径，单击"打开"按钮，然后在弹出的窗口中选择要导入的工作表，并单击"加载"按钮完成加载。
- 切换至"数据"视图，选中管理利润表模板的"管理一级科目"列，然后使用"按列排序"命令，将其设定为"一级科目序号"，如图 6-10 所示。"管理二级科目"和"管理三级科目"同样按此方法设定相应的自定义序号排序。

提示：在此案例中，当科目长度为 2 时，即只有一级科目和二级科目，三级科目没有留空，而是将三级科目直接重复二级科目的名称，当然也可以将三级科目留空，这与后期编写什么样的 DAX 表达式有关。

图 6-10 使用"按列排序"命令

5. 建立关系

切换至"模型"视图,在窗口下方单击"+"按钮,新建布局,并将其命名为"管理利润表模型",然后在右侧的"字段"窗口中将"D产品表"、"D客户表"、"D日期表"、"D城市表"、"D管理科目与核算科目映射表"、"F月度存货变动信息表"、"F销售订单表"、"F预算销售成本"、"F预算销售收入"、"F部门辅助核算表"、"F费用及其他预算"和"管理利润表模板"拖至画布中。

将"D日期表"通过"Date"列与"F部门辅助核算表"的"日期"列建立一对多关系,将"D城市表"通过"城市名称"列分别与"F预算销售成本"和"F预算销售收入"建立一对多关系,将"D管理科目与核算科目映射表"通过"核算科目编码"列与"F部门辅助核算表"的"科目编码"列建立一对多关系。设置完成的最终关系模型如图 6-11 所示。

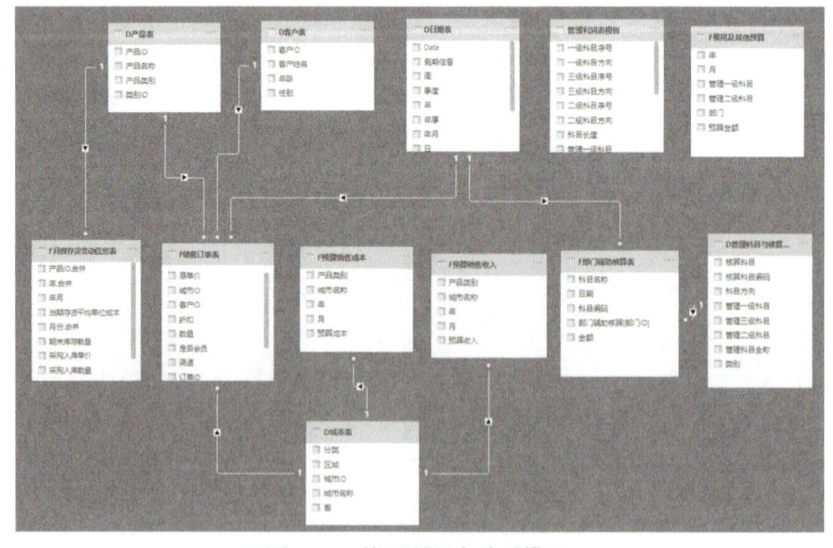

图 6-11 管理利润表关系模型

6.1.2 创建管理利润表矩阵

可以通过矩阵可视化视觉对象将管理利润表的各明细项目呈现出来，其方法与第 2 章呈现财务报表数据的方法大体一致。但管理利润表比较复杂，呈现的内容较多，因此，实现起来相对复杂一些。

1．设置筛选条件

新建一页，命名为"管理利润表分析"，然后将"D 日期表"的"年"列和"月"列，以及"金额单位表"的"单位"列用视觉对象切片器展示出来，如图 6-12 所示。

图 6-12 创建视觉对象切片器

2．编写度量值

1）本期金额

由于管理利润表的项目数据来源于不同的事实表，如收入来源于销售订单，成本来源于出库表和入库表，费用来源于辅助核算表，因此需要单独编写各事实表的相关度量值，最后将有关度量值进行整合。

- 计算当期销售毛利。由于销售收入与销售成本（出库金额）在前面已经建立了有关度量值，因此可以直接编写销售毛利等度量值，DAX 表达式如下：

```
管理利润:销售毛利.本期 = [收入分析:销售收入]-[库存分析:销售成本(出库金额)]

管理利润:销售毛利%.本期 = DIVIDE([管理利润:销售毛利.本期],[收入分析:销售收入])
```

- 计算当期费用，DAX 表达式如下：

```
管理利润:成本费用.基本 = DIVIDE(SUM('F部门辅助核算表'[金额]),MAX('金额单位表'[倍数]))

管理利润:成本费用.本期 =
CALCULATE([管理利润:成本费用.基本],'D管理科目与核算科目映射表'[科目方向]="贷")
-CALCULATE([管理利润:成本费用.基本],'D管理科目与核算科目映射表'[科目方向]="借")
```

//会计科目方向不同，不能直接相加，如财务费用科目下面就存在利息收入和利息支出这两个方向不同的科目，需要使用贷方科目金额减去借方科目金额（假如将贷方定义为正，借方定义为负，在这种情况下的成本费用类的科目金额为负数）

```
管理利润:成本费用.利润表.本期 =
CALCULATE (
    [管理利润:成本费用.本期],
    TREATAS (
        VALUES ('管理利润表模板'[管理科目全称]),
        'D管理科目与核算科目映射表'[管理科目全称]
    )
) //将度量值与管理利润表模板关联
```

- 计算经营利润，DAX 表达式如下：

```
管理利润:经营利润.本期 =
[管理利润:销售毛利.本期]
+
CALCULATE (
    [管理利润:成本费用.本期],
    FILTER (
        'D管理科目与核算科目映射表',
        NOT ('D管理科目与核算科目映射表'[管理一级科目]="其他损益"||'D管理科目与核算科目映射表'[管理一级科目]="所得税费用")
    )
) //即用毛利减去辅助核算中除了所得税费用及其他损益的科目金额

管理利润:经营利润%.本期 = DIVIDE ([管理利润:经营利润.本期],[收入分析:销售收入])
```

- 计算利润总额，DAX 表达式如下：

```
管理利润:利润总额.本期 =
[管理利润:销售毛利.本期]
+
CALCULATE (
    [管理利润:成本费用.本期],
    FILTER (
        'D管理科目与核算科目映射表',
        'D管理科目与核算科目映射表'[管理一级科目]<>"所得税费用"
    )
) //即用毛利减去辅助核算中除了所得税费用的科目金额
```

- 计算净利润，DAX 表达式如下：

```
管理利润:净利润.本期 = [管理利润:销售毛利.本期]+[管理利润:成本费用.本期]
```

管理利润:净利润率%.本期 = DIVIDE([管理利润:净利润.本期],[收入分析:销售收入])

- 计算矩阵当前展开层级数。由于利润表项目各科目的长度不一，有的存在二级甚至三级，对于没有下级科目的项目，不用再次展开，为了实现这一效果，需要计算当前展开的层级数，当展开层级数大于科目长度时，应当返回空，自动隐藏。DAX 表达式如下：

```
管理利润:利润表展开级数 =
ISFILTERED('管理利润表模板'[管理一级科目])
+ISFILTERED('管理利润表模板'[管理二级科目])
+ISFILTERED('管理利润表模板'[管理三级科目])
```

- 将上述度量值与管理利润表模板关联，DAX 表达式如下：

```
管理利润:利润表.本期 =
VAR length = MAX ( '管理利润表模板'[科目长度] )
VAR lev1 = SELECTEDVALUE ( '管理利润表模板'[管理一级科目] )
VAR Amt =
    SWITCH (
        TRUE,
        lev1 = "销售收入",
            CALCULATE (
                [收入分析:销售收入],
                TREATAS(VALUES('管理利润表模板'[管理二级科目]),'D产品表'[产品类别])
            ),
        lev1 = "销售成本",
            CALCULATE (
                - [库存分析:销售成本(出库金额)],
                TREATAS(VALUES('管理利润表模板'[管理二级科目]),'D产品表'[产品类别])
            ),
        lev1 = "销售毛利",
            CALCULATE (
                [管理利润:销售毛利.本期],
                TREATAS(VALUES('管理利润表模板'[管理二级科目]),'D产品表'[产品类别])
            ),
        lev1 = "销售毛利%",
            CALCULATE (
                [管理利润:销售毛利%.本期],
                TREATAS(VALUES('管理利润表模板'[管理二级科目]),'D产品表'[产品类别])
            ),
```

```
        lev1 = "经营利润", [管理利润:经营利润.本期],
        lev1 = "经营利润率%", DIVIDE ( [管理利润:经营利润.本期], [收入分析:销售收入] ),
        lev1 = "利润总额", [管理利润:利润总额.本期],
        lev1 = "净利润", [管理利润:净利润.本期],
        lev1 = "净利润率%", DIVIDE ( [管理利润:净利润.本期], [收入分析:销售收入] ),
        [管理利润:成本费用.利润表.本期]
    )
RETURN
    IF (
        length >= [管理利润:利润表展开级数]
            && HASONEVALUE ( '管理利润表模板'[管理一级科目] ),
            //当前项目不唯一时,即为合计时,返回空
        Amt,
        BLANK()
)
```

- 将度量值"管理利润:利润表.本期"的显示样式格式化，DAX 表达式如下：

```
管理利润:利润表.本期.显示 =
VAR inlev1=ISINSCOPE('管理利润表模板'[管理一级科目])
VAR inlev2=ISINSCOPE('管理利润表模板'[管理二级科目])
VAR inlev3=ISINSCOPE('管理利润表模板'[管理三级科目])
//取得当前科目所在的层级
VAR AMT=[管理利润:利润表.本期]
VAR AMTadjust=
SWITCH(
    TRUE(),
    inlev3,IF(MAX('管理利润表模板'[三级科目方向])="借",-AMT,AMT),
    inlev2,IF(MAX('管理利润表模板'[二级科目方向])="借",-AMT,AMT),
    inlev1,IF(MAX('管理利润表模板'[一级科目方向])="借",-AMT,AMT)
)//将成本费用类的科目显示金额由负数调整为正数显示（计算利润时，成本费用类使用负数作为扣除项）
RETURN
IF(
    [管理利润:利润表.本期]<>BLANK()&&
    RIGHT(MAX('管理利润表模板'[管理一级科目]))="%",
    FORMAT([管理利润:利润表.本期],"#0.00%;-#0.00%"),
//如果单位是%，则显示为百分数
    AMTadjust
)
```

2）上年同期金额

虽然本期金额的 DAX 表达式比较复杂，但上年同期金额使用时间智能函数可以轻易表示出来：

管理利润:利润表.同期 =
CALCULATE([管理利润:利润表.本期],SAMEPERIODLASTYEAR('D日期表'[Date]))

管理利润:利润表.同期.显示 =
CALCULATE([管理利润:利润表.本期.显示],SAMEPERIODLASTYEAR('D日期表'[Date]))

3）计算增长额

管理利润:利润表.增长 = [管理利润:利润表.本期]-[管理利润:利润表.同期]

管理利润:利润表.增长.显示 =
VAR inlev1=ISINSCOPE('管理利润表模板'[管理一级科目])
VAR inlev2=ISINSCOPE('管理利润表模板'[管理二级科目])
VAR inlev3=ISINSCOPE('管理利润表模板'[管理三级科目])
VAR AMT=[管理利润:利润表.增长]
VAR AMTadjust=
SWITCH(
    TRUE(),
    inlev3,IF(MAX('管理利润表模板'[三级科目方向])="借",-AMT,AMT),
    inlev2,IF(MAX('管理利润表模板'[二级科目方向])="借",-AMT,AMT),
    inlev1,IF(MAX('管理利润表模板'[一级科目方向])="借",-AMT,AMT)
)
RETURN
IF(
    [管理利润:利润表.增长]<>BLANK()&&
    RIGHT(MAX('管理利润表模板'[管理一级科目]))="%",
    FORMAT([管理利润.利润表.增长],"#0.00%;-#0.00%"),
    AMTadjust
)

4）计算增长率

管理利润:利润表.增长率 =
If(
    RIGHT(MAX('管理利润表模板'[管理一级科目]))<>"%",
    DIVIDE([管理利润:利润表.增长.显示],ABS([管理利润:利润表.同期.显示]))

```
//需要考虑基数为负数时增长率的计算
)
```

5）本期预算

本期预算的处理方法与本期金额基本一致。其中，本期预算销售收入度量值在第3章收入预算分析中已经进行了处理。

- 预算销售成本的 DAX 表达式如下：

```
管理利润:预算成本.基本 =
DIVIDE ( SUM ( 'F预算销售成本'[预算成本] ), MAX ( '金额单位表'[倍数] ) )
```

```
管理利润:预算成本.本期 =
CALCULATE (
    [管理利润:预算成本.基本],
    TREATAS ( VALUES ( 'D产品表'[产品类别] ), 'F预算销售成本'[产品类别] ),
    TREATAS ( VALUES ( 'D日期表'[年] ), 'F预算销售成本'[年] ),
    TREATAS ( VALUES ( 'D日期表'[月] ), 'F预算销售成本'[月] )
)//将预算成本数据与相关维度表关联
```

- 预算销售毛利及毛利率的 DAX 表达式如下：

```
管理利润:预算毛利.本期 = [收入分析:预算收入.本期]-[管理利润:预算成本.本期]
```

```
管理利润:预算毛利%.本期 = DIVIDE([管理利润:预算毛利.本期],[收入分析:预算收入.本期])
```

- 预算费用及其他项目的 DAX 表达式如下：

```
管理利润:预算费用及其他.基本 =
DIVIDE(SUM('F费用及其他预算'[预算金额]),MAX('金额单位表'[倍数]))
```

```
管理利润:预算费用及其他.本期 =
 CALCULATE(
    [管理利润:预算费用及其他.基本],
    TREATAS(VALUES('D日期表'[年]),'F费用及其他预算'[年]),
    TREATAS(VALUES('D日期表'[月]),'F费用及其他预算'[月])
)
```

```
管理利润:预算费用.本期 =
CALCULATE(
   [管理利润:预算费用及其他.本期],
  'F费用及其他预算'[管理一级科目]<>"其他损益"
)
```

```
管理利润:预算其他损益.本期 =
CALCULATE(
    [管理利润:预算费用及其他.本期],
    'F 费用及其他预算'[管理一级科目]="其他损益"
)
```

- 预算经营利润及经营利润率的 DAX 表达式如下:

```
管理利润:预算经营利润.本期 =
[管理利润:预算毛利.本期] - [管理利润:预算费用.本期]
    + CALCULATE (
        [管理利润:预算费用及其他.本期], 'F 费用及其他预算'[管理一级科目] = "所得税费用"
    ) //经营利润计算不扣减所得税费用
```

```
管理利润:预算经营利润%.本期 =
DIVIDE ( [管理利润:预算经营利润.本期], [收入分析:预算收入.本期] )
```

- 预算利润总额的 DAX 表达式如下:

```
管理利润:预算利润总额.本期 =
[管理利润:预算经营利润.本期] + [管理利润:预算其他损益.本期]
```

- 预算净利润及净利率:

```
管理利润:预算净利润.本期 =
[管理利润:预算毛利.本期]+[管理利润:预算其他损益.本期]-[管理利润:预算费用.本期]
```

```
管理利润:预算净利润率%.本期 =
DIVIDE([管理利润:预算净利润.本期],[收入分析:预算收入.本期])
```

- 将上述度量值与管理利润表模板关联,DAX 表达式如下:

```
管理利润:利润表.预算.本期 =
VAR lev1=SELECTEDVALUE('管理利润表模板'[管理一级科目])
VAR length=MAX('管理利润表模板'[科目长度])
VAR Amt=
SWITCH(
    TRUE,
    ISINSCOPE('管理利润表模板'[管理三级科目]),BLANK(),
    ISINSCOPE('管理利润表模板'[管理二级科目]),
    SWITCH(
        TRUE(),
        lev1="销售收入",
            CALCULATE(
                [收入分析:预算收入.本期],
```

```
                TREATAS(VALUES('管理利润表模板'[管理二级科目]),'D产品表'[产品类别])
            ),
        lev1="销售成本",
            CALCULATE(
                [管理利润:预算成本.本期],
                TREATAS(VALUES('管理利润表模板'[管理二级科目]),'D产品表'[产品类别])
            ),
        lev1="销售毛利",
            CALCULATE(
                [管理利润:预算毛利.本期],
                TREATAS(VALUES('管理利润表模板'[管理二级科目]),'D产品表'[产品类别])
            ),
        lev1="销售毛利%",
            CALCULATE(
                [管理利润:预算毛利%.本期],
                TREATAS(VALUES('管理利润表模板'[管理二级科目]),'D产品表'[产品类别])
            ),
        CALCULATE(
            [管理利润:预算费用.本期],
            TREATAS(
                VALUES('管理利润表模板'[管理二级科目]),'F费用及其他预算'[管理二级科目])
            )
    ),
    ISINSCOPE('管理利润表模板'[管理一级科目]),
    SWITCH(
        TRUE,
        lev1="销售收入",[收入分析:预算收入.本期],
        lev1="销售成本",[管理利润:预算成本.本期],
        lev1="销售毛利",[管理利润:预算毛利.本期],
        lev1="销售毛利%",[管理利润:预算毛利%.本期],
        lev1="经营利润",[管理利润:预算经营利润.本期],
        lev1="经营利润率%",
            DIVIDE([管理利润:预算经营利润.本期],[收入分析:预算收入.本期]),
        lev1="利润总额",[管理利润:预算利润总额.本期],
        lev1="净利润",[管理利润:预算净利润.本期],
        lev1="净利润率%",[管理利润:预算净利润率%.本期],
        CALCULATE(
```

```
            [管理利润:预算费用及其他.本期],
            TREATAS(
                VALUES('管理利润表模板'[管理一级科目]),'F费用及其他预算'[管理一级科目])
            )
        )
)
RETURN
IF(length<[管理利润:利润表展开级数],BLANK(),Amt)
```

- 将度量值"管理利润:利润表.预算.本期"格式化显示,DAX 表达式如下:

```
管理利润:利润表.预算.显示 =
IF(
    [管理利润:利润表.预算.本期]<>BLANK()&&
        RIGHT(MAX('管理利润表模板'[管理一级科目]))="%",
    FORMAT([管理利润:利润表.预算.本期],"#0.00%;-#0.00%"),
    [管理利润:利润表.预算.本期]
)
```

6)预算执行差异

```
管理利润:利润表.预算.差异 =
VAR ac=
IF(
    [管理利润:利润表.本期]<>BLANK()&&
        RIGHT(MAX('管理利润表模板'[管理一级科目]))="%",
    [管理利润:利润表.本期],
    [管理利润:利润表.本期.显示]
)
VAR bc=[管理利润:利润表.预算.本期]
RETURN
IF(bc<>BLANK(),ac-bc)


管理利润:利润表.预算.差异.显示 =
IF(
    [管理利润:利润表.预算.差异]<>BLANK()&&
        RIGHT(MAX('管理利润表模板'[管理一级科目]))="%",
    FORMAT([管理利润:利润表.预算.差异],"#0.00%;-#0.00%"),
    [管理利润:利润表.预算.差异]
)
```

7）执行差异率

```
管理利润:利润表.预算执行率 =
VAR ac=[管理利润:利润表.本期.显示]
VAR bc=[管理利润:利润表.预算.本期]
RETURN
IF(
    bc<>BLANK()&&RIGHT(MAX('管理利润表模板'[管理一级科目]))<>"%",
    IF(
        bc<0,2-DIVIDE(ac,bc),
        DIVIDE(ac,bc)
    )//注意预算数据为负数的情形
)
```

3. 设置矩阵样式

（1）插入"矩阵"视觉对象，然后将其"行"字段设置为"管理利润表模板"的"管理一级科目"列、"管理二级科目"列和"管理三级科目"列，"值"字段设置为度量值"管理利润:利润表.本期.显示"、"管理利润:利润表.同期.显示"、"管理利润:利润表.增长.显示"、"管理利润:利润表.增长率"、"管理利润:利润表.预算.显示"、"管理利润:利润表.预算.差异.显示"和"管理利润:利润表.预算执行率"。

（2）设置"总计"行。由于"总计"行没有实际意义，因此可以在"格式"属性面板中将"总计"的字体颜色设置为白色（见图6-13），以达到隐藏"总计"行的目的。

图6-13 设置"总计"行

（3）设置值字段的条件格式。

- 设置值字段"管理利润:利润表.增长率"的条件格式。

在矩阵"字段"属性面板中，右击值字段"管理利润:利润表.增长率"，在弹出的菜单中选择"条件格式"→"图标"命令，然后按照如图6-14所示进行设置。

图 6-14 设置"增长率"图标

- 设置值字段"管理利润:利润表.预算执行率"的条件格式。

要设置预算执行率的提醒图标,还需要编写一个辅助度量值,用来说明当前超预算是有利差异还是不利差异,该度量值的 DAX 表达式如下:

```
管理利润:利润表.预算执行率.提醒 =
IF(
    MAX('管理利润表模板'[一级科目方向])="贷",[管理利润:利润表.预算.差异],
    -[管理利润:利润表.预算.差异]
)
```

然后在矩阵"字段"属性面板中,右击值字段"管理利润:利润表.预算执行率",在弹出的菜单中选择"条件格式"→"图标"命令,按照如图 6-15 所示进行设置。

图 6-15 设置"执行率"图标

- 设置矩阵其他值字段的条件格式。

矩阵其他字段均为绝对数，可以都设置为数据条显示。在矩阵"字段"属性面板中，右击需要设置的值字段，在弹出的菜单中，选择"条件格式"→"数据条"命令，将正数设置为蓝色，负数设置为红色。设置完成后的管理利润表矩阵如图6-16所示。

管理一级科目	本期	同期	增长额	增长率	预算	执行差异	执行率
税金及附加	1,225,924	635,515	590,409	92.90%	1,088,179	137,745	112.66%
⊟ 运营费用	37,867,018	21,261,068	16,605,950	78.10%	35,773,333	2,093,685	105.85%
折旧摊销	1,357,747	609,653	748,094	122.71%	1,244,507	113,240	109.10%
人工费用	7,656,094	5,844,953	1,811,140	30.99%	7,266,764	389,330	105.36%
日常运营费	9,379,652	5,234,192	4,145,460	79.20%	9,017,037	362,615	104.02%
市场运营费	13,335,370	6,638,850	6,696,520	100.87%	12,195,862	1,139,508	109.34%
外部服务费	3,597,348	1,686,980	1,910,368	113.24%	3,488,086	109,262	103.13%
研究开发费	2,353,787	1,147,171	1,206,616	105.18%	2,381,393	-27,606	98.84%
其他运营费用	187,020	99,270	87,750	88.40%	179,684	7,336	104.08%
⊟ 财务费用	539,814	392,212	147,602	37.63%	500,184	39,630	107.92%
利息收入	61,296	31,776	29,520	92.90%			
利息支出	233,333	233,333	0	0.00%			
手续费	367,777	190,654	177,123	92.90%			
⊟ 资产减值损失	70,240	89,325	-19,085	-21.37%	71,019	-779	98.90%

图6-16　管理利润表矩阵

6.1.3　创建利润执行差异构成图

在管理利润表中，利润指标最复杂，许多项目（因素）都会影响利润的执行，它是多种因素相互作用的结果，为了弄清利润执行差异的构成，可以使用瀑布图将影响利润执行差异的主要项目都呈现出来，使报表使用人可以直观地了解各因素对利润的执行是有利差异还是不利差异。

（1）插入"瀑布图"视觉对象，将其"类别"字段设置为"管理利润表模板"的"管理一级科目"列，"值"字段设置为度量值"管理利润:利润表.预算执行率.提醒"。

（2）选中瀑布图，展开"筛选器"窗口，筛选"管理一级科目"下的"销售收入"、"销售成本"、"税金及附加"、"运营费用"、"财务费用"、"资产减值损失"、"其他损益"和"所得税费用"科目。

（3）在瀑布图"格式"属性面板中，展开"情绪颜色"选项，将"提高"设置为蓝色，"降低"设置为红色，"总计"设置为灰色。设置完成后的效果如图6-17所示。

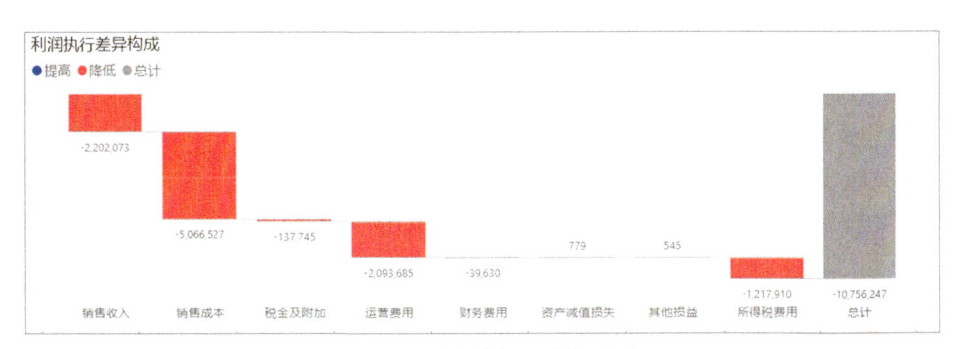

图 6-17　利润执行差异构成图

6.1.4　创建关键指标图

管理利润表项目较多,可以根据报表使用人的关注重点,单独创建几个关键指标图,简单明了地告诉报表使用人目前关键指标的最新情况。创建关键指标图的步骤如下。

(1)插入"KPI"视觉对象,将其"指标"字段设置为度量值"收入分析:销售收入","走向轴"字段设置为"日期表"的"月"列,"目标值"字段设置为度量值"收入分析:预算收入.本期"。

(2)在该视觉对象的"格式"属性面板中,将其"目标"选项中的"标签"设置为"预算"。

(3)参照步骤(1)和(2),再创建"毛利率"、"经营利润"和"经营利润率"这3个指标图。设置完成后的效果如图 6-18 所示。

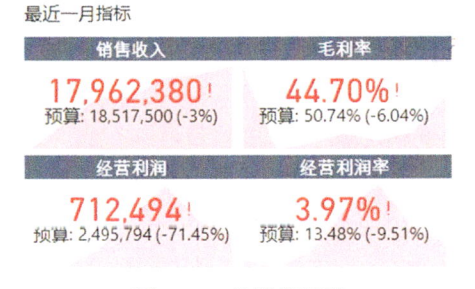

图 6-18　关键指标图

6.2　创建销售毛利分析报表

毛利是企业获取利润的基础,一般来说,毛利率越高,企业的盈利能力越强。毛利率主要受行业影响,不同行业的毛利率差别较大,但是对于同一行业而言,不同企业的毛利率也可能存在较大的差别，这往往是由成本管控能力的强弱决定的，毛利率越高，成本管控能力就越强，利润空间也就越大，竞争力也就越强。因此，毛利率是一个十分重要的指标，并且是企业重点关注和分析的指标。本节以管理利润表模型为基础，利用 Power BI 创建多维销售毛利分析报表，页面效果如图 6-19 所示。

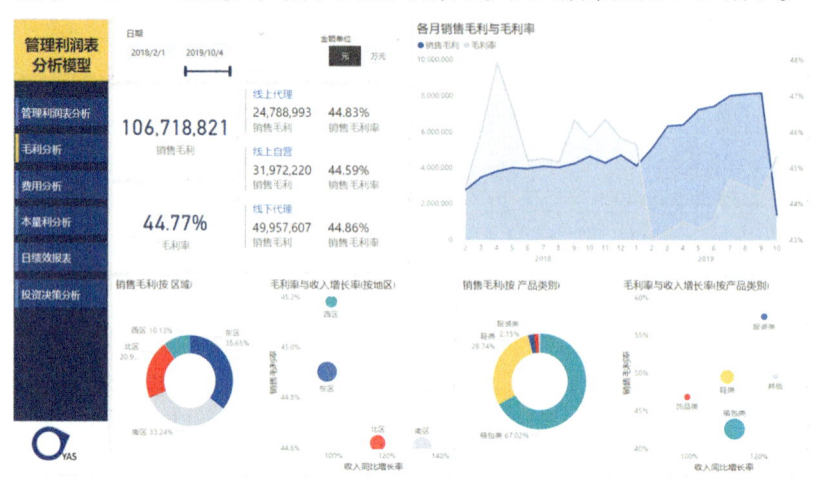

图 6-19 毛利分析页面

6.2.1 创建关键指标图

毛利的相关指标虽然比较简单，但是维度较多，要想把不同维度下的毛利指标用 Excel 都计算出来，难度也不小。如果用 Power BI 处理，则十分容易，需要考虑的是，报表使用人主要关注哪些维度，可以将重点关注维度的毛利单独呈现出来。

1．设置筛选条件

新建一页，命名为"毛利分析"，然后将"D 日期表"的"Date"列及"金额单位表"的"单位"列用视觉对象切片器展示出来，其中，"日期"切片器样式设置为"介于"，如图 6-20 所示。

图 6-20 设置"日期"切片器

2．设置指标图

由于毛利相关度量值在上面已经进行了编写，可以直接应用于指标图，操作步骤如下。

（1）插入"多行卡"视觉对象，然后将其"字段"设置为"F销售订单表"表的"渠道"列，以及度量值"管理利润:销售毛利.本期"和"管理利润:销售毛利%.本期"。

（2）插入两个"卡片图"视觉对象，然后将其"字段"分别设置为度量值"管理利润:销售毛利.本期"和"管理利润:销售毛利%.本期"。

将上述指标图设置为合适的大小，调整字体颜色。设置完成后的效果如图6-21所示。

图6-21　毛利关键指标

6.2.2　创建毛利与毛利率变化趋势图

毛利与毛利率变化趋势图反映了毛利与毛利率随时间的变化趋势。毛利与毛利率可能是同向变化，也可能是反向变化，同向变化很容易理解，但反向变化相对复杂，可能是企业战略调整（如降价薄利多销，导致毛利增长，毛利率下降），也可能是经营环境发生变化，企业没有及时调整战略。下面使用"分区图"视觉对象创建毛利与毛利率变化趋势图，操作步骤如下。

（1）插入"分区图"视觉对象，将其"轴"字段设置为"D日期表"的"年"列和"月"列，"值"字段设置为度量值"管理利润:销售毛利.本期"，"次要值"字段设置为度量值"管理利润:销售毛利%.本期"。

（2）单击该视觉对象右上方的"展开层次结构中的所有下移级别"按钮，然后单击右上角的"更多选项"按钮，选择"以升序排序"命令，并将排序方式设置为"年 月"。

（3）关闭"X轴"→"连接标签"属性。在该视觉对象的"格式"属性面板中，将"X轴"→"连接标签"属性设置为"关"。设置完成后的效果如图6-22所示。

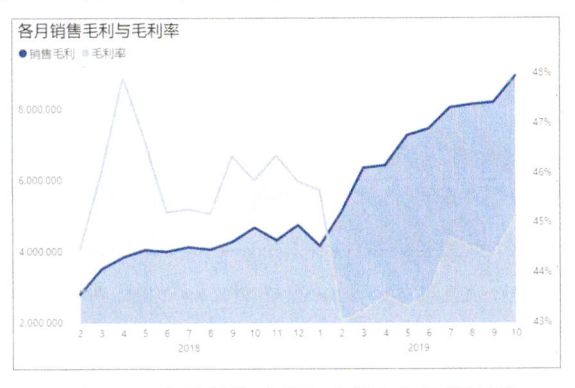

图6-22　各月销售毛利与毛利率变化趋势图

6.2.3　创建区域毛利分析图

不同的区域（市场），由于竞争强弱不同，因此毛利及毛利率的差异可能很大。有的区域（市场）虽然毛利较高，但收入增长率较低，对于这类区域（市场）的企业，可以适当降低价格，提高市场占有率。下面创建区域毛利分析图及区域毛利率与收入增长的关系图，操作步骤如下。

（1）插入"环形图"视觉对象，将其"图例"字段设置为"D 城市表"的"区域"列，"值"字段设置为度量值"管理利润:销售毛利.本期"。

（2）插入"散点图"视觉对象，将其"图例"字段设置为"D 城市表"的"区域"列，"大小"字段设置为度量值"收入分析:销售收入"，"X 轴"字段设置为度量值"收入分析:收入同期差异%"，"Y 轴"字段设置为度量值"管理利润:销售毛利%.本期"。

上述设置完成后，将上面 2 个视觉对象合理排列，并选择合适的颜色，最终效果如图 6-23 所示。

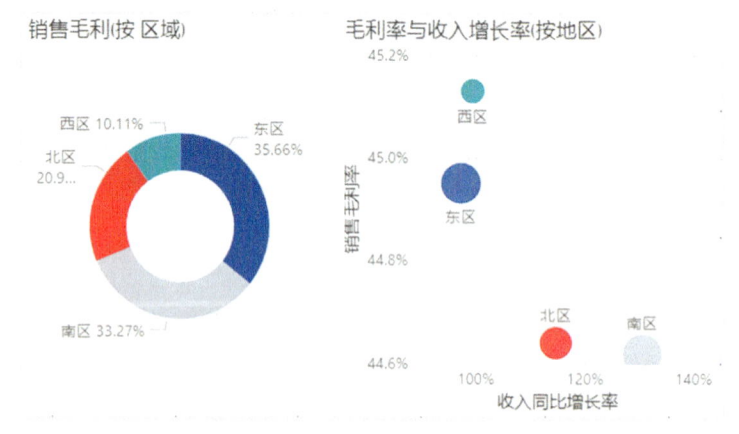

图 6-23　毛利区域分析图表

6.2.4　创建产品毛利分析图

和区域毛利分析一样，产品毛利也是分析企业毛利常用的维度，通过对产品毛利进行分析可以了解到企业哪些产品可以获取利润，哪些产品无法获取利润，从而制定相应的策略。产品毛利分析图的创建十分简单，可以参照区域毛利分析图的创建步骤，也可以直接将区域毛利分析图复制一份，然后将"环形图"和"散点图"的"图例"字段更改为"D 产品表"的"产品类别"列，其效果如图 6-24 所示。

第 6 章
创建基于管理利润表的分析报表

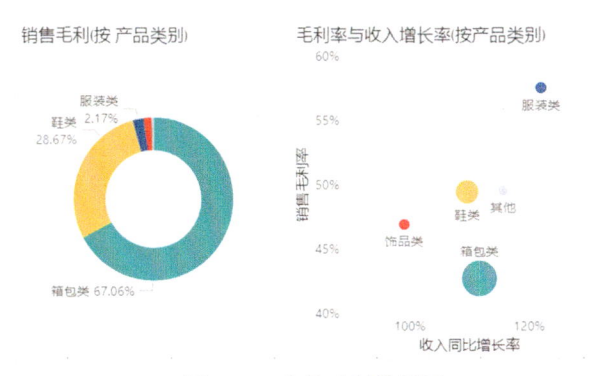

图 6-24 产品毛利分析图

6.3 创建运营费用分析报表

如果说成本水平（毛利率）主要受行业的影响，那么期间费用水平在很大程度上受企业管理能力的影响，企业对期间费用的管控能力越强，企业的管理水平就越高。费用之所以称为费用，是因为费用无法对象化到企业的产品或服务，导致费用发生的业务活动往往只是对企业业务的运转起支撑或后勤保障作用。虽然费用无法对象化到企业的产品或服务，但能归集到部门，因此常常按部门维度分析费用。本节将基于管理利润表模型，使用 Power BI 创建一页以部门维度为主的运营费用分析报表，其效果如图 6-25 所示。

图 6-25 运营费用分析页面

211

6.3.1 导入部门表

由于运营费用需要分析各责任部门的费用执行情况，因此需要将部门表导入模型中，并将其与部门辅助核算表、费用预算表等建立关联，操作步骤如下。

（1）在功能区中选择"主页"→"从 Microsoft Excel 工作簿导入数据"命令，在弹出的窗口中选择"部门表"文件所在的路径，单击"打开"按钮，然后在弹出的窗口中选择要导入的工作表，最后单击"转换数据"按钮进入 Power Query 编辑器。

（2）进入 Power Query 编辑器后，在功能区中单击"主页"→"将第一行用作标题"按钮，然后将本查询重名为"D 部门表"，最后单击"关闭并应用"按钮，退出 Power Query 编辑器，至此完成"D 部门表"的加载。

（3）切换至"模型"视图，选择"管理利润表模型"布局后，在右侧的"字段"窗口中将"D 部门表"用鼠标拖至画布中。然后将"D 部门表"通过"部门 ID"列与"F 部门辅助核算表"的"部门辅助核算[部门 ID]"列建立一对多关系，将"D 部门表"的"部门名称"列与"F 费用及其他预算"的"部门"列建立一对多关系。

6.3.2 创建关键指标图

运营费用分析的关键指标主要有实际数与预算数、预算执行率、同比增长率、环比增长率等总体概括性指标，可以用卡片图或多行卡等可视化视觉对象呈现出来，操作步骤如下。

1．设置筛选条件

（1）新建一页，命名为"运营费用分析"，然后将"D 日期表"的"年"列和"月"列，以及"金额单位表"的"金额单位"列用视觉对象切片器展示出来，其中"年"切片器样式设置为"下拉"，"月"切片器和"金额单位"切片器样式设置为"列表"（方向为水平），如图 6-26 所示。

图 6-26 设置切片器样式

（2）展开右侧的"筛选器"窗口，将"D 管理科目与核算科目映射表"的"管理一级科目"列添加至"此页上的筛选器"中，并选择"运营费用"，如图 6-27 所示。

图 6-27　设置"筛选器"窗口

2．编写度量值

1）本期实际费用

管理利润:费用分析.本期 = -CALCULATE([管理利润:成本费用.本期])
//在管理利润表模型中计算利润实际金额时，用负数表示费用，故此处加负号转换成正数

2）本期预算费用

```
管理利润:费用分析.预算 =
VAR AMT=
CALCULATE(
    [管理利润:预算费用及其他.本期],
    TREATAS(
        VALUES('D管理科目与核算科目映射表'[管理二级科目]),
        'F费用及其他预算'[管理二级科目]
    )
)
RETURN
IF(ISINSCOPE('D管理科目与核算科目映射表'[管理三级科目]),BLANK(),AMT)
```

提示：此处考虑到该度量值也适用于后面的明细表，使用 TREATAS 函数与"D管理科目与核算科目映射表"建立虚拟关系。

3）预算执行差异

管理利润:费用分析.执行差异 =
IF([管理利润:费用分析.预算]<>BLANK(),[管理利润:费用分析.本期]-[管理利润:费用分析.预算])

4）预算执行差异率

管理利润:费用分析.执行% = DIVIDE([管理利润:费用分析.本期],[管理利润:费用分析.预算])

5）同比增长率

管理利润:费用分析.同期 =
CALCULATE([管理利润:费用分析.本期],SAMEPERIODLASTYEAR('D日期表'[Date]))

管理利润:费用分析.同比增长率 =
DIVIDE([管理利润:费用分析.本期]-[管理利润:费用分析.同期],[管理利润:费用分析.同期])

6）环比增长率

管理利润:费用分析.上月 =
CALCULATE([管理利润:费用分析.本期],DATEADD('D日期表'[Date],-1,MONTH))

管理利润:费用分析.环比增长率 =
DIVIDE([管理利润:费用分析.本期]-[管理利润:费用分析.上月],[管理利润:费用分析.上月])

3．设置指标图

插入"多行卡"视觉对象，然后将其"字段"设置为度量值"管理利润:费用分析.本期"、"管理利润:费用分析.预算"、"管理利润:费用分析.执行差异"、"管理利润:费用分析.执行%"、"管理利润:费用分析.同比增长率"和"管理利润:费用分析.环比增长率"。

然后设置合适的大小，调整字体颜色，最终效果如图 6-28 所示。

4,675,629	4,572,425	103,204
实际	预算	执行差异
102.26%	80.61%	25.74%
执行%	同比增长%	环比增长%

图 6-28　关键指标图

6.3.3　创建费用执行率与增长率月度趋势图

通过观察费用执行率与增长率在时间维度上的变化情况，可以了解费用执行是否存在季节性波动，是否符合企业的经营规律，是否存在执行异常等。月度趋势图的创建步骤如下。

（1）插入"折线图"视觉对象，将其"轴"字段设置为"D日期表"的"月"列，"值"字段设置为度量值"管理利润:费用分析.执行%"、"管理利润:费用分析.同比增长率"和"管理利润:费用分析.环比增长率"。

（2）选中"月"切片器后，在功能区中单击"格式"→"编辑交互"按钮，然后单击"折线图"视觉对象右上角的"无"按钮（见图 6-29），最后再次单击"编辑交互"按钮，退出"编辑交互"的页面状态。

然后在"折线图"视觉对象的"格式"属性中设置合适的"数据颜色"和"形状"，最终效果如图 6-30 所示。

图 6-29　编辑交互

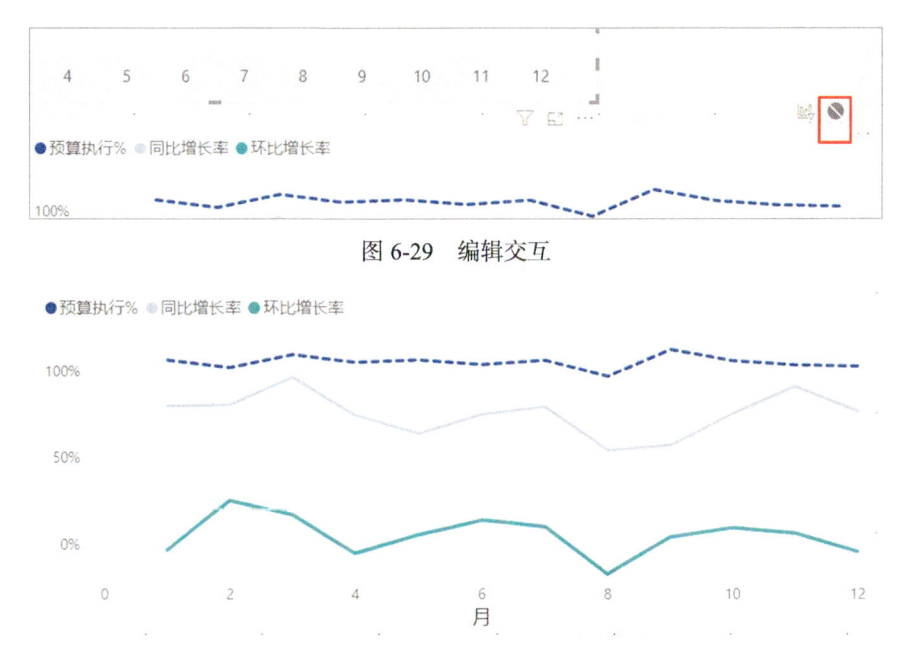

图 6-30　费用执行率与增长率的月度趋势图

6.3.4　创建运营费用部门分布图

运营费用分析的重点在于了解各部门费用的执行情况，借助运营费用部门分布图可以告诉报表使用人哪些部门费用较高或较低，哪些部门的费用超预算或有节余，其执行情况是否与企业的总体要求一致等。创建运营费用部门分布图的操作步骤如下。

（1）插入"簇状条形图"视觉对象，将其"轴"字段设置为"D 部门表"的"部门名称"列，"值"字段设置为度量值"管理利润:费用分析.本期"。

（2）将该视觉对象的"格式"→"数据标签"设置为"开"，然后将"显示单位"设置为"无"。

（3）设置数据颜色。可动态设置超预算的部门数据颜色为红色。展开该视觉对象的"格式"→"数据颜色"属性面板，单击"默认颜色"下方的"*fx*"按钮，弹出"默认颜色"设置窗口，设置的参数如图 6-31 所示。

（4）将该视觉对象的标题更改为"运营费用部门分布（红色表示超预算）"，以便报表使用人了解不同颜色所代表的含义。

以上步骤操作完成后，最终效果如图 6-32 所示。

图 6-31　"默认颜色"的设置规则

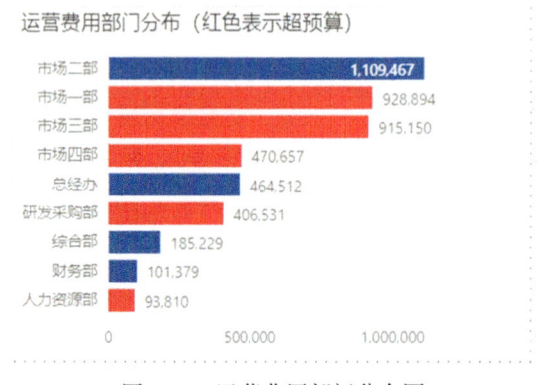

图 6-32　运营费用部门分布图

6.3.5　创建运营费用构成图

根据前面的管理利润表模型可知，管理利润表中的费用科目已经对会计核算费用科目进行了重分类，不再区分是管理费用还是销售费用，这是因为作为一级核算科目的管理费用与销售费用的划分是基于会计准则的，并且实务中大多依据部门性质进行划分，导致不同公司因设置的部门不同而口径不一，所以这种分类对于公司内部管理而言其实意义并不大。因此，按照管理利润表中重分类后的管理科目呈现运营费用的构成，各部门更容易理解。

运营费用构成图的创建十分简单，可以直接将"运营费用部门分布图"复制一份，然后将复制生成的视觉对象的"轴"字段设置为"D 管理科目与核算科目映射表"的"管理二级科目"列，将标题更改为"运营费用构成（红色表示超预算）"，即可创建成功，最终效果如图 6-33 所示。

运营费用构成（红色表示超预算）

项目	金额
市场运营费	1,717,717
人工费用	1,114,021
日常运营费	1,037,594
外部服务费	387,136
研究开发费	261,357
折旧摊销	133,973
其他运营费用	23,831

图 6-33　运营费用构成图

6.3.6　创建运营费用执行明细表

运营费用执行明细表是整个报表的一个补充，可以全面反映运营费用的构成、各部门运营费用预算执行情况、同比增长率、环比增长率等。创建运营费用执行明细表的操作步骤如下。

（1）插入"矩阵"视觉对象，然后将其"行"字段设置为"D 管理科目与核算科目映射表"的"管理二级科目"列和"管理三级科目"列，将其"列"字段设置为"D 部门表"的"部门名称"列，"值"字段设置为度量值"管理利润:费用分析.本期"、"管理利润:费用分析.预算"、"管理利润:费用分析.执行差异"、"管理利润:费用分析.执行%"、"管理利润:费用分析.同比增长率"和"管理利润:费用分析.环比增长率"。

（2）设置条件格式。

将该视觉对象的"值"字段"管理利润:费用分析.本期"、"管理利润:费用分析.预算"和"管理利润:费用分析.执行差异"设置为数据条显示。

在该视觉对象的"字段"属性面板中，右击需要设置的值字段，在弹出的菜单中选择"条件格式"→"数据条"命令，将正数设置为蓝色，负数设置为红色，如图 6-34 所示。

图 6-34　设置"数据条"的颜色

将该视觉对象的"值"字段"管理利润:费用分析.执行%"、"管理利润:费用分析.同比增长率"和"管理利润:费用分析.环比增长率"设置为图标显示,其中预算执行率大于100%的设置为红色●,小于100%设置为绿色●,增长率大于0设置为↑,小于0设置为↓。

下面以矩阵"值"字段"管理利润：费用分析.同比增长率"为例进行介绍。

在该视觉对象的"字段"属性面板中,右击"管理利润：费用分析.同比增长率",在弹出的菜单中选择"条件格式"→"图标"命令,然后按照如图 6-35 所示进行设置。

图 6-35　设置"同比增长率"条件格式

其他两个字段的设置步骤与上述步骤类似,此处不再赘述。设置完成后的效果如图 6-36 所示。

图 6-36　运营费用执行明细表

6.4　创建本量利分析报表

本量利分析是管理会计中重要的分析方法,财政部于 2017 年发布了《管理会计应用指引第 401 号——本量利分析》，该指引对本量利分析的定义如下：是指以成本性态分析和变动成本法为基础，运用数据模型和图式，对成本、利润、业务量与单价等因素之间的依存关系进行分析，发现变动的规律性，为企业进行预测、决策、计划和控制等活动提供支持的一种方法。从定义可以看出，本量利分析的核心在于发现业务规律，然后基于规律进行预测，这个要求正是 Power BI 所擅长的。

本节首先使用 Power BI 进行成本性态分析，然后基于成本性态分析的结果进行敏感性预测分析，并生成本量利关系图，其页面效果如图 6-37 所示。

图 6-37　本量利分析页面

6.4.1　创建关键指标图

本量利的核心公式是（单价-单位变动成本）×业务量-固定成本，通过该公式可以衍生出一些新的概念指标，如边际贡献、边际贡献率、保本点等。这些指标是本量利分析中的关键指标，可以单独呈现出来。

1．设置筛选条件

新建一页，命名为"本量利分析"，然后将"D 日期表"的"年"列和"月"列，以及"金额单位表"的"金额单位"列用视觉对象切片器展示出来，其中"年"切片器的样式设置为"下拉"，"月"切片器和"金额单位"切片器的样式设置为"列表"，方向为"水平"。视觉对象切片器与 6.3 节运营费用分析报表中的一致。

2．编写度量值

1）变动成本费用

管理利润:变动成本 =

```
CALCULATE(
    CALCULATE(
        [库存分析:销售成本(出库金额)],
        TREATAS(VALUES('D管理科目与核算科目映射表'[管理二级科目]),'D产品表'[产品类别])
    ),
    'D管理科目与核算科目映射表'[类别]="变动成本"
)//此处使用TREATAS函数建立虚拟关系,可以通过映射表的管理科目获取成本数
```

管理利润:变动费用 =
`CALCULATE([管理利润:费用分析.本期],'D管理科目与核算科目映射表'[类别]="变动费用")`

管理利润:变动成本费用 = [管理利润:变动成本]+[管理利润:变动费用]

2)边际贡献

管理利润:边际贡献 = [收入分析:销售收入]-[管理利润:变动成本费用]

3)边际贡献率

管理利润:边际贡献率% = `DIVIDE([管理利润:边际贡献],[收入分析:销售收入])`

4)固定成本费用

管理利润:固定成本费用 =
`CALCULATE([管理利润:费用分析.本期],'D管理科目与核算科目映射表'[类别]="固定费用")`

5)保本点销售收入

管理利润:保本点销售收入 = `DIVIDE([管理利润:固定成本费用],[管理利润:边际贡献率%])`

3. 设置指标图

插入4个"卡片图"视觉对象,然后将其"字段"分别设置为度量值"收入分析:销售收入"、"管理利润:边际贡献率%"、"管理利润:保本点销售收入"、"管理利润:经营利润.本期",最后设置合适的大小,并调整字体颜色。设置完成后的效果如图6-38所示。

6,282,342	33.15%
销售收入	边际贡献率%
6,013,167	89,233
保本点销售收入	经营利润

图6-38 本量利分析关键指标图

6.4.2 创建成本性态分析图表

成本性态,即根据成本与业务量的关系,将成本分为固定成本和变动成本。为了让报表使用人对本量利分析中成本的划分及其构成有所了解,可以将固定成本及变动

成本的构成均呈现出来，操作步骤如下。

1. 编写度量值

为了呈现成本结构，还需要编写计算成本结构的度量值。

1）变动成本费用结构

管理利润:变动成本结构比 =
DIVIDE(
    [管理利润:变动成本费用],
    CALCULATE([管理利润:变动成本费用],ALL('D管理科目与核算科目映射表'))
)

2）固定成本费用结构

管理利润:固定成本结构比 =
DIVIDE(
    [管理利润:固定成本费用],
    CALCULATE([管理利润:固定成本费用],ALL('D管理科目与核算科目映射表'))
)

2. 设置图表

（1）插入"环形图"视觉对象，然后将其"值"字段设置为度量值"管理利润:变动成本费用"和"管理利润:固定成本费用"。

（2）展开该视觉对象的"格式"→"详细信息"属性面板，然后将"标签样式"设置为"类别，总百分比"。设置完成后的效果如图6-39所示。

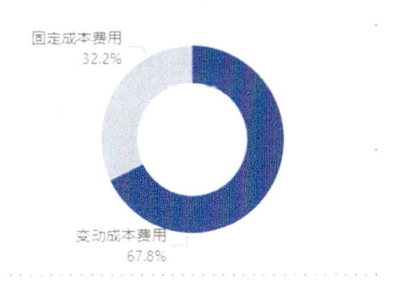

图6-39 固定成本费用与变动成本费用的占比

（3）插入"矩阵"视觉对象，然后将其"行"字段设置为"D管理科目与核算科目映射表"的"管理一级科目"列和"管理二级科目"列，"值"字段设置为度量值"管理利润:变动成本结构比"和"管理利润:变动成本费用"。

（4）将步骤（3）生成的矩阵复制一份，然后将"值"字段更改为度量值"管理利润:固定成本结构比"和"管理利润:固定成本费用"。调整样式，最终的效果如图6-40所示。

管理一级科目	变动成本费用	结构%
⊞ 销售成本	3,488,224	83.06%
⊞ 运营费用	636,109	15.15%
⊞ 税金及附加	75,388	1.80%
总计	4,199,720	100.00%

管理一级科目	固定成本费用	结构%
⊞ 运营费用	1,952,700	97.96%
⊞ 财务费用	52,180	2.62%
⊞ 资产减值损失	-11,591	-0.58%
总计	1,993,389	100.00%

图 6-40　固定成本费用与变动成本费用构成图

6.4.3　创建敏感性分析图表

本量利分析的最终目的是基于当前的成本特性对未来进行预测，但是未来发展存在不确定性，可能会面临多种情况，而敏感性分析正是定量分析有关因素发生某种变化对某个或一组关键指标影响程度的一种不确定分析技术，因此本量利分析常常与敏感性分析相结合。在 Power BI 中，使用模拟参数，通过 DAX 表达式很容易实现敏感性分析。

1. 新建参数

依据本量利的基本公式可知，需要创建平均单价变动%、销售数量变动%、平均单位成本变动%、单位变动费用变动%及固定成本费用变动%等百分比参数，操作步骤如下。

（1）在功能区中单击"建模"→"新建参数"按钮，在弹出的"模拟参数"窗口中设置参数，其中平均单价变动%参数的设置如图 6-41 所示，其他参数设置亦同。

图 6-41　新建模拟参数

（2）设置百分比显示。在右侧选中生成的参数表列，然后在功能区的"列工具"选项卡下，将其"格式"设置为"百分比"，如图6-42所示。

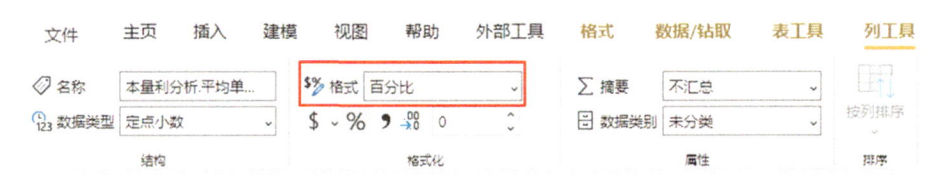

图6-42 设置参数表列百分比显示

2. 编写度量值

1）变动后的销售单价

管理利润:敏感性分析.平均单价 = [收入分析:平均单价]*(1+[本量利分析.平均单价变动%值])

2）变动后的销售数量

管理利润:敏感性分析.销售数量 = [收入分析:销售数量]*(1+[本量利分析.销售数量变动%值])

3）变动后的平均单位销售成本

管理利润:敏感性分析.单位销售成本 =
DIVIDE([库存分析:销售成本(出库金额)],[收入分析:销售数量])
 *(1+[本量利分析.平均单位成本变动%值])

4）变动后的单位变动费用

管理利润:敏感性分析.单位变动费用 =
DIVIDE([管理利润:变动费用],[收入分析:销售数量])*(1+[本量利分析.单位变动费用变动%值])

5）变动后的变动成本费用

管理利润:敏感性分析.变动成本费用 =
([管理利润:敏感性分析.单位销售成本]+[管理利润:敏感性分析.单位变动费用])*[管理利润:敏感性分析.销售数量]

6）变动后的固定成本费用

管理利润:敏感性分析.固定成本费用 =
[管理利润:固定成本费用]*(1+[本量利分析.固定成本费用变动%值])

7）变动后的边际贡献

管理利润:敏感性分析.边际贡献 =
[管理利润:敏感性分析.销售收入]-[管理利润:敏感性分析.变动成本费用]

8）变动后的边际贡献率

管理利润:敏感性分析.边际贡献率 =
DIVIDE([管理利润:敏感性分析.边际贡献],[管理利润:敏感性分析.销售收入])

9）变动后的销售收入

管理利润:敏感性分析.销售收入 =

[管理利润:敏感性分析.平均单价]*[管理利润：敏感性分析.销售数量]

10）销售收入变动百分比

管理利润:敏感性分析.收入变动% =
DIVIDE([管理利润:敏感性分析.销售收入],[收入分析:销售收入])-1

11）变动后的保本点销售收入

管理利润:敏感性分析.保本点销售收入 =
DIVIDE([管理利润:敏感性分析.固定成本费用],[管理利润:敏感性分析.边际贡献率])

12）保本点销售收入变动百分比

管理利润:敏感性分析.保本点变动% =
DIVIDE([管理利润:敏感性分析.保本点销售收入],[管理利润:保本点销售收入])-1

13）变动后的经营利润

管理利润:敏感性分析.经营利润 =
[管理利润:敏感性分析.边际贡献]-[管理利润:敏感性分析.固定成本费用]

14）经营利润变动百分比

管理利润:敏感性分析.经营利润变动% =
DIVIDE(
    [管理利润:敏感性分析.经营利润]-[管理利润:经营利润.本期],
    ABS([管理利润:经营利润.本期])
)

3．设置关键指标输出图

上面已经编写出与本量利敏感性分析相关的度量值，但是将敏感性分析结果输出，还需要使用卡片图等可视化视觉对象来呈现，操作步骤如下。

插入"多行卡"可视化视觉对象，然后将其字段设置为度量值"管理利润:敏感性分析.销售收入"、"管理利润:敏感性分析.收入变动%"、"管理利润:敏感性分析.保本点销售收入"、"管理利润:敏感性分析.保本点变动%"、"管理利润:敏感性分析.经营利润"和"管理利润:敏感性分析.经营利润变动%"。设置完成后的效果如 6-43 所示。

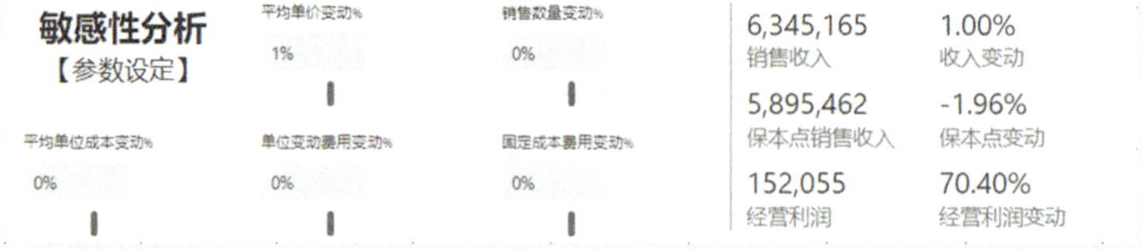

图 6-43　敏感性分析（关键指标）

6.4.4 创建本量利关系图

本量利关系图反映了成本、业务量和利润的变动关系，它能让报表使用人更直观地了解当前模拟条件下的本量利关系，其创建步骤如下。

1．生成辅助销售数量轴

除了散点图，置于图表坐标轴"字段"的必须为表列，因此需要构建存放一组辅助销售数量的表，然后利用该表的"销售数量"列作为坐标轴。该辅助表可以在 Excel 中生成后导入，也可以直接用"新建参数"功能生成，方法如下。

在功能区中单击"建模"→"新建参数"按钮，在弹出的"模拟参数"窗口中设置参数，如图 6-44 所示。

图 6-44　构建辅助数量轴

2．编写度量值

1）销售收入线

```
管理利润:本量利图.收入 =
VAR  AMT=[管理利润:敏感性分析.平均单价]*[本量利分析.数量轴 值]
RETURN
IF(AMT>2*[管理利润:敏感性分析.保本点销售收入],BLANK(),AMT)
//为了重点显示保本点附近的收入，将大于保本点2倍的收入返回空值，进行隐藏处理
```

2）总成本线

管理利润:本量利图.总成本 =

```
VAR AMT=
([管理利润:敏感性分析.单位变动费用]+[管理利润:敏感性分析.单位销售成本])
    *[本量利分析.数量轴 值] +[管理利润:敏感性分析.固定成本费用]
RETURN
IF([管理利润:本量利图.收入]=BLANK(),BLANK(),AMT)
//由于大于保本点2倍的收入进行隐藏处理,因此相应地隐藏成本
```

3）经营利润线

```
管理利润:本量利图.经营利润 = [管理利润:本量利图.收入]-[管理利润:本量利图.总成本]
```

4）标题

```
管理利润:本量利图.标题 =
"本-量-利关系图(边际贡献率:"&FORMAT([管理利润:敏感性分析.边际贡献率],"0.00%")&")"
//标题动态提示当前边际贡献率
```

3．设置图表

（1）插入"分区图"视觉对象，将其"轴"字段设置为"本量利分析.数量轴"表的"本量利分析.数量轴"列，"值"字段设置为度量值"管理利润:本量利图.收入"、"管理利润:本量利图.总成本"和"管理利润:本量利图.经营利润"。

（2）展开该视觉对象的"格式"→"Y轴"属性面板，然后将其"显示单位"设置为"无"。

（3）设置标题。展开该视觉对象的"格式"→"标题"属性面板，然后单击"标题文本"下方的"*fx*"按钮，弹出"标题文本"窗口，设置的参数如图6-45所示。

图6-45 "标题文本"窗口

（4）添加保本点收入线。展开该视觉对象的"分析"→"中值线"属性面板，按照如图6-46所示的方式添加保本点收入线，并将该"中值线"的"数据标签"设置为"开"，"文本"设置为"名称"。

提示：这里度量值"管理利润:本量利图.收入"的中值线之所以是保本点收入线，是因为该度量值只显示保本点2倍以内的值。

设置完成后的本量利关系图如图6-47所示。

图 6-46　添加保本点收入线

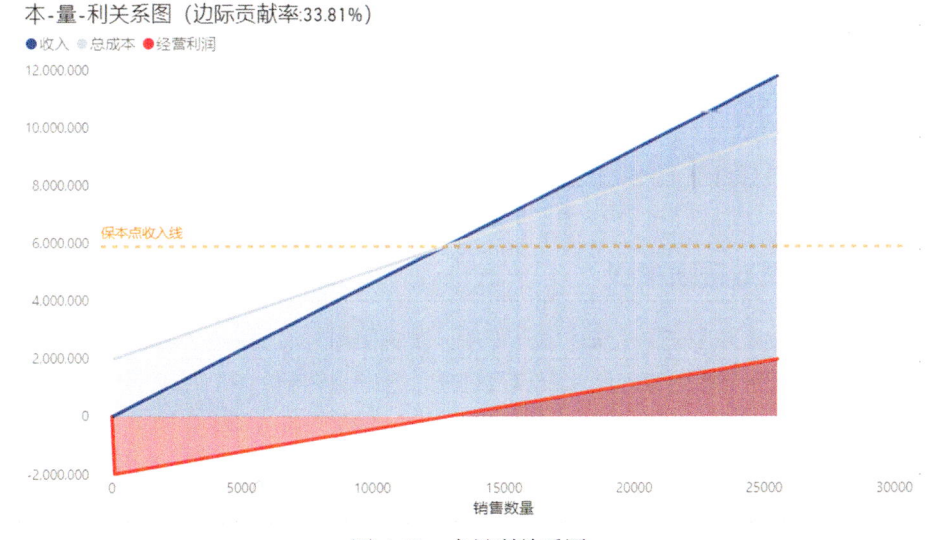

图 6-47　本量利关系图

6.5　创建日绩效报表

随着市场竞争的加剧，企业的绩效意识越来越强，按月出具核算财务报表已经难以满足公司经营管理的需求，精细化管理程度高的公司甚至要求每日出具绩效报表，以便动态掌握公司的经营情况，及时发现问题。显然，传统的按月进行会计分期核算的做法是无法准确提供日绩效数据的，但是，我们可以基于现有业务数据及其历史数据，依据成本与业务量的关系综合预计每日的绩效数据。

本节以管理利润表为基础，利用本量利分析的成果，使用 Power BI 创建日绩效报表，该日绩效报表不仅能提供公司级数据，还能提供各部门、各销售渠道及各产品类

别等层级的日绩效预计数据，其页面效果如图 6-48 所示。

图 6-48　日绩效报表分析页面

6.5.1　导入绩效报表模板

日绩效报表强调时效性，预计成分较多，报表使用人主要关注重点项目。虽然从理论上来说可以完全按照管理利润表科目创建，但是越明细的科目数据，偶然因素就会越多，预计准确性就越差，意义也不大。因此，针对日绩效报表，重新制作了一个模板，现将其导入模型中。

在功能区中选择"主页"→"从 Microsoft Excel 工作簿导入数据"命令，在弹出的窗口中选择"日绩效报表模板"文件所在的路径，单击"打开"按钮，然后在弹出的"导航器"窗口中选择要导入的工作表，最后单击"加载"按钮完成加载。

6.5.2　创建日绩效报表

与 6.1 节类似，导入模板后，就可以依据导入的模板，利用"矩阵"等可视化视觉对象创建日绩效报表，操作步骤如下。

1．设置筛选条件

（1）新建一页，命名为"日绩效报表"，然后将"D 日期表"的"年"列、"月"列和"日"列，以及"金额单位表"的"单位"列、"D 部门表"的"部门名称"列、"D 产品表"的"产品类别"列、"F 销售订单表"的"渠道"列用视觉对象切片器展示出来，如图 6-49 所示。

图 6-49　设置切片器样式

（2）由于成本费用数据在月末才会形成（虚拟公司销售成本核算方法为全月一次加权平均），与月中绩效报表有关的成本费用数据只能引用上月的数据，为了增强模型的灵活性，可以增加辅助切片器，使报表使用人可以自由选择成本费用数据来源是上月还是本月，操作步骤如下。

- 在功能区中单击"主页"→"输入数据"按钮，按照如图 6-50 所示的内容录入，录入完成后，单击"加载"按钮完成辅助表"成本数据"的加载。

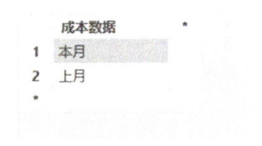

图 6-50　创建辅助表

- 将辅助表"成本数据"的"成本数据"列用视觉对象切片器展示出来，样式可参照"金额单位"切片器样式。

2. 编写度量值

1）本日预计

```
管理利润:绩效报表.收入 =
CALCULATE([收入分析:销售收入],TREATAS(VALUES('D部门表'[责任区域]),'D城市表'[区域]))
//将收入部门与所负责的区域关联
```

```
管理利润:绩效报表.收入.上月/本月 =
IF(
    SELECTEDVALUE('成本数据'[成本数据],"上月")="上月",
    CALCULATE([管理利润:绩效报表.收入],PREVIOUSMONTH('D日期表'[Date])),
    CALCULATE([管理利润:绩效报表.收入],PARALLELPERIOD('D日期表'[Date],0,MONTH))
) //如果用户在"成本数据"切片器中选择"上月"，则返回上月收入，否则返回本月收入
```

```
管理利润:绩效报表.成本 =
SUMX(
    GENERATE(
        VALUES('D产品表'[产品ID]),
```

```
            VALUES('D日期表'[年月])
    ), //使用GENERATE函数生成产品ID与年月所有可能的组合
    IF(
        SELECTEDVALUE('成本数据'[成本数据],"上月")="上月",
        CALCULATE(
            [库存分析:平均单位成本],
            PREVIOUSMONTH('D日期表'[Date])
        ),
        [库存分析:平均单位成本]
    ) //如果用户在"成本数据"切片器中选择"上月",则返回上月单位成本,否则返回本月单位成本
    *
    CALCULATE(
        [收入分析:销售数量],
        TREATAS(VALUES('D部门表'[责任区域]),'D城市表'[区域])
    )
)
```

管理利润:绩效报表.毛利 = [管理利润:绩效报表.收入]-[管理利润:绩效报表.成本]

管理利润:绩效报表.毛利率% =
DIVIDE([管理利润:绩效报表.毛利],[管理利润:绩效报表.收入])*100

管理利润:绩效报表.变动成本分摊系数 = //用于分摊部门的变动费用
```
DIVIDE(
    [管理利润:绩效报表.收入],
    CALCULATE(
        [管理利润:绩效报表.收入.上月/本月],
        ALL('D产品表'),ALL('D城市表'),ALL('F销售订单表'[渠道])
    ) //按本月或上月收入在不同产品、城市、渠道之间分配
)
```

管理利润:绩效报表.变动费用 =
```
VAR DP=SELECTEDVALUE('D部门表'[部门名称])
VAR AMT=
IF(
    SELECTEDVALUE('成本数据'[成本数据],"上月")="上月",
    CALCULATE([管理利润:变动费用],PREVIOUSMONTH('D日期表'[DATE])),
    CALCULATE([管理利润:变动费用],PARALLELPERIOD('D日期表'[DATE],0,MONTH))
)
```

```
RETURN
IF(
    DP IN {"市场一部","市场二部","市场三部","市场四部"},
    AMT*[管理利润:绩效报表.变动成本分摊系数],//收入部门按自身收入预计变动费用
    AMT* CALCULATE([管理利润:绩效报表.变动成本分摊系数],ALL('D部门表'))
    //非收入部门按全公司收入预计变动费用
)

管理利润:绩效报表.固定成本分摊系数 = //用于分摊部门的固定费用
DIVIDE(
    [管理利润:绩效报表.收入],
    CALCULATE(
        [管理利润:绩效报表.收入],
        ALL('D产品表'),ALL('D城市表'),ALL('F销售订单表'[渠道])
    )
)//固定成本以月固定金额按本月实际收入在各部门间分配,与上月收入无关

管理利润:绩效报表.固定费用 =
VAR DP=SELECTEDVALUE('D部门表'[部门名称])
VAR AMT=
IF(
    SELECTEDVALUE('成本数据'[成本数据],"上月")="上月",
    DIVIDE(
        CALCULATE([管理利润:固定成本费用],PREVIOUSMONTH('D日期表'[DATE])),
        COUNTROWS(PREVIOUSMONTH('D日期表'[DATE]))
    ), //获取上月日固定成本费用
    DIVIDE(
        CALCULATE([管理利润:固定成本费用],PARALLELPERIOD('D日期表'[DATE],0,
        MONTH)),
        COUNTROWS(PARALLELPERIOD('D日期表'[DATE],0,MONTH))
    ) //获取本月日固定成本费用
) //将固定成本费用分摊到天
*
COUNTROWS(VALUES('D日期表'[DATE]))
RETURN
IF(
    DP IN {"市场一部","市场二部","市场三部","市场四部"},
    AMT*[管理利润:绩效报表.固定成本分摊系数],
    //收入部门按自身收入预计各产品、渠道等分摊的固定成本
    AMT* CALCULATE([管理利润:绩效报表.固定成本分摊系数],ALL('D部门表'))
```

```
        //非收入部门按全公司收入预计
)

管理利润:绩效报表.经营费用 =
SUMX('D 部门表',[管理利润:绩效报表.变动费用]+[管理利润：绩效报表.固定费用])

管理利润:绩效报表.经营利润 = [管理利润:绩效报表.毛利]-[管理利润:绩效报表.经营费用]

管理利润:绩效报表.经营利润率% =
DIVIDE([管理利润:绩效报表.经营利润],[管理利润:绩效报表.收入])*100

管理利润:绩效报表.本日 =
VAR LEV1=SELECTEDVALUE('日绩效报表模板'[管理一级科目 ])
VAR LEV2=SELECTEDVALUE('日绩效报表模板'[管理二级科目])
RETURN
SWITCH(
    TRUE(),
    LEV1="销售收入",[管理利润:绩效报表.收入],
    LEV1="销售成本",[管理利润:绩效报表.成本],
    LEV1="销售毛利",[管理利润:绩效报表.毛利],
    LEV1="销售毛利%",[管理利润:绩效报表.毛利率%],
    LEV1="经营利润",[管理利润:绩效报表.经营利润],
    LEV1="经营利润率%",[管理利润:绩效报表.经营利润率%],
    LEV1="运营费用"&&LEV2<>BLANK(),
        CALCULATE(
            [管理利润:绩效报表.经营费用],
            TREATAS(
                VALUES('日绩效报表模板'[管理二级科目]),
                'D 管理科目与核算科目映射表'[管理二级科目]
            )
        ),
    CALCULATE(
        [管理利润:绩效报表.经营费用],
        TREATAS(
            VALUES('日绩效报表模板'[管理一级科目]),
            'D 管理科目与核算科目映射表'[管理一级科目 ]
        )
    )
)
```

2）本月累计

管理利润:绩效报表.本月累计 =

```
CALCULATE(
    [管理利润:绩效报表.本日],
    FILTER(ALL('D日期表'[日]),'D日期表'[日]<=MAX('D日期表'[日]))
)
```

3）本月预算

管理利润:绩效报表.预算收入 =
```
CALCULATE(
    [收入分析:预算收入.本期],
    TREATAS(VALUES('D部门表'[责任区域]),'D城市表'[区域])
)
*
DIVIDE(
    CALCULATE([管理利润:绩效报表.收入],PARALLELPERIOD('D日期表'[Date],-12,MONTH)),
    //取得上年同期收入
    CALCULATE(
        [管理利润:绩效报表.收入],
        PARALLELPERIOD('D日期表'[Date],-12,MONTH),ALL('F销售订单表'[渠道])
    ) //取得上年同期收入（所有渠道）
) //收入预算缺少渠道维度数据，采用上年同期实际数据将预算收入在各渠道之间分配
```

管理利润:绩效报表.预算成本 =
```
CALCULATE(
    [管理利润:预算成本.本期],
    TREATAS(VALUES('D部门表'[责任区域]),'D城市表'[区域])
)
*
DIVIDE(
    CALCULATE([管理利润:绩效报表.收入],PARALLELPERIOD('D日期表'[Date],-12,MONTH)),
    CALCULATE(
        [管理利润:绩效报表.收入],
        PARALLELPERIOD('D日期表'[Date],-12,MONTH),ALL('F销售订单表'[渠道])
    )
) //成本预算缺少渠道维度数据，采用上年同期实际数据将预算成本在各渠道之间分配
```

管理利润:绩效报表.预算毛利 = [管理利润:绩效报表.预算收入]-[管理利润:绩效报表.预算成本]

管理利润:绩效报表.预算经营费用 =
```
CALCULATE(
    [管理利润:绩效报表.预算费用及其他],
```

智能管理会计：
从 Excel 到 Power BI 的业务与财务分析

```
    FILTER('F 费用及其他预算',
        NOT(
            'F 费用及其他预算'[管理一级科目]="其他损益"
            ||'F 费用及其他预算'[管理一级科目]="所得税费用"
        )
    ) //剔除"其他损益"和"所得税费用"
)

管理利润:绩效报表.预算费用及其他 =
VAR dp =SELECTEDVALUE('D 部门表'[部门名称])
RETURN
SUMX('D 部门表',
    IF(
        dp IN {"市场一部","市场二部","市场三部","市场四部"},
        [管理利润:预算费用及其他.本期]
        *DIVIDE(
            [管理利润:绩效报表.收入],
            CALCULATE(
                [管理利润:绩效报表.收入],
                ALL('D 产品表'),ALL('D 城市表'),ALL('F 销售订单表'[渠道])
            )
        ), //收入部门按各部门负责的收入在不同产品及城市收入中的占比预计
        [管理利润:预算费用及其他.本期]
        *DIVIDE(
            CALCULATE([管理利润:绩效报表.收入],ALL('D 部门表')),
            CALCULATE(
                [管理利润:绩效报表.收入],
                ALL('D 产品表'),ALL('D 城市表'),
                ALL('F 销售订单表'[渠道]),ALL('D 部门表')
            )
        ) //非收入部门按全公司收入在不同产品及城市收入中的占比预计
    )
)

管理利润:绩效报表.当月预算 =
VAR LEV1=SELECTEDVALUE('日绩效报表模板'[管理一级科目])
VAR LEV2=SELECTEDVALUE('日绩效报表模板'[管理二级科目])
RETURN
SWITCH(
    TRUE(),
```

```
LEV1="销售收入",[管理利润:绩效报表.预算收入],
LEV1="销售成本",[管理利润:绩效报表.预算成本],
LEV1="销售毛利",[管理利润:绩效报表.预算毛利],
LEV1="销售毛利%",
    DIVIDE([管理利润:绩效报表.预算毛利],[管理利润:绩效报表.预算收入])*100,
LEV1="经营利润",[管理利润:绩效报表.预算毛利]-[管理利润:绩效报表.预算经营费用],
LEV1="经营利润率%",
    DIVIDE(
        [管理利润:绩效报表.预算毛利]-[管理利润:绩效报表.预算经营费用],
        [管理利润:绩效报表.预算收入]
    )*100,
LEV1="运营费用"&&LEV2<>BLANK(),
    CALCULATE(
        [管理利润:绩效报表.预算费用及其他],
        TREATAS(
            VALUES('日绩效报表模板'[管理二级科目]),
            'F费用及其他预算'[管理二级科目]
        )
    ),
    CALCULATE(
        [管理利润:绩效报表.预算费用及其他],
        TREATAS(
            VALUES('日绩效报表模板'[管理一级科目]),
            'F费用及其他预算'[管理一级科目]
        )
    )
)
```

4）预算执行率

```
管理利润:绩效报表.预算执行率 =
VAR LEV1=SELECTEDVALUE('日绩效报表模板'[管理一级科目])
VAR BC=[管理利润:绩效报表.当月预算]
VAR AC=[管理利润:绩效报表.本月累计]
RETURN
SWITCH(
    TRUE(),
    LEV1="销售毛利%"||LEV1="经营利润率%",BLANK(),
    IF(
        BC<0,2-DIVIDE(AC,BC),
```

```
        DIVIDE(AC,BC)
    )
)
```

5)预算执行进度提示

可以使用 DAX 表达式动态计算当月累计预算执行进度是否达到时间进度：

管理利润:绩效报表.时间进度 =
```
DIVIDE(MAX('D日期表'[日]),CALCULATE(COUNTROWS('D日期表'),ALL('D日期表'[日])))
```

管理利润:绩效报表.进度提示 =
```
VAR lev1=SELECTEDVALUE('日绩效报表模板'[管理一级科目])
RETURN
SWITCH(TRUE(),
    lev1="经营利润率%"||lev1="销售毛利%",
    BLANK(),
    lev1="销售收入"||lev1="销售毛利"||lev1="经营利润",
    IF([管理利润:绩效报表.时间进度]<=[管理利润:绩效报表.预算执行率],1,0),
    IF([管理利润:绩效报表.时间进度]<=[管理利润:绩效报表.预算执行率],0,1)
)
```

3. 设置矩阵样式

（1）插入"矩阵"视觉对象，将其"行"字段设置为"日绩效报表模板"的"绩效报表科目序号"列和"项目名称"列，然后单击其左上角的"展开层次结构中的所有下移级别"按钮，将矩阵中的所有层级结构展开。

（2）关闭"渐变布局"功能。展开其"格式"→"行标题"属性面板，然后将"渐变布局"设置为"关"。

（3）将鼠标指针移至"绩效报表科目序号"列和"项目名称"列的列标题之间，当鼠标指针发生变化时，拖动鼠标，将"项目名称"列的宽度调整到最小，达到隐藏效果，然后在"格式"→"列标题"属性面板及"格式"→"行标题"属性面板中将列标题与行标题的"自动换行"设置为"关"。

（4）将"值"字段设置为度量值"管理利润:绩效报表.本日"、"管理利润:绩效报表.本月累计"、"管理利润:绩效报表.当月预算"和"管理利润:绩效报表.预算执行率"。

（5）设置条件格式。在矩阵字段选项卡中，右击值字段"管理利润:绩效报表.预算执行率"，在弹出的菜单中选择"条件格式"→"图标"命令，然后按照如图 6-51 所示设置相关参数，其他 3 个字段设置为"数据条"显示。

第 6 章
创建基于管理利润表的分析报表

图 6-51 设置"预算执行率"图标样式

（6）为了让报表使用人了解当前"预算执行率"提示图标的意义，可以在矩阵下方插入"文本框"，然后输入"注：绿色图标表示月度累计预计优于预算时间进度值，红色图标反之。其中收入、利润类项目月度累计超预算时间进度值，显示绿色图标，成本费用类反之。"。设置完成后的日绩效报表如图 6-52 所示。

项目名称	本日	本月累计	当月预算	预算执行率
一、销售收入	393,006.30	11,872,028.80	12,332,900.00	96.26%
二、销售成本	224,375.43	6,764,799.22	6,277,536.00	107.76%
三、销售毛利	168,630.87	5,107,229.58	6,055,364.00	84.34%
毛利率(%)	42.91	43.02	49.10	
四、税金及附加	4,716.08	142,464.35	112,547.00	126.58%
五、运营费用	162,276.97	4,675,629.36	4,572,425.00	102.26%
折旧摊销	4,784.77	133,973.49	132,138.00	101.39%
人工费用	38,504.44	1,114,020.72	1,067,951.00	104.31%
日常运营费	37,056.93	1,037,593.91	1,052,956.00	98.54%
市场运营费	57,919.25	1,717,716.74	1,747,663.00	98.29%
外部服务费	13,826.30	387,136.43	335,739.00	115.31%
研究开发费	9,334.19	261,357.30	214,313.00	121.95%
其他运营费用	851.10	23,830.77	21,665.00	110.00%
六、财务费用	2,462.48	68,949.42	52,402.00	131.58%
七、资产减值损失	-1,434.21	-40,158.00	-28,914.00	61.11%
八、经营利润	609.56	260,344.46	1,346,904.00	19.33%
经营利润率(%)	0.16	2.19	10.92	

注：绿色图标表示月度累计预计优于预算时间进度值，红色图标反之。其中收入、利润类项目月度累计超预算时间进度值，显示绿色图标，成本费用类反之。

图 6-52 日绩效报表

6.5.3　创建关键绩效指标图

一般而言，收入和利润指标是大多数公司关注的重点指标，可以利用卡片图将这些重点指标单独呈现出来，并置于醒目的位置，操作步骤如下。

插入 4 个"卡片图"视觉对象，然后将其"字段"分别设置为度量值"管理利润:绩效报表.收入"、"管理利润:绩效报表.毛利率%"、"管理利润:绩效报表.经营利润"和"管理利润:绩效报表.经营利润率%"，再将其显示名称分别重命名为"当日收入"、"毛利率%"、"经营利润"和"经营利润率%"。设置完成后的效果如 6-53 所示。

393,006　　**42.91**　　**610**　　**0.16**
　收入　　　毛利率%　　经营利润　　经营利润率%

图 6-53　关键绩效指标图

6.5.4　创建部门利润贡献图

一般而言，财务部、人力资源部等部门是成本中心，只对相关的成本费用负责，而销售部门除了对与自己相关的成本费用负责，还需要对收入负责。通过部门利润贡献图可以了解各部门对公司整体利润的影响情况。

（1）插入"簇状条形图"视觉对象，然后将其"轴"字段设置为"D 部门表"的"部门名称"列，"值"字段设置为度量值"管理利润:绩效报表.经营利润"。

（2）展开该视觉对象的"格式"→"数据颜色"属性面板，然后单击"默认颜色"下方的"*fx*"按钮，将度量值"管理利润:绩效报表.经营利润"大于 0 的设置为蓝色，小于 0 的设置为红色。

（3）展开该视觉对象的"格式"→"X 轴"属性面板，然后将"显示单位"设置为"无"。设置完成后的效果如图 6-54 所示。

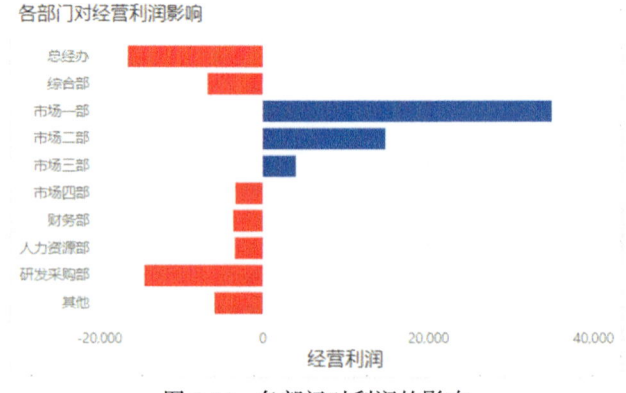

图 6-54　各部门对利润的影响

6.5.5 创建各类产品利润与利润率分布图

不同的产品可能会存在较大的利润差异，有的产品利润收入很多，但利润率不高，有的产品收入不多，但利润率很高，通过分析各类产品利润与利润率的分布情况，可以发现公司的盈利点，这有助于公司制定相应的产品策略。产品利润与利润率分布图的创建步骤如下。

插入"散点图"视觉对象，然后将其"详细信息"字段设置为"D 产品表"的"产品类别"列，"X 轴"字段设置为度量值"管理利润:绩效报表.经营利润率%"，"Y 轴"字段设置为度量值"管理利润:绩效报表.经营利润"，"大小"字段设置为度量值"管理利润:绩效报表.收入"。设置完成后的效果如图 6-55 所示。

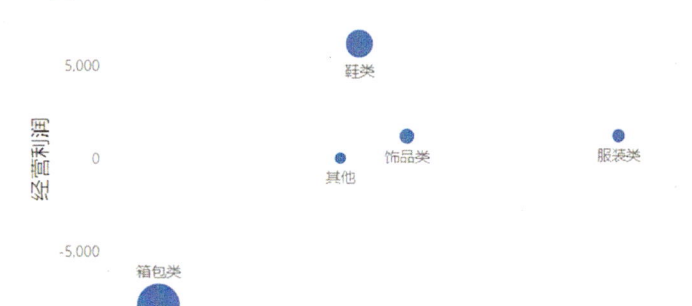

图 6-55　各类产品利润与利润率的分布图

6.6　创建投资决策分析报表

提供公司内部经营管理决策所需的信息是管理会计的重要职能，对项目进行投资决策分析是管理会计师在工作中经常面临的一项工作。财务管理中对项目投资经济效益的评价主要基于现金流量，Excel 中有很多关于现金流量计算的函数，因此，使用 Excel 辅助投资决策分析十分方便。虽然目前在 Power BI 中进行投资决策分析不如 Excel 灵活，但是 Power BI 可以最大限度地从数据模型中抽取历史数据用于投资决策分析。

本节仍然以现金流量的财务评价方法为基础，使用 Power BI 创建虚拟公司是否应在目标城市开设直营店的投资决策分析模型，其页面效果如图 6-56 所示。

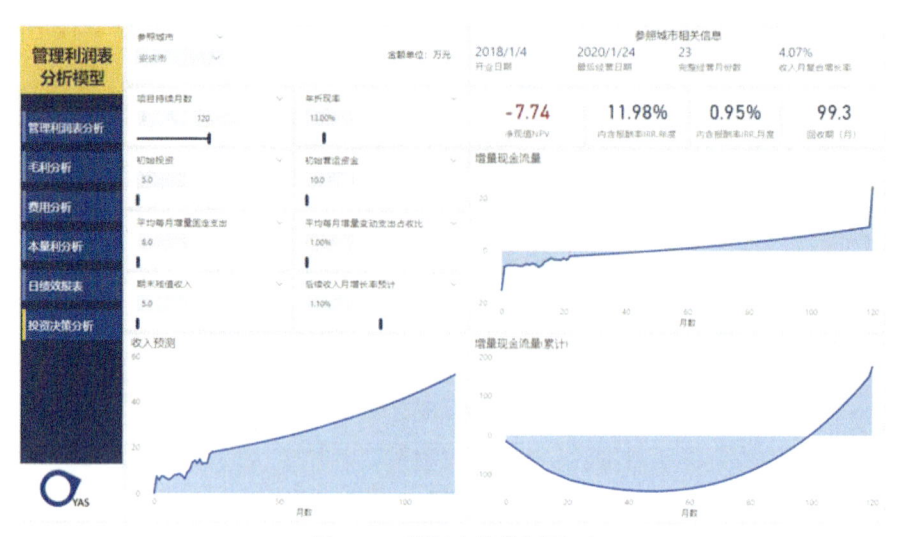

图 6-56　投资决策分析页面

6.6.1　创建目标参照城市相关信息图

虚拟公司是一家销售公司，目前主要以代理销售经营为主，现考虑是否要开设直营店。选择哪座城市开设直营店十分关键，显然，公司在各城市代理商的历史销售数据可以作为一个重要的参考依据，可以基于代理商的历史数据预计在该城市或规模接近的城市开设直营店的收入及现金流量。因此，可以将目标参照城市的开业日期、完整经营月数、收入增长等历史数据显示出来，作为城市筛选的依据之一。

1．设置筛选条件

新建一页，命名为"投资决策分析"，然后将"D 城市表"的"城市"列用可视化视觉对象切片器展示出来。

2．编写度量值

1）目标参照城市开业日期

管理利润:投资分析.开业日期 = FIRSTNONBLANK('D 日期表'[Date],[收入分析:销售收入])

2）目标参照城市最后经营日期

管理利润:投资分析.最后经营日期 = LASTNONBLANK('D 日期表'[Date],[收入分析:销售收入])

3）目标参照城市有效开始日

由于目标参照城市的开业日期可能为月中，计算的平均月收入增长率可能不具备参考价值，因此开业后的第一个完整经营月份的首日才是有效开始日。

管理利润:投资分析.有效开始日 =

```
VAR startDate=[管理利润:投资分析.开业日期]
RETURN
IF(
    DAY(startDate)<>1,
    DATE(YEAR(EDATE(startDate,1)),MONTH(EDATE(startDate,1)),1),
    //EDATE 函数返回在开始日期后的下月月初
    startDate
) //如果开业日期不是一个月的月初,则返回下月月初
```

4）目标参照城市完整经营月份数

```
管理利润:投资分析.完整经营月份数 =
VAR startDate=[管理利润:投资分析.有效开始日]
VAR endDate=[管理利润:投资分析.最后经营日期]
VAR nums=
CALCULATE(
    COUNTROWS(VALUES('D 日期表'[年月])),
    FILTER('D 日期表','D 日期表'[Date]>=startDate&&'D 日期表'[Date]<=endDate)
)
RETURN
IF(
    EOMONTH(endDate,0)=endDate,//EOMONTH 函数返回月末
    nums,
    nums-1
) //如果最后经营日期不等于月末,则返回的统计月份数需要剔除一个非完整经营的月份
```

5）目标参照城市收入月复合增长率

```
管理利润:投资分析.收入月复合增长率.参照城市 =
VAR startDate=[管理利润:投资分析.有效开始日]
VAR nums=[管理利润:投资分析.完整经营月份数]
RETURN
POWER(
    DIVIDE(
        CALCULATE([收入分析:销售收入],
            CALCULATETABLE(
                PARALLELPERIOD('D 日期表'[Date],nums-1,MONTH),
                'D 日期表'[Date]=startDate
            ) //返回最后一个完整经营月份的日期
        ), //计算最后一个完整经营月份的收入
        CALCULATE(
            [收入分析:销售收入],
            'D 日期表'[年月]=YEAR(startDate)*100+MONTH(startDate)
```

```
        ) //计算第一个完整经营月份的收入
    ),
    DIVIDE(1,nums-1)
)-1
```

3. 设置指标图

插入"多行卡"视觉对象，将其"字段"设置为度量值"管理利润:投资分析.开业日期"、"管理利润:投资分析.最后经营日期"、"管理利润:投资分析.完整经营月份数"和"管理利润:投资分析.收入月复合增长率.参照城市"，然后设置合适的显示标题及显示名称，最终效果如图 6-57 所示。

参照城市相关信息

| 2018/1/4 | 2020/1/24 | 23 | 4.07% |
| 开业日期 | 最后经营日期 | 完整经营月份数 | 收入月复合增长率 |

图 6-57　目标参照城市相关指标

6.6.2　创建项目投资输入参数

依据以现金流量为基础的项目投资效益分析模型进行项目投资分析可能需要使用以下输入参数。

- 项目初始投资金额。对于本节的项目而言，可能是门店装修支出，以及计算机、空调等设备采购支出等。
- 初始营运资金。对于本节的项目而言，可能是门店铺货平均占用资金等。
- 项目期末残值收入，即项目投资结束后处置初始投入的资产可能带来的残值现金流入。
- 每期现金流入。对于本节的项目而言，直营店的销售收入由于都是零售，因此可以认为全部是现金流入。
- 每期现金流出。预测现金流出可以分为两部分：一部分是基于收入变化而变化的变动成本支出，如销售成本、销售奖金等；另一部分是固定成本费用支出，如每月的水电费、新增员工固定的基本工资等。
- 折现率。折现率的选取与公司的资金成本及项目本身风险的大小有关，直接影响净现值的计算结果。
- 项目运营周期。项目运营周期也会影响整个项目的净现值的计算。

由于本节创建投资决策分析报表是基于目标参照城市的历史经营数据进行判断的，因此可以假定目标参照城市的历史经营数据就是项目的初期经营数据，没有参照数据的后续月份的收入就按固定的月均收入增长率来预计。同样，对于变动支出，可以按月增量支出占收入比例来预计，固定支出可以按月均增量支出来预计。

下面以项目初始投资金额为例来讲解输入参数的创建步骤。

在功能区中单击"建模"→"新建参数"按钮，在弹出的"模拟参数"窗口中设置参数，如图 6-58 所示。

图 6-58　初始投资参数设定

"投资分析.初始营运资金"、"投资分析.期末残值收入"、"投资分析.每期增量固定支出"参数的设置方法与"资金分析.初始投资"的设置方法相同。

"投资分析.折现率"和"投资分析.每期增量变动支出占收比"需要将"最大值"改为"1"，"增量"改为"0.001"，"投资分析.后续收入月增长率预计"需要将"最大值"改为"1"，"最小值"改为"-1"，"增量"改为"0.001"，然后将这些参数的显示格式设置为"百分比"。

"项目持续月数"由于后续可能需要作为坐标轴用于其他可视化视觉对象，因此采用导入"自定义投资日历表"的方法来实现。

在功能区中选择"主页"→"从 Microsoft Excel 工作簿导入数据"命令，在弹出的窗口中选择"自定义投资日历表"文件所在的路径，单击"打开"按钮，在弹出的窗口中选择要导入的工作表，并单击"加载"按钮完成加载。再将刚导入的"自定义投资日历表"的"月序列"用可视化视觉对象切片器展示出来，并单击切片器右上角的按钮，在弹出的菜单中选择"小于或等于"命令。项目投资决策输入参数如图 6-59 所示。

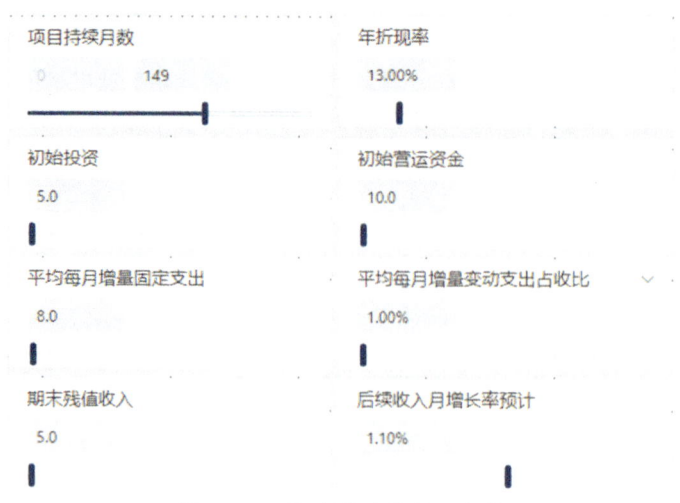

图 6-59　项目投资决策输入参数

6.6.3　创建项目预测收入趋势图

项目收入的预测涉及项目现金收入和基于收入变动支出的预计，也是项目投资决策比较关注的指标，因此，可以将预测收入趋势单独呈现出来。

1. 编写度量值

项目的收入预测分为两段：如果项目运营期间存在目标参照城市历史数据，则用目标参照城市的历史收入作为项目的预测收入；如果后续期间没有可比数据，则采用输入参数"后续收入月增长率预计"的值来预计。例如，某公司计划在 A 城市开设直营店，经研究发现 A 城市的经济水平、居民消费特征与安庆市类似，而该公司又有安庆市 23 个完整月份的历史运营数据，因此，对于在 A 城市开设直营店这一项目，前 23 个完整月份以安庆市的历史收入作为项目的预测收入，之后以第 23 个月的收入乘以后续的预计收入增长率进行预测。DAX 表达式如下：

```
管理利润:投资分析.收入预测 =
VAR nums=[管理利润:投资分析.完整经营月份数]
VAR startDate=[管理利润:投资分析.有效开始日]
VAR GrowthRateofIncome=[投资分析.后续收入月增长率预计 值]
VAR amt=
SUMX(
    VALUES('自定义投资日历表'[月序列]),
    SWITCH(
        TRUE(),
```

```
            '自定义投资日历表'[月序列]=0,0,
            '自定义投资日历表'[月序列]<nums,
                CALCULATE(
                    [收入分析:销售收入],
                    CALCULATETABLE(
                        PARALLELPERIOD(
                            'D日期表'[Date],MAX('自定义投资日历表'[月序列])-1,MONTH
                        ),
                        'D日期表'[Date]=startDate
                    )
                ), //如果有历史运营数据,则按目标参照城市的历史收入数据预计
                CALCULATE(
                    [收入分析:销售收入],
                    CALCULATETABLE(
                        PARALLELPERIOD('D日期表'[Date],nums-1,MONTH),
                        'D日期表'[Date]=startDate
                    )
                )*POWER(1+GrowthRateofIncome,MAX('自定义投资日历表'[月序列])-nums)
            ) //如果没有历史运营数据,则按后续收入月增长率预计
)
RETURN
amt
```

2. 设置趋势图

插入"分区图"视觉对象,然后将其"轴"字段设置为"自定义投资日历表"的"月序列","值"字段设置为度量值"管理利润:投资分析.收入预测"。项目收入预测趋势图如图 6-60 所示。

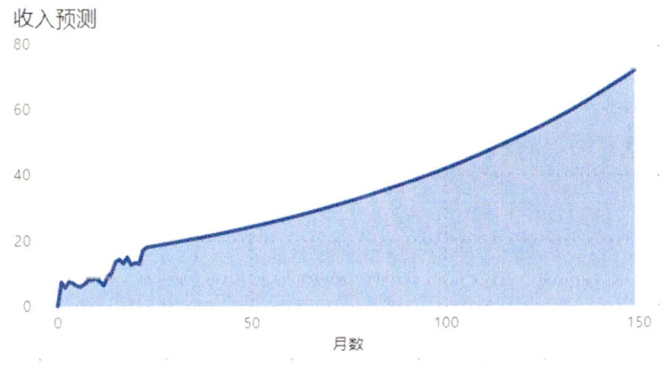

图 6-60　项目收入预测趋势图

6.6.4 创建增量现金净流量趋势图

项目的增量现金流量预测是对项目进行经济效益评价的关键步骤，结合项目的输入参数及收入预测结果就可以对项目的增量现金净流量进行预测，预测步骤如下。

1. 编写度量值

1）计算目标可比城市的现金净流量

与收入预测一样，当存在可比的历史数据时，以历史现金净流量数据作为项目现金净流量预测数据。DAX 表达式如下：

```
管理利润:投资分析.增量经营现金净流量.对标 =
[管理利润:销售毛利.本期]-
[管理利润:变动费用]
*DIVIDE(
    [收入分析:销售收入],
    CALCULATE([收入分析:销售收入],ALL('D城市表'))
)//变动费用按照各城市的收入比例拆分
```

2）计算不考虑新增投资的项目现金净流量

```
管理利润:投资分析.增量现金净流量.不考虑新增投资 =
VAR nums=[管理利润:投资分析.完整经营月份数]
VAR startDate=[管理利润:投资分析.有效开始日]
VAR GrowthRateofIncome=[投资分析.后续收入月增长率预计 值]
VAR amt=
SUMX(
    VALUES('自定义投资日历表'[月序列]),
    SWITCH(
        TRUE(),
        '自定义投资日历表'[月序列]=0, 0,
        '自定义投资日历表'[月序列]<nums,
            CALCULATE(
                [管理利润:投资分析.增量经营现金净流量.对标],
                CALCULATETABLE(
                    PARALLELPERIOD(
                        'D日期表'[Date],MAX('自定义投资日历表'[月序列])-1,MONTH
                    ),
                    'D日期表'[Date]=startDate
                )
            ), //如果有历史现金流量数据，则按历史数据预计
            CALCULATE(
                [管理利润:投资分析.增量经营现金净流量.对标],
```

```
            CALCULATETABLE(
                PARALLELPERIOD('D日期表'[Date],nums-1,MONTH),
                'D日期表'[Date]=startDate
            )
        )*POWER(1+GrowthRateofIncome,'自定义投资日历表'[月序列]-nums)
    ) //如果没有历史现金净流量数据，则按最后一期历史现金净流量及收入增长率预计
)
RETURN
amt
```

3）计算考虑新增投资的项目增量现金净流量

```
管理利润:投资分析.增量现金净流量.考虑新增投资 =
VAR countMaxmonth=
CALCULATE(MAX('自定义投资日历表'[月序列]),ALLSELECTED('自定义投资日历表'))
//项目持续的最大月份
VAR InvestmentofOpenning=[投资分析.初始投资 值]
VAR WorkingCapitalofOpenning=[投资分析.初始营运资金 值]
VAR AddVariableCostRatio=[投资分析.每期增量变动支出占收比 值]
VAR AddFixedCostPMT=[投资分析.每期增量固定支出 值]
VAR Residual=[投资分析.期末残值收入 值]
VAR amt=
SUMX(
    VALUES('自定义投资日历表'[月序列]),
    SWITCH(
        TRUE(),
        '自定义投资日历表'[月序列]=0,
            - InvestmentofOpenning - WorkingCapitalofOpenning,
            //期初现金流出
        '自定义投资日历表'[月序列]<countMaxmonth,
           [管理利润:投资分析.增量现金净流量.不考虑新增投资]
             -AddVariableCostRatio*[管理利润:投资分析.收入预测]-AddFixedCostPMT,
        [管理利润:投资分析.增量现金净流量.不考虑新增投资]- AddVariableCostRatio
           *[管理利润:投资分析.收入预测]- AddFixedCostPMT
           + WorkingCapitalofOpenning +Residual
           //最后一期要考虑残值和营运资金的收回（一般假设垫付的营运资金在项目结束时收回）
    )
)
RETURN
amt
```

2. 设置趋势图

插入"分区图"视觉对象，然后将其"轴"字段设置为"自定义投资日历表"的"月序列"，"值"字段设置为度量值"管理利润:投资分析.增量现金净流量.考虑新增投资"。项目增量现金流量趋势图如图 6-61 所示。

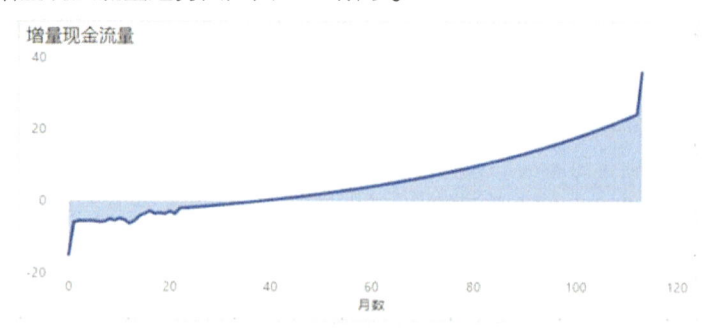

图 6-61 项目增量现金流量趋势图

6.6.5 创建累计增量现金净流量趋势图

通过累计增量现金净流量趋势图可以大概看出项目投资的回收期，在增量现金净流量的基础上计算累计增量现金净流量十分简单，操作步骤如下。

1. 编写度量值

```
管理利润:投资分析.增量现金净流量.考虑新增投资.累计 =
//计算逻辑与度量值[管理利润:投资分析.增量现金净流量.考虑新增投资]一致，只需要特别处理
随时间的累计值
VAR curmonth = MAX ( '自定义投资日历表'[月序列] )
VAR countMaxmonth = CALCULATE ( MAX ( '自定义投资日历表'[月序列] ),
ALLSELECTED ( '自定义投资日历表' ) )
VAR InvestmentofOpenning = [投资分析.初始投资 值]
VAR WorkingCapitalofOpenning = [投资分析.初始营运资金 值]
VAR AddVariableCostRatio = [投资分析.每期增量变动支出占收比 值]
VAR AddFixedCostPMT = [投资分析.每期增量固定支出 值]
VAR Residual = [投资分析.期末残值收入 值]
VAR amt =
    SUMX (
        FILTER ( ALL ( '自定义投资日历表'[月序列] ), '自定义投资日历表'[月序列]
<= curmonth ),
        SWITCH (
            TRUE (),
            '自定义投资日历表'[月序列] = 0, - Investmentofopenning -
```

```
workingcapitalofopenning,
            '自定义投资日历表'[月序列] < countMaxmonth,
                 [管理利润:投资分析.增量现金净流量.不考虑新增投资] -
addvariablecostratio * [管理利润:投资分析.收入预测] - addfixedcostPMT,
                 [管理利润:投资分析.增量现金净流量.不考虑新增投资] -
addvariablecostratio * [管理利润:投资分析.收入预测] - addfixedcostPMT +
workingcapitalofopenning + Residual
            )
      )
RETURN
      amt
```

2．设置趋势图

插入"分区图"视觉对象，然后将其"轴"字段设置为"自定义投资日历表"的"月序列"，"值"字段设置为度量值"管理利润:投资分析.增量现金净流量.考虑新增投资.累计"。项目累计增量现金流量趋势图如图 6-62 所示。

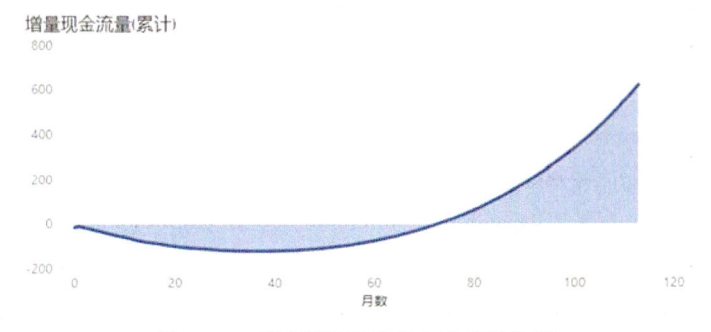

图 6-62　项目累计增量现金流量趋势图

6.6.6　创建投资决策关键指标图

项目投资决策常用的指标有投资回收期、净现值、内含报酬率等，通过这些指标，报表使用人能直接对该项目投资可行性进行评价，关键指标图的创建步骤如下。

1．编写度量值

1）净现值

```
管理利润:投资分析.净现值 NPV =
VAR DiscountRate=[投资分析.折现率 值]
VAR cashTable=//构造各期增量现金流量表
ADDCOLUMNS(
    VALUES('自定义投资日历表'[月序列]),
```

```
    "Date",
    EDATE(DATE(1900,1,31),'自定义投资日历表'[月序列]-1),
    //将项目投资的第1个月映射到1900年的1月
    "cashflow",
    [管理利润:投资分析.增量现金净流量.考虑新增投资]
)
RETURN
XNPV(cashTable,[cashflow],[Date],DiscountRate)
```

2）年内含报酬率

```
管理利润:投资分析.内含报酬率IRR.年度 =
VAR cashTable=//构造各期增量现金流量表
ADDCOLUMNS(
    VALUES('自定义投资日历表'[月序列]),
    "Date",
    EDATE(DATE(1900,1,31),'自定义投资日历表'[月序列]-1),
    "cashflow",
    [管理利润:投资分析.增量现金净流量.考虑新增投资]
)
RETURN
XIRR(cashTable,[cashflow],[Date])
```

3）月内含报酬率

```
管理利润:投资分析.内含报酬率IRR.月度 =
POWER(1+[管理利润:投资分析.内含报酬率IRR.年度],1/12)-1
```

4）投资回收期

```
管理利润:投资分析.回收期(月) =
VAR cashTable=
ADDCOLUMNS(
    VALUES('自定义投资日历表'[月序列]),
    "Date",
    EDATE(DATE(1900,1,31),'自定义投资日历表'[月序列]-1),
    "cashflow",
    [管理利润:投资分析.增量现金净流量.考虑新增投资],//各期增量现金净流量
    "ACCcashflow",
    [管理利润:投资分析.增量现金净流量.考虑新增投资.累计]  //各期累计增量现金净流量
)
VAR FILTERtable=//筛选出累计增量现金净流量大于或等于0的部分
TOPN(
    1,
    FILTER(cashTable,[ACCcashflow]>=0),
```

```
        [ACCcashflow],
        ASC
    )
RETURN
IF(
    COUNTROWS(FILTERtable)=0,"未回收",//没有满足条件的筛选结果，即没有收回
    SUMX(
        FILTERtable,
        '自定义投资日历表'[月序列]-1+DIVIDE([cashflow]-[ACCcashflow],[cashflow])
    ) //按插值算法计算回收期
)
```

2. 设置指标图

插入 4 个"卡片图"视觉对象，将其"字段"分别设置为度量值"管理利润:投资分析.净现值 NPV"、"管理利润:投资分析.内含报酬率 IRR.年度"、"管理利润:投资分析.内含报酬率 IRR.月度"和"管理利润:投资分析.回收期（月）"，然后更改为合适的名称。设置完成后的效果如图 6-63 所示。

图 6-63　项目决策关键指标图

第 7 章

报表的页面设计与分享

在特定场景下，Power BI 在功能上可以代替 Excel 和 Power Point。如果前面涉及的 Power BI 的主要内容（数据导入、数据建模、数据可视化等）是对 Excel 的计算与图表等功能的升级，那么报表的页面设计与分享则主要与 Power Point 有关的功能高度相关。事实上，Power Point 就是一款用来分享自己观点的软件，其页面设计的有关理念和技巧大部分都可以应用在 Power BI 中。

7.1 页面设计

虽然 Power BI 的核心内容是数据建模，但是页面的组织与设计也十分重要。合理的页面设计能更清晰地表达数据之间的逻辑关系，增强报表的阅读体验。页面设计除了受数据本身的逻辑关系的影响，还受报表的应用场景、报表使用人的阅读习惯等因素的影响。

7.1.1 使用主题颜色

页面设计需要首先考虑颜色的配置，而配置颜色最方便的方法是使用 Power BI 报表主题，通过报表主题可以将颜色选取方案应用于整个报表。当选择应用某个报表主题时，报表中的所有视觉对象的默认颜色和格式都会应用当前选定的主题。

Power BI 有内置主题和自定义主题，将功能区切换至"视图"选项卡，然后单击"主题"下拉按钮（见图 7-1），可以看到有 19 种内置主题模板，可以直接选取内置主题模板应用于当前报表，实现主题颜色的切换。

图 7-1 报表主题设置

Power BI 的主题设置与 Power Point 的主题设置（见图 7-2）类似，如果对 Power Point 的主题及颜色选取有所了解，那么很容易理解 Power BI 的主题设置。

图 7-2　Power Point 的主题设置

与 Power Point 的主题设置一样，Power BI 同样支持自定义主题，在如图 7-1 所示的界面中，选择"自定义当前主题"命令，这时会弹出"自定义主题"窗口，如图 7-3 所示。

图 7-3　"自定义主题"窗口

在"自定义主题"窗口中可以设置以下内容。
- 名称和颜色：自定义主题名称和颜色设置包括主题颜色（可设置 8 种）、用于 KPI 及瀑布图视觉对象中的情绪颜色、条件格式中的不同颜色等。

- 文本：可以为标签、标题、卡、KPI 及选项卡标题设置文本类默认字体、字号和颜色等。
- 视觉对象：可以设置背景、边框、标头和工具提示的颜色与格式。
- 页面：可以设置壁纸和背景。
- 筛选器窗格：可以设置筛选器的背景色、透明度、字体和图标颜色与大小等。

自定义主题中的主题颜色设置会影响调色板中的颜色，如图 7-4 所示，除了前 2 列的白色与黑色，后面 8 列的颜色都是可以自定义的主题颜色（其中首行为标准色，后面行是基于标准色生成的变体色）。

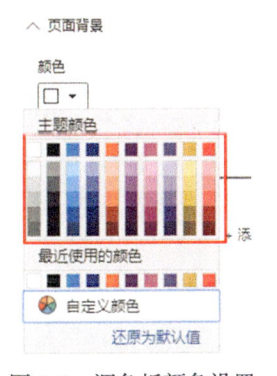

图 7-4 调色板颜色设置

需要注意的是，在设置报表某个对象的颜色时，如果需要它的颜色要随主题模板的切换而随之变化，那么在设置该对象的颜色时需要在调色板中选取主题颜色进行设置。如果需要将该对象的颜色固化，即不随主题模板的切换发生变化，则使用调色板中的自定义颜色或最近使用的颜色即可。

由于 Power BI 报表对象元素较多，"自定义主题"窗口中只列出了主要的设置内容，有些对象的颜色或格式还不能设置，如果需要对主题进行更精细的调整，就需要修改主题的 JSON 文件，如下所示就是一个 JSON 格式的主题文件，其中 Valentine's Day 表示当前主题名称，**dataColors** 的 "[]" 中所列的就是 8 种主题颜色的十六进制代码：

```
{
        "name": "Valentine's Day",
        "dataColors":[
                    "#990011","#cc1144","#ee7799","#eebbcc","#cc4477",
                    "#cc5555","#882222","#A30E33"
],
        "background":"#FFFFFF",
```

```
    "foreground": "#ee7799",
    "tableAccent": "#990011"
}
```

因此，如果需要对某个对象的颜色或格式进行设置，只需要在 JSON 文件中写入相应的 JSON 类名称及其属性值（有关 JSON 类名称及其属性参数可以参考 Power BI 的帮助文档）。JSON 格式的主题文件在"记事本"中编写完成后，将其另存为".json"格式的文件，然后在如图 7-1 所示的界面中选择"浏览主题"命令，然后选择".json"格式的主题文件即可完成导入。

7.1.2 设计导航页面

与制作 Power Point 幻灯片页面一样，Power BI 报表常常需要一页目录页或导航页，用来呈现报表的整体结构，引导报表使用人选择所需的内容浏览。

如果导航页面的设计元素比较简单，则可以直接使用 Power BI 插入形状、文本框和图片等设计页面；如果页面设计元素比较复杂，则可以利用 Power Point 或平面设计软件 Photoshop 等完成页面设计。

以创建的报表为例，其导航页面的创建步骤如下。

（1）使用 Power Point 设计导航页的样式，然后将其另存为 PNG 等图片格式。

（2）在 Power BI Desktop 中新建一页，命名为"首页"，然后在页面的"格式"→"页面背景"选项下，单击"添加映象"按钮，选择设计好的导航页图片文件导入。

（3）设置导航按钮。导入图片后，该页面并没有导航功能。在功能区中单击"插入"→"按钮"下拉按钮，在弹出的下拉菜单中选择"空白"命令，如图 7-5 所示。

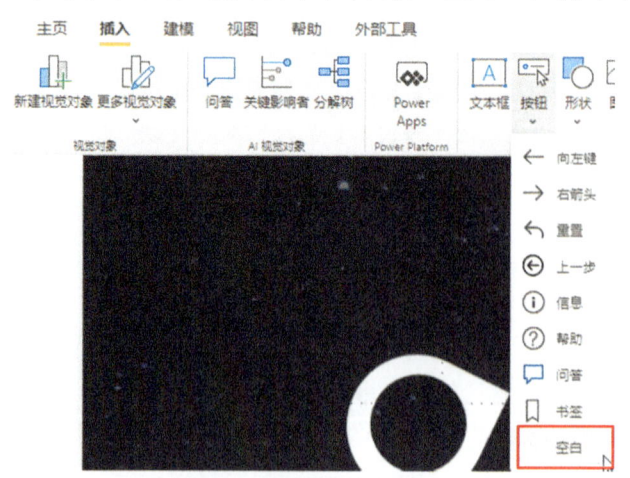

图 7-5 选择"空白"命令

（4）调整"空白"按钮的大小与位置，覆盖页面中的"财务报表分析"字样，如图 7-6 所示。

图 7-6　调整"空白"按钮的大小与位置

（5）选中"空白"按钮，然后在"可视化"窗口中将"背景"设置为"关"，展开"填充"属性面板，选择"默认状态"选项，将"透明度"设置为"100%"，如图 7-7 所示。

图 7-7　设置"可视化"窗口

（6）在"填充"属性面板下，选择"悬停时"选项，然后将"透明度"设置为"50%"，如图 7-8 所示。

（7）将该按钮的"操作"设置为"开"，然后将"类型"设置为"页导航"，"目标"设置为"资产负债表"，如图 7-9 所示。

图 7-8　设置按钮的悬停状态　　　　图 7-9　设置按钮的操作参数

（8）其他导航按钮均按上述步骤设置，设置完成后的导航页面如图 7-10 所示。

图 7-10　导航页面

7.1.3　设计导航栏

导航栏的功能与导航页面的功能类似，都是通过插入导航按钮来实现导航功能的，下面以创建财务报表分析页面为例介绍导航栏的创建步骤。

（1）切换至"资产负债表"页面，然后在该页面中插入 5 个"空白"按钮，并将"背景"设置为"关"，然后将按钮文本分别设置为"资产负债表"、"利润表"、"现金流量表"、"指标分析"和"杜邦分析"，字体颜色设置为白色。

（2）当前页面为"资产负债表"，为了区分，可以将"资产负债表"按钮默认状态下的文本字体颜色更改为黄色。

（3）将上述按钮的"操作"设置为"开"，"类型"设置为"页导航"，"目标"设置为对应的页面。

（4）插入 Logo 图片，然后将其"操作"设置为"开"，"类型"设置为"页导航"，

"目标"设置为"首页","工具提示"设置为"单击返回首页",如图 7-11 所示。

图 7-11 设置 Logo 操作参数

(5)设置完成后,插入一张图片或形状置底,效果如图 7-12 所示。

图 7-12 横向导航栏

提示:导航栏的设计也可以遵循导航页面设计思路,采用先在设计软件或 Power Point 中设计好的样式图片,然后导入 Power BI 中设置导航功能。

7.1.4 使用书签对页面进行局部切换

在 Power BI 中,"书签"是十分有用的功能,可以将"书签"理解为照相机,建立"书签"的过程就相当于给当前页面拍了一张快照,记录了当前页面状态,可以用"书签"回到页面当时建立该书签时的状态。

如果书签是对整个页面建立快照,那么其实现的功能与页导航类似,下面重点讲解书签对页面局部的切换功能。

在 3.2 节收入趋势分析中,通过单击"月"、"周"和"日"等按钮,可以将当前页面的局部内容切换至相应的"月"、"周"和"日"分析图表,这就用到了书签对页面局部的切换功能,其实现过程如下。

(1)将"日周期"维度下的视觉对象对齐排列,然后框选这些视觉对象,在功能区中选择"格式"→"分组"命令,如图 7-13 所示。

(2)在功能区中单击"视图"→"选择"按钮(见图 7-14),打开"选择"窗口。

(3)在"选择"窗口中,双击"组 1"(见图 7-15),然后将其重命名为"日分析"。

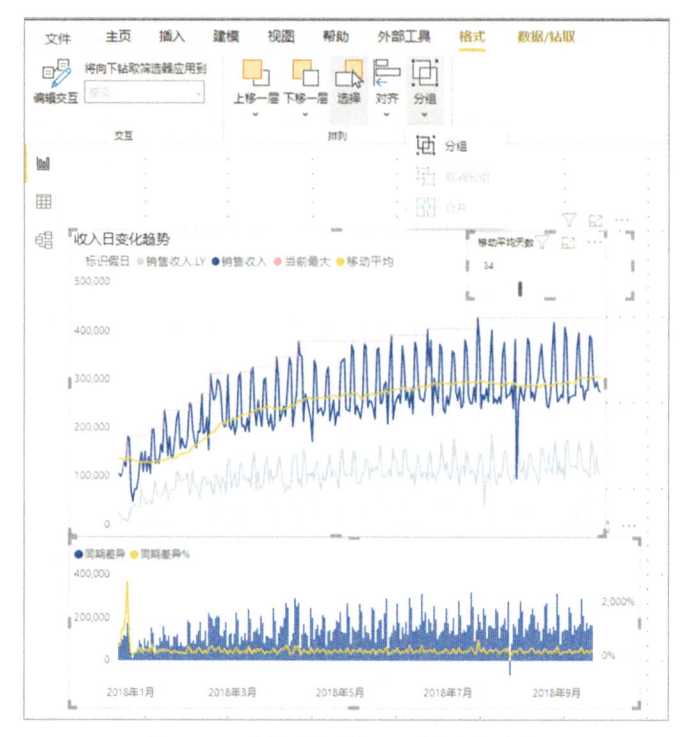

图 7-13 选择"格式"→"分组"命令

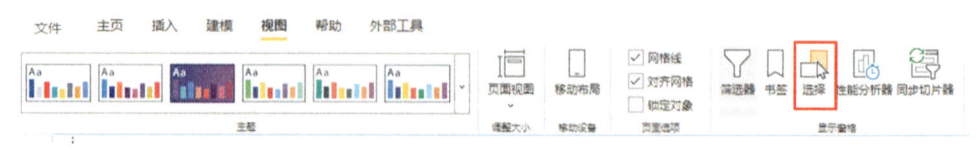

图 7-14 单击"视图"→"选择"按钮

图 7-15 重命名"组 1"

（4）重复上述步骤，将周分析、月分析及累计分析相关维度的视觉对象进行分组组合，组合完成后的情况如图 7-16 所示。

（5）插入 4 个"空白"按钮，并且水平排列，然后将其文本分别设置为"日"、

"周"、"月"和"累计",并将"背景"设置为灰色,字体设置为白色。

(6)选中这4个"空白"按钮,将其复制一份,同时将复制生成的4个按钮的"背景"设置为黄色,并与原来的4个按钮一一重叠(文本相同的按钮重叠在一起)。

(7)在"选择"窗口中,将背景为灰色的按钮名称分别更改为"日"、"周"、"月"和"累计",与按钮文本一一对应,将背景为黄色的按钮名称分别更改为"日-按下"、"周-按下"、"月-按下"和"累计-按下",如图7-17所示。

图7-16 将其他分析维度的视觉对象组合　　图7-17 更改按钮名称

(8)在"选择"窗口中,用鼠标将"累计-按下"拖至"累计分析"组中(见图7-18),"日-按下"、"周-按下"和"月-按下"的操作与此操作类似,分别移至"日分析"、"周分析"和"月分析"组中。

(9)在"选择"窗口中,将"日"、"周"、"月"和"累计"按钮的顺序调整至"日分析"组的下方,如图7-19所示。

(10)在"选择"窗口中,将"周分析"、"月分析"和"累计分析"设置为"隐藏",然后选中"周分析"、"月分析"、"累计分析"及"日分析",在功能区中单击"视图"→"书签"按钮,打开"书签"窗口,单击"添加"按钮添加书签,同时将书签名更改为"日分析",然后取消勾选该书签的"数据"及"所有视觉对象"选项(实现局部切换的关键在于书签的设置,如果勾选了"所有视觉对象"选项,书签就会记录当前页面所有视觉对象的状态),如图7-20所示。

图 7-18 将"累计-按下"拖至"累计分析"组中

图 7-19 调整分层顺序

图 7-20 设置书签

同样,依次显示"周分析"、"月分析"和"累计分析",同时隐藏其他组后(即显示当前要设置的组,隐藏当前不用显示的组),分别设置"周分析"、"月分析"和"累计分析"书签。

(11)设置按钮操作。在"选择"窗口中,选中"日"按钮,然后在"可视化"窗口中,将"操作"设置为"开","类型"设置为"书签","书签"设置为"日分析",如图 7-21 所示。按照同样的方法设置"周"按钮、"月"按钮和"累计"按钮的"操作"参数。

经过以上步骤,通过"按钮"和"书签"功能就可以实现页面局部视觉对象的切换。

图 7-21 设置操作参数

7.2 报表分享

在不同情形下，对 Power BI 报表可能有不同的使用目的，有时需要使用交互功能对报表进行探索，有时则需要将 Power BI 报表打印出来，在特定情况下还要将 Power BI 报表中的数据导出进行再次加工等，这就涉及如何分享 Power BI 报表或报表数据。

7.2.1 使用网页分享报表

由于 Power BI 报表是交互式的动态报表，因此使用网页分享 Power BI 报表是最佳方式，报表使用者的计算机不用安装 Power BI 软件，使用浏览器就能访问报表。下面以"测试.pbix"报表为例介绍分享步骤。

（1）打开"测试.pbix"报表，单击左上角的"文件"按钮，在弹出的菜单列表中选择"发布"→"发布到 Power BI"命令，如图 7-22 所示。如果没有登录，则会弹出"登录"窗口，输入账号和密码登录后才能发布。

图 7-22 选择"发布"→"发布到 Power BI"命令

（2）在弹出的窗口中选择默认的"我的工作区"进行发布（见图 7-23），如果是 Power BI Pro 以上的版本，还可以在 Power BI 网页服务端新建工作区。

图 7-23　选择工作区

（3）发布成功后，单击"在 Power BI 中打开'测试.pbix'"链接（见图 7-24），这时会通过浏览器打开 Power BI 的网页服务端。

图 7-24　打开 Power BI 的网页服务端

（4）在浏览器打开的 Power BI 的网页服务端中，在"我的工作区"→"报表"中找到刚才导入的报表，如图 7-25 所示，单击报表名称，即可在网页服务端打开报表。

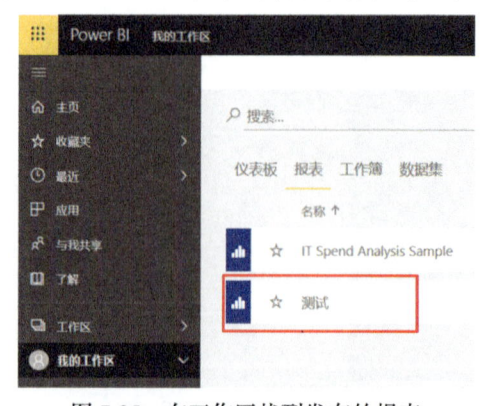

图 7-25　在工作区找到发布的报表

第 7 章
报表的页面设计与分享

（5）报表打开后，选择"文件"→"发布到 Web"命令，如图 7-26 所示（考虑到数据安全性，Power BI 默认是不开放该功能的，需要用公司 Power BI 管理员的账号开启）。

图 7-26 发布到 Web

（6）选择"发布到 Web"命令，随后在弹出的窗口中，单击"创建嵌入代码"按钮弹出"嵌入公共网站"窗口，如图 7-27 所示。

图 7-27 嵌入公共网站

（7）单击"发布"按钮，随后会出现分享链接和 HTML 代码（可用来嵌入网站），如图 7-28 所示。通过分享链接就可以在线访问 Power BI 报表。

需要说明的是，通过上述方法分享报表并不安全，数据存在泄露风险，因为只要获取了分享链接，就可以访问该报表，无法验证访问用户的合法性。如果要提高数据的安全性，可以选择在公司局域网内创建 Power BI 报表服务器，或者使用 Power BI Pro 以上的版本实现对用户访问的控制和权限管理等。

图 7-28 生成分享链接和 HTML 代码

7.2.2 使用 PDF 分享报表

如果需要将 Power BI 报表打印出来，或者报表使用人不需要使用其交互功能，这时可以选择将 Power BI 报表导出为 PDF 文件进行分享。也可以在 Power BI 网页服务端选择"文件"→"导出为 PDF"命令导出，如图 7-29 所示。

图 7-29 导出为 PDF

7.2.3 使用 Excel 分享报表

如果需要将 Power BI 中创建的模型或数据导入 Excel 中进一步处理后分享，可以使用以下几种方法或途径。

1. 使用"在 Excel 中分析"功能

如果使用的是 Power BI Pro 以上的版本，则可以在 Power BI 网页服务端使用"在 Excel 中分析"功能，将数据模型导入 Excel 中分析，如图 7-30 所示。

图 7-30　在 Excel 中分析

2. 使用 DAX Studio

DAX Studio 是由 SQLBI 开发的一款免费软件，功能强大，可以用于对 DAX 辅助测试和优化等。通过 DAX Studio 可以辅助 Power BI 将报表模型导入 Excel 中，操作步骤如下。

（1）使用 Power BI Desktop 打开需要导入 Excel 中的 Power BI 报表文件。

（2）启动 DAX Studio 会弹出"Connect"窗口（见图 7-31），然后选中"PBI/SSDT Model"单选按钮，单击"Connect"按钮完成连接。

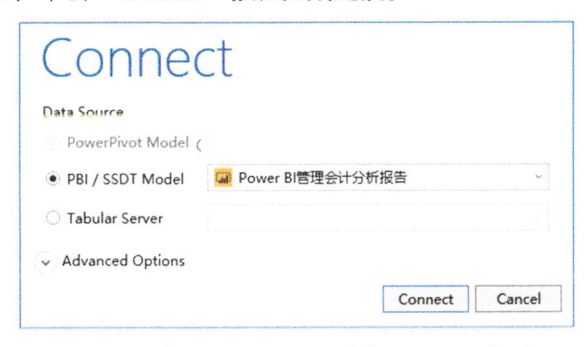

图 7-31　使用 DAX Studio 连接 Power BI 模型

（3）连接成功后，DAX Studio 软件界面的右下角会出现 Power BI 报表服务的本地端口号（localhost:61492，其中 localhost 表示本机，61492 为端口号），如图 7-32 所示。

图 7-32　Power BI 报表服务端口号

（4）启动 Microsoft Excel（以 Excel 2013 为例），选择"数据"→"自其他来源"→"来自 Analysis Services"命令，如图 7-33 所示。

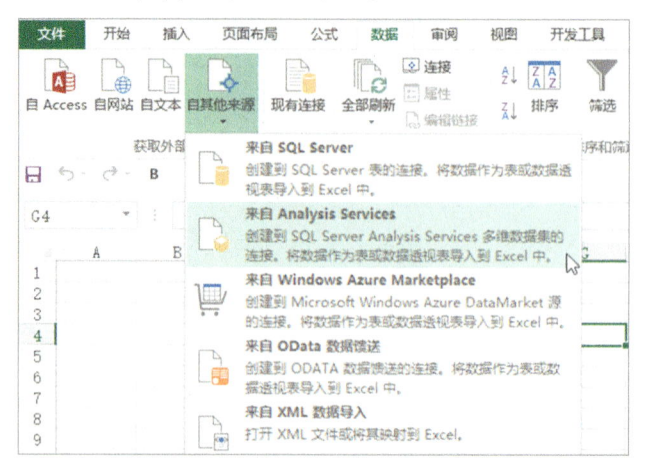

图 7-33　在 Excel 中创建数据连接

（5）在弹出的"数据连接向导"窗口中，输入服务器名称"localhost:61492"（见图 7-34），然后单击"下一步"按钮。

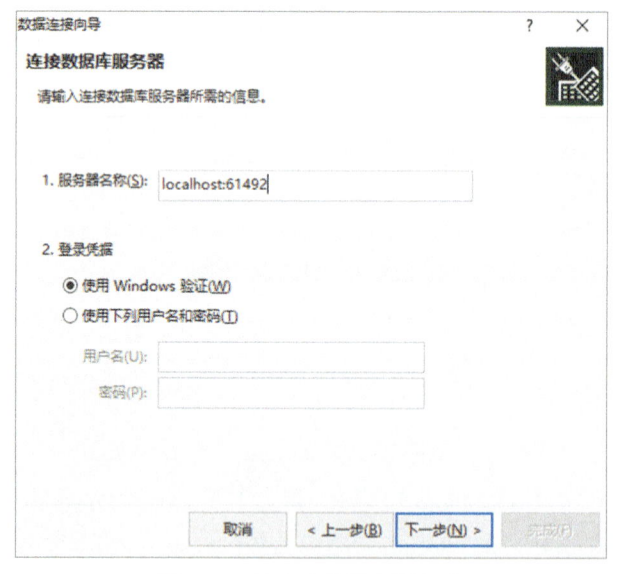

图 7-34　输入连接服务器名称

（6）单击"完成"按钮后，弹出"导入数据"窗口（见图 7-35），可以选择创建"数据透视表"、"数据透视图"或"仅创建连接"等方式完成数据的导入。如果选择"数据透视表",操作完成后,在 Power BI 创建的数据表、度量值等均出现在"数据透视表字段"中,可以通过设置数据透视表的行和列对数据进行查询或加工。

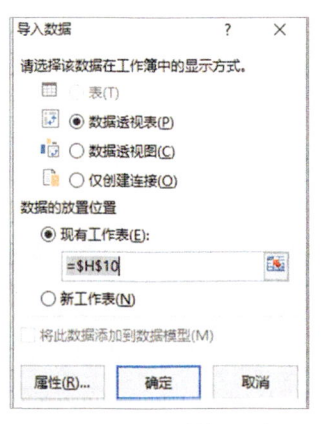

图 7-35 "导入数据"窗口

3. 使用 DOS 命令

在第二种方法中,使用 DAX Studio 软件主要用来查询本地报表服务的端口号,如果计算机上没有安装 DAX Studio 软件,也可以使用 DOS 命令查询端口号,操作步骤如下。

(1)查询 PID。打开"任务管理器"窗口,切换至"详细信息"选项卡,找到进程"PBIDesktop.exe",可以看到其 PID 为 14836,如图 7-36 所示。

图 7-36 查找 PID

(2)使用"Windows"+"R"快捷键,打开"运行"对话框,输入"cmd"(见图 7-37),单击"确定"按钮,系统会弹出"命令提示符"窗口,输入命令"netstat/ano | findstr 14836",然后按"Enter"键,就可以看到本地报表服务的端口号为 61492,如图 7-38 所示。

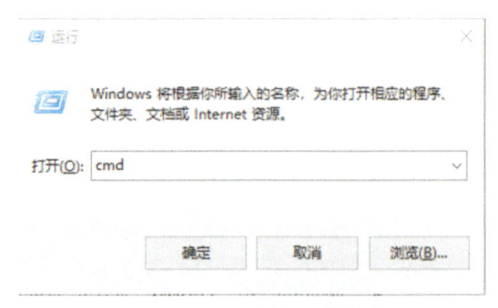

图 7-37 "运行"对话框

图 7-38 输入 DOS 命令查找端口号

（3）在查询到端口号后，即可按照第二种方法的后续有关步骤与 Excel 建立连接。